Alecir Silva

ESTATÍSTICA APLICADA
COM O MINITAB®

Estatística Aplicada com o Minitab®
Copyright© Editora Ciência Moderna Ltda., 2015

Todos os direitos para a língua portuguesa reservados pela EDITORA CIÊNCIA MODERNA LTDA.
De acordo com a Lei 9.610, de 19/2/1998, nenhuma parte deste livro poderá ser reproduzida, transmitida e gravada, por qualquer meio eletrônico, mecânico, por fotocópia e outros, sem a prévia autorização, por escrito, da Editora.

Editor: Paulo André P. Marques
Produção Editorial: Aline Vieira Marques
Capa: Daniel Jara
Diagramação: Greice Marry
Copidesque: Eveline Vieira Machado
Assistente Editorial: Dilene Sandes Pessanha

Várias **Marcas Registradas** aparecem no decorrer deste livro. Mais do que simplesmente listar esses nomes e informar quem possui seus direitos de exploração, ou ainda imprimir os logotipos das mesmas, o editor declara estar utilizando tais nomes apenas para fins editoriais, em benefício exclusivo do dono da Marca Registrada, sem intenção de infringir as regras de sua utilização. Qualquer semelhança em nomes próprios e acontecimentos será mera coincidência.

FICHA CATALOGRÁFICA

SILVA, Alecir.

Estatística Aplicada com o Minitab®

Rio de Janeiro: Editora Ciência Moderna Ltda., 2015.

1. Estatística-Matemática 2. Informática
I — Título

ISBN: 978-85-399-0695-6   CDD 519.5
                                                001.642

Editora Ciência Moderna Ltda.
R. Alice Figueiredo, 46 – Riachuelo
Rio de Janeiro, RJ – Brasil   CEP: 20.950-150
Tel: (21) 2201-6662/ Fax: (21) 2201-6896
E-MAIL: LCM@LCM.COM.BR
WWW.LCM.COM.BR

DEDICATÓRIA

Dedico este livro à minha adorável esposa Miriam,
às amáveis filhas Sarah e Raquel, aos meus pais Afonso e Célia
e à minha fiel cachorrinha Meg.

PREFÁCIO

Ao longo da minha vida profissional e acadêmica, tenho ouvido de colegas de trabalho e alunos acerca das dificuldades encontradas no uso de softwares de estatística. O MINITAB®, um dos softwares que apresentam a maior disponibilidade de recursos para os cálculos estatísticos, ainda não está disponível em língua portuguesa, o que representa uma dificuldade a mais para os usuários.

O presente livro tem como objetivos possibilitar ao leitor o domínio dos conceitos fundamentais da estatística básica, a utilização dos recursos do MINITAB® para os cálculos estatísticos e a interpretação dos resultados obtidos para que você possa aplicá-los no seu dia a dia. Além disso, são disponibilizadas todas as equações utilizadas por essas ferramentas estatísticas, possibilitando ao leitor a realização dos cálculos estatísticos com o auxílio de uma calculadora científica.

Neste livro, não se pretende fazer nenhuma demonstração de como a equação foi definida, mas é importante que se faça uso das referências indicadas ao final do livro, pois o fundamento é o principal elo do conhecimento e da experiência prática para a solução de problemas na vida profissional. Busca-se aqui a aplicação prática dos fundamentos estatísticos para a melhoria de processos, produtos e pessoas.

Apresenta-se uma coletânea de pontos importantes do estudo estatístico relatados por diferentes autores e eles são direcionados para uma aplicação prática. Os dados apresentados nos exemplos utilizados neste livro foram engendrados pelo autor e alguns deles foram copiados e adaptados da apostila Estatística, do amigo e professor Geraldo Nilton.

Agradeço a Deus e ao meu santo protetor, São Judas Tadeu, por estarem sempre ao meu lado. A todas as pessoas – em especial, familiares, alunos, professores, colegas de trabalho e amigos – que, com ensinamentos, questionamentos e discussões, me despertaram um grande interesse pela Matemática, em especial pela Estatística. Gostaria de destacar a oportunidade de lecionar na Universidade de Itaúna, uma grande Universidade; os meus amigos Gilson Marques e Geraldo Nilton pelo incentivo, pelas críticas na elaboração deste livro e pela amizade. À minha querida cunhada Beatriz pela sua dedicação na revisão ortográfica e gramatical. À minha adorável família por me incentivar na elaboração deste livro.

SUMÁRIO

CAPÍTULO 1 – APRESENTAÇÃO DO MINITAB® 1
1.1 – Session.. 2
1.2 – Worksheet 3
1.3 – Proj... – Project Manager... 4
1.4 – Barra de Menus 5
1.5 – Barra de Ferramentas 23
1.6 – Outros Menus 24

CAPÍTULO 2 – ORGANIZANDO OS DADOS ESTATÍSTICOS 27
2.1 – Gerenciando Arquivos... 27

CAPÍTULO 3 – ESTATÍSTICA DESCRITIVA................................. 33
3.1 – Conceitos Básicos da Estatística 33
3.2 – Técnicas de Amostragem... 34
3.3 – Distribuição de Frequência.. 58
3.4 – Medidas Estatísticas 89

CAPÍTULO 4 – PROBABILIDADES.. 131
4.1 – Introdução à Probabilidade.. 131
4.2 – Cálculo de Probabilidades – Regras Básicas................... 139

CAPÍTULO 5 – DISTRIBUIÇÃO DE PROBABILIDADES 155
5.1 – Variáveis Aleatórias... 155
5.2 – Distribuição Discreta de Probabilidades – Distribuição
        Binomial.. 157

5.3 – Distribuição Discreta de Probabilidades – Distribuição de Poisson ..175
5.4 – Distribuição Contínua de Probabilidades – Distribuição Normal. 197

CAPÍTULO 6 – INFERÊNCIA ESTATÍSTICA 229
6.1 – Distribuição Amostral e o Teorema Central do Limite 230
6.2 – Estimação de Parâmetros 245
6.3 – Teste de Hipóteses 300

CAPÍTULO 7 – ANÁLISES DE CORRELAÇÃO E REGRESSÃO
LINEARES SIMPLES.. 335
7.1 – Análise de Correlação Linear Simples 335
7.2 – Análise de Regressão Linear Simples 340
7.3 – Exemplo 17 342

CAPÍTULO 8 – AVALIANDO A NORMALIDADE DOS DADOS ... 355
8.1 – Construção do Gráfico de Probabilidade 355
8.2 – Teste de Normalidade 357
8.3 – Exemplo 18 358

BIBLIOGRAFIA.. 365

CAPÍTULO 1

APRESENTAÇÃO DO MINITAB®

O **MINITAB®** é um software específico para a análise estatística, que oferece as ferramentas estatísticas necessárias para a organização, sumarização e análise de dados, com o objetivo de melhorar a qualidade de um processo.

O MINITAB® foi desenvolvido pelos professores de Estatística, os americanos, Dr. Thomas Ryan Jr., Dra. Barbara Ryan e Dr. Brian Joiner, da Universidade da Pensilvânia, em 1972, e é uma marca registrada.

O MINITAB® permite o uso de fontes de dados externas e permite trabalhar, simultaneamente, planilhas e gráficos. Assim, podem-se desenvolver todos os fundamentos da estatística descritiva, probabilidades e estatística inferencial.

Ao iniciar o MINITAB®, a tela de abertura, Figura 1, apresenta três tipos de janelas: Session (seção), Worksheet (planilha) e Proj... – Project Manager (gerenciador de projeto). Além disso, mostram-se a barra de menus e a barra de ferramentas.

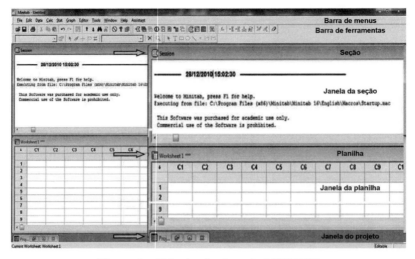

Figura 1 – Tela de abertura do MINITAB®

1.1 – Session

A janela Session (seção), Figura 2, apresenta os comentários, tabelas, descrição sumária dos dados (estatística descritiva) e estatística inferencial. Existe apenas uma janela Session (seção). Quando essa janela está ativa, pode-se inserir, editar, formatar, excluir e imprimir os dados, como num editor de texto, permitindo inserir comentários para facilitar a análise dos dados.

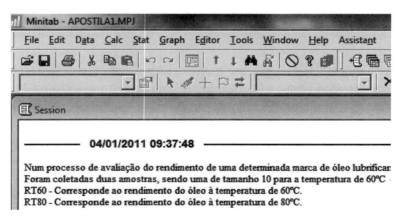

Figura 2 – Janela Session

1.2 – Worksheet

A janela Worksheet (planilha), Figura 3, constitui-se de todos os dados e nomes das variáveis que estão sendo utilizadas para a análise estatística. Podem existir várias janelas Worksheet (planilha).

	C1-T	C2-D	C3	C4
	ID	DIA/HORA	RT60	RT80
1	a	01/12/2010 9:00:00	69,0	63,0
2	b	02/12/2010 9:00:00	68,1	66,1
3	c	03/12/2010 9:00:00	65,4	59,8

Figura 3 – Janela Worksheet

A planilha Worksheet é formada por linhas (rows), que representam os dados coletados, e colunas (columns), que representam as variáveis em estudo. As linhas são identificadas por números, por exemplo, 1, 2, 3, ... e as colunas são identificadas por letras e números, por exemplo, C1, C2, C3, ... , Figura 4. Do cruzamento da linha e da coluna, forma-se a célula. Cada variável pode ser nomeada pelo preenchimento do campo abaixo da identificação da coluna.

Os dados inseridos na célula podem ser de três tipos e são identificados na coluna da seguinte forma:

- C1-T – dado referente ao texto;
- C2-D – dado referente à data/hora;
- C3 – dado referente ao número.

	C1-T	C2-D	C3	C4	C5
	ID	DIA/HORA	RT60	RT80	
1	a	01/12/2010 9:00:00	69,0	63,0	
2	b	02/12/2010 9:00:00	68,1	66,1	
3	c	03/12/2010 9:00:00	65,4	59,8	
4	d	04/12/2010 9:00:00	63,8	65,4	
5	e	05/12/2010 9:00:00	67,2	56,8	
6	f	06/12/2010 9:00:00	65,4	60,2	
7	g	07/12/2010 9:00:00	67,8	64,5	
8	h	08/12/2010 9:00:00	66,0	61,5	
9	i	09/12/2010 9:00:00	66,4	61,0	

Figura 4 – Tipos de dados na Worksheet

1.3 – Proj... – Project Manager

A janela Proj... – Project Manager (gerenciador de projeto), Figura 5, constitui-se de todo o conteúdo disponível para um determinado projeto, permitindo navegar, visualizar e manipular várias partes desse projeto. O Project Manager é formado por:

- Session – gerencia as saídas da janela Session;
- History – relaciona todos os comandos utilizados;
- Graphs – gerencia todos os gráficos gerados;
- ReportPad – permite criar relatórios de trabalho;
- Related Documents – acessa rapidamente os arquivos que não são do MINITAB®;
- Worksheets – mostra um resumo de todas as planilhas do projeto.

O projeto constitui-se do conjunto de planilhas, gráficos e sessão, salvo na extensão mpj.

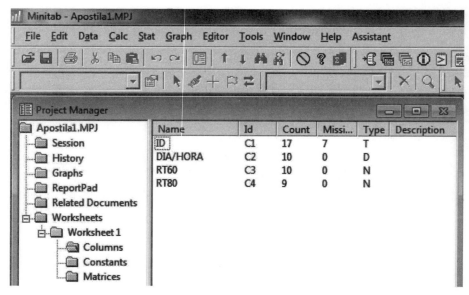

Figura 5 – Janela Proj... - Project Manager

1.4 – Barra de Menus

A barra de menus, Figura 1, apresenta os comandos disponíveis no MINITAB®, tais como: File (arquivo), Edit (edição), Data (dado), Calc (cálculo), Stat (estatística), Graph (gráfico), Editor (editor), Tools (ferramentas), Window (janela), Help (ajuda) e Assistant (assistente).

1.4.1 – Menu File

A Figura 6 apresenta os comandos disponíveis no menu File (arquivo).

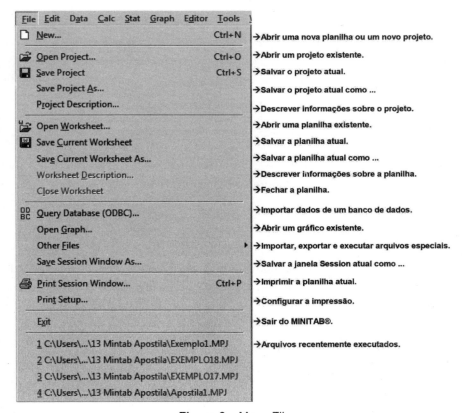

Figura 6 – Menu File

1.4.2 – Menu Edit

A Figura 7 apresenta os comandos disponíveis no menu Edit (edição).

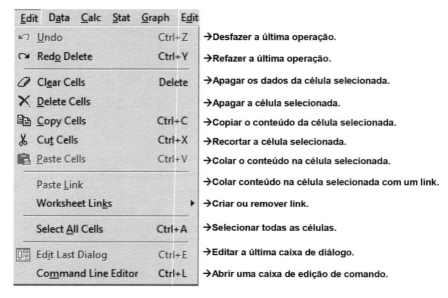

Figura 7 – Menu Edit

1.4.3 – Menu Data

A Figura 8 apresenta os comandos disponíveis no menu Data (dado). Esse menu permite a manipulação e a organização dos dados para facilitar a sumarização dos dados estatísticos.

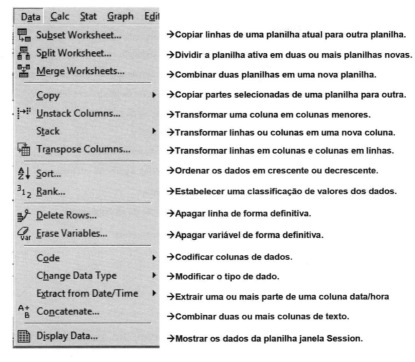

Figura 8 – Menu Data

1.4.4 – Menu Calc

A Figura 9 apresenta os comandos disponíveis no menu Calc (cálculo). Com esses comandos, podem-se fazer expressões matemáticas e transformações, bem como realizar cálculos estatísticos de colunas e linhas.

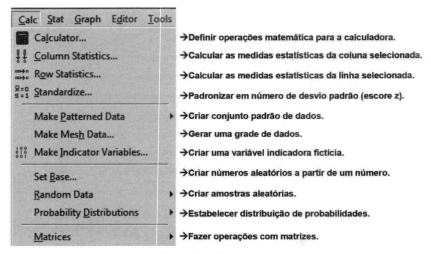

Figura 9 – Menu Calc

1.4.5 – Menu Stat

A Figura 10 apresenta os comandos disponíveis no menu Stat (estatística). Com esses comandos, podem-se utilizar diversas ferramentas para a aplicação das estatísticas básicas descritiva e inferencial.

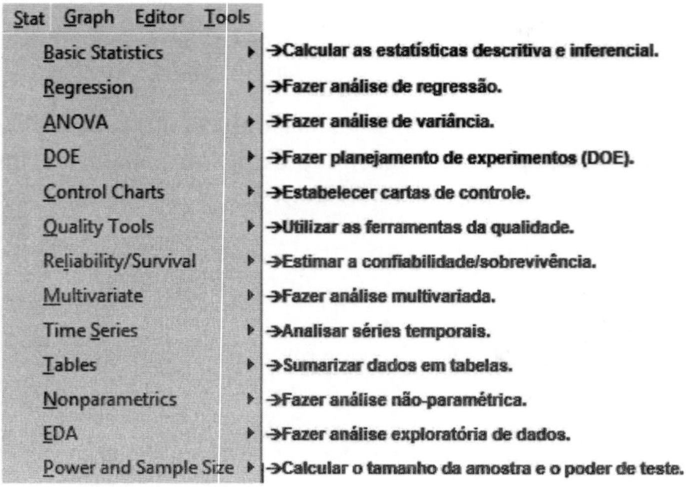

Figura 10 – Menu Stat

O menu Stat (estatística) constitui-se em um dos principais comandos do MINITAB®, razão pela qual detalha-se a seguir as funções de cada comando do menu Stat.

1.4.5.1 – Funções do comando Basic Statistics

A Figura 11 apresenta as funções do comando Basic Statistics (estatística básica).

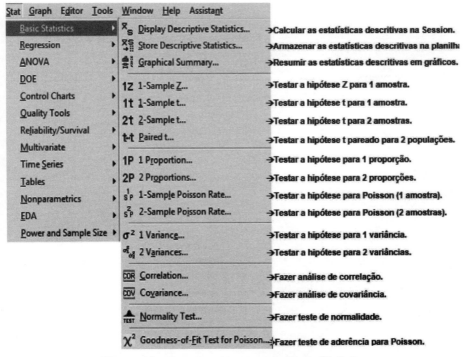

Figura 11 – Funções do comando Basic Statistics

1.4.5.2 – Funções do comando Regression

A Figura 12 apresenta as funções do comando Regression (regressão).

10 / ESTATÍSTICA APLICADA COM O MINITAB®

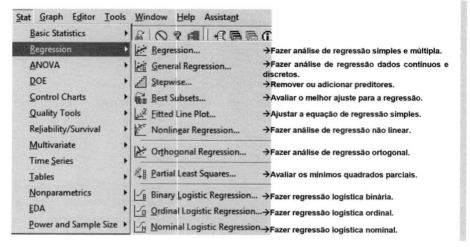

Figura 12 – Funções do comando Regression

1.4.5.3 – Funções do comando ANOVA

A Figura 13 apresenta as funções do comando ANOVA (análise de variância).

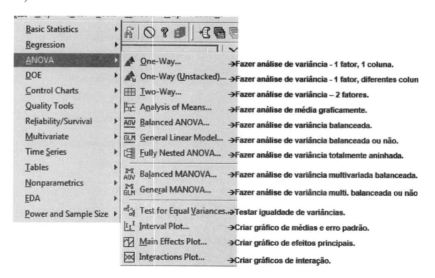

Figura 13 – Funções do comando ANOVA

1.4.5.4 – Funções do comando DOE

A Figura 14 apresenta as funções do comando DOE (Design of Experiment – projeto de experimento).

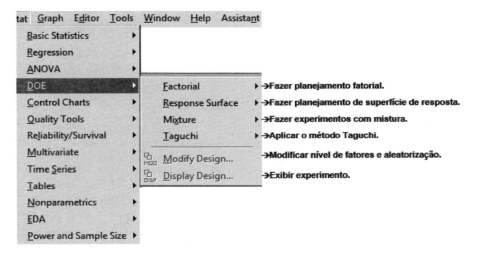

Figura 14 – Funções do comando DOE

1.4.5.5 – Funções do comando Control Charts

A Figura 15 apresenta as funções do comando Control Charts (cartas de controle ou gráficos de controle).

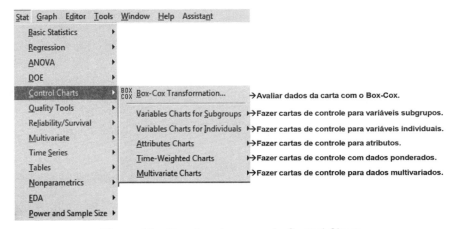

Figura 15 – Funções do comando Control Charts

1.4.5.6 – Funções do comando Quality Control

A Figura 16 apresenta as funções do comando Quality Control (controle de qualidade).

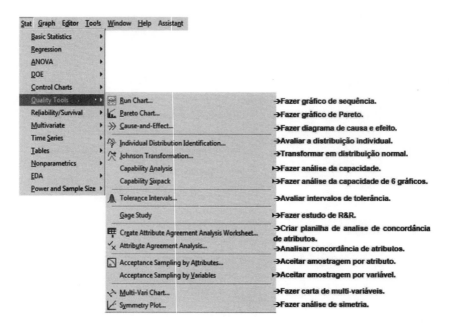

Figura 16 – Funções do comando Quality Control

1.4.5.7 – Funções do comando Reliability/Survival

A Figura 17 apresenta as funções do comando Reliability/Survival (confiabilidade/sobrevivência).

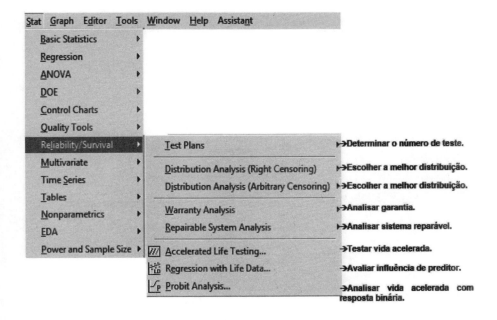

Figura 17 – Funções do comando Reliability/Survival

1.4.5.8 – Funções do comando Multivariate

A Figura 18 apresenta as funções do comando Multivariate (análise multivariada).

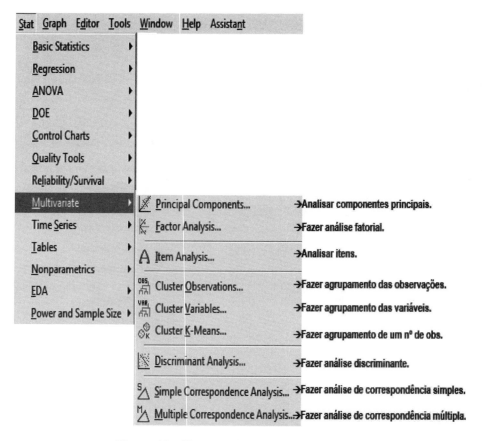

Figura 18 – Funções do comando Multivariate

1.4.5.9 – Funções do comando Times Series

A Figura 19 apresenta as funções do comando Times Series (séries temporais).

CAPÍTULO 1 - APRESENTAÇÃO DO MINITAB® / **15**

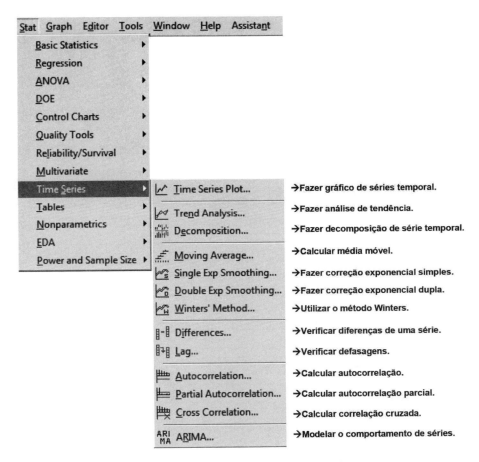

Figura 19 – Funções do comando Times Series

1.4.5.10 – Funções do comando Tables

A Figura 20 apresenta as funções do comando Tables (tabelas).

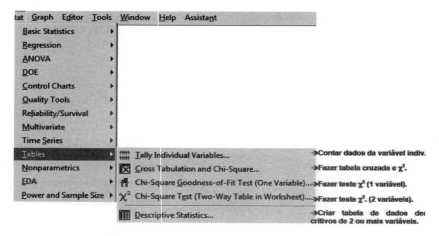

Figura 20 – Funções do comando Tables

1.4.5.11 – Funções do comando Nonparametrics

A Figura 21 apresenta as funções do comando Nonparametrics (análises não paramétricas).

Figura 21 – Funções do comando Nonparametrics

1.4.5.12 – Funções do comando EDA

A Figura 22 apresenta as funções do comando EDA (Exploratory Data Analysis – análise exploratória de dados).

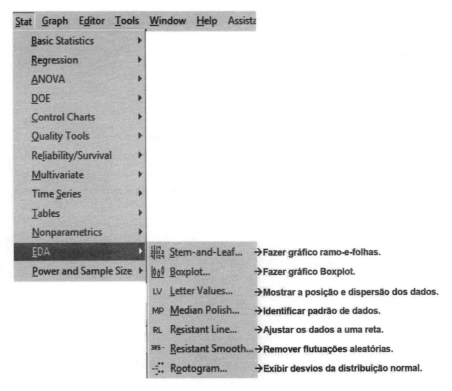

Figura 22 – Funções do comando EDA

1.4.5.13 – Funções do comando Power e Sample Size

A Figura 23 apresenta as funções do comando Power e Size Sample (poder do teste e tamanho da amostra).

Figura 23 – Funções do comando Power and Sample Size

1.4.6 – Menu Graph

A Figura 24 apresenta os comandos disponíveis no menu Graph (gráficos). Com esses comandos, podem-se criar diferentes tipos de gráficos necessários para a análise estatística.

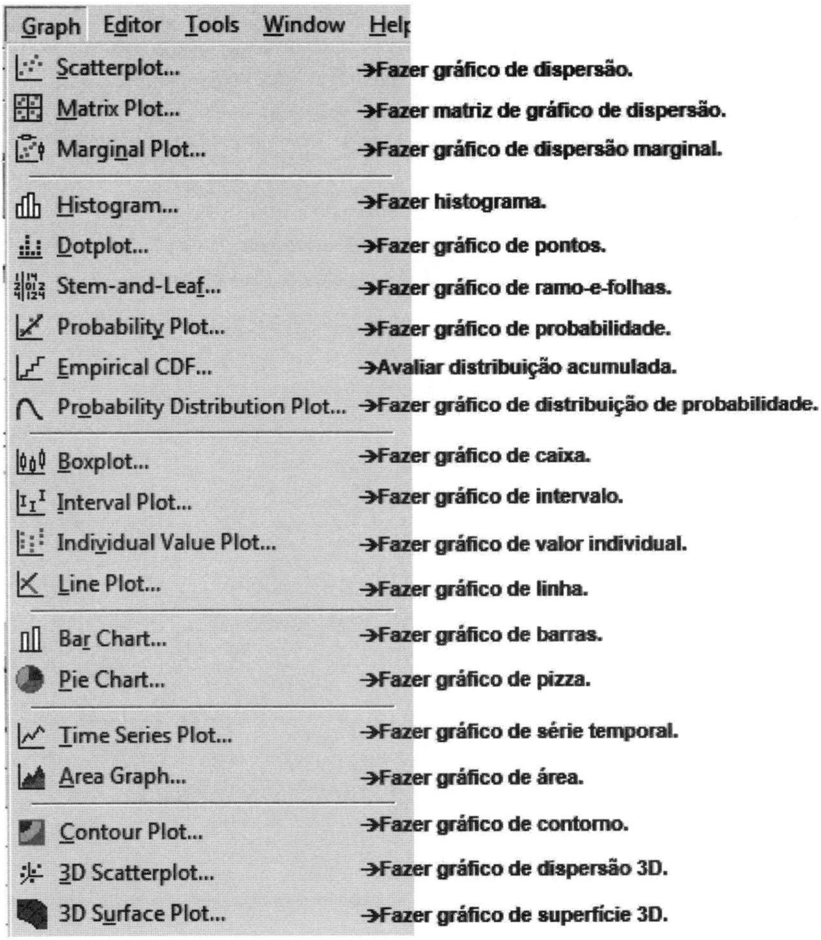

CAPÍTULO 1 - APRESENTAÇÃO DO MINITAB® / **19**

Graph Editor Tools Window Help	
Scatterplot...	→Fazer gráfico de dispersão.
Matrix Plot...	→Fazer matriz de gráfico de dispersão.
Marginal Plot...	→Fazer gráfico de dispersão marginal.
Histogram...	→Fazer histograma.
Dotplot...	→Fazer gráfico de pontos.
Stem-and-Leaf...	→Fazer gráfico de ramo-e-folhas.
Probability Plot...	→Fazer gráfico de probabilidade.
Empirical CDF...	→Avaliar distribuição acumulada.
Probability Distribution Plot...	→Fazer gráfico de distribuição de probabilidade.
Boxplot...	→Fazer gráfico de caixa.
Interval Plot...	→Fazer gráfico de intervalo.
Individual Value Plot...	→Fazer gráfico de valor individual.
Line Plot...	→Fazer gráfico de linha.
Bar Chart...	→Fazer gráfico de barras.
Pie Chart...	→Fazer gráfico de pizza.
Time Series Plot...	→Fazer gráfico de série temporal.
Area Graph...	→Fazer gráfico de área.
Contour Plot...	→Fazer gráfico de contorno.
3D Scatterplot...	→Fazer gráfico de dispersão 3D.
3D Surface Plot...	→Fazer gráfico de superfície 3D.

Figura 24 – Menu Graph

1.4.7 – Menu Editor

A Figura 25 apresenta os comandos disponíveis no menu Editor (edição). Com esses comandos, pode-se fazer uma busca e customizar a planilha em uso.

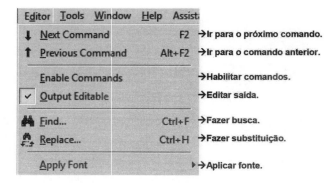

Figura 25 – Menu Editor

1.4.8 – Menu Tools

A Figura 26 apresenta os comandos disponíveis no menu Tools (ferramentas). Esses comandos dão acesso a outras ferramentas.

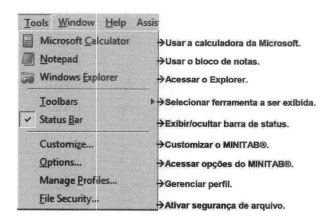

Figura 26 – Menu Tools

1.4.9 – Menu Windows

A Figura 27 apresenta os comandos disponíveis no menu Windows (janelas). Com esses comandos, podem-se gerenciar as janelas disponíveis no MINITAB®.

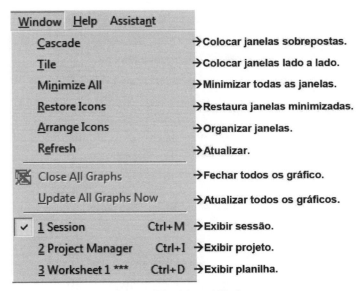

Figura 27 – Menu Windows

1.4.10 – Menu Help

A Figura 28 apresenta os comandos disponíveis no menu Help (ajuda). Com esses comandos, podem-se acessar as ajudas disponíveis no MINITAB®.

Figura 28 – Menu Help

1.4.11 – Menu Assistant

A Figura 29 apresenta os comandos disponíveis no menu Assistant (assistente). Com esses comandos, podem-se acessar as assistências disponíveis no MINITAB® para a aplicação de algumas ferramentas estatísticas.

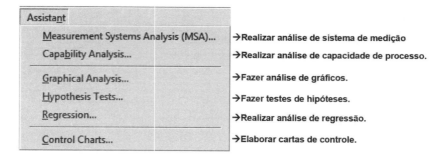

Figura 29 – Menu Assistant

1.5 – Barra de Ferramentas

A barra de ferramentas, Figura 30, disponibiliza os comandos mais utilizados no MINITAB®, agilizando o acesso com um clique no ícone.

Figura 30 – Barra de ferramentas

A barra de ferramentas, dependendo da janela que se está utilizando, apresenta alguns ícones desativados.

A função apresentada de cada ícone, no Quadro 1, independe de qual janela está ativada.

1 2 3 4 5 6 7 8 9 10 11 12 13 14 15 16	
1- Abrir projeto	9 - Exibir/editar
2 - Salvar	10 - Comando anterior
3 - Imprimir	11 - Comando posterior
4 - Recortar	12 - Localizar
5 - Copiar	13 - Localizar próxima
6 - Colar	14 - Cancelar
7 - Desfazer	15 - Ajuda
8 - Refazer	16 - Guia estatístico
17 18 19 20 21 22 23 24 25 26 27 28	
17 - Mostrar pasta da session	23 - Mostrar documentos relacionados
18 - Mostrar pasta da worksheet	24 - Mostrar modelo de planejamento
19 - Mostrar pasta do gráfico	25 - Mostrar janela session
20 - Mostrar pasta info	26 - Mostrar worksheet
21 - Mostrar pasta history	27 - Mostrar gerenciamento de projeto

Continua

Conclusão

22 - Mostrar report pad	28 - Fechar todos os gráficos

29 – Inserir fórmula	33 - Mover coluna
30 - Inserir célula	34 - Localizar linha anterior - Brush
31 - Inserir linha	35 - Localizar próxima linha - Brush
32 - Inserir coluna	36 - Limpar célula

Quadro 1 – Funções da barra de ferramentas

1.6 – Outros Menus

Ao construir um gráfico, a janela Graph torna-se ativa, Figura 31. Para a construção de um gráfico, utilizam-se os comandos do menu Graph que foram apresentados no item 1.4.6.

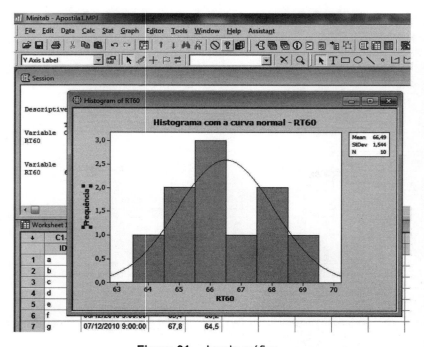

Figura 31 – Janela gráfico

O número de gráficos que podem ser abertos no MINITAB® é de, no máximo, 200.

O MINITAB® apresenta também menus simplificados quando se clica com o botão direito do mouse na janela que está ativada. A Figura 32 mostra um exemplo desse menu, com a janela Session ativada.

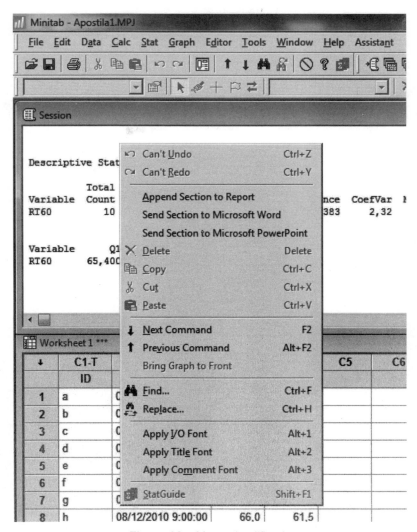

Figura 32 – Menu simplificado

Capítulo 2

ORGANIZANDO OS DADOS ESTATÍSTICOS

No Capítulo 1, fez-se uma apresentação de todos os comandos do MINITAB® e das principais funções disponíveis no menu Stat (estatística). A partir deste capítulo, passa-se a utilizar os comandos e suas funções, necessários para a aplicação dos fundamentos das estatísticas descritiva e inferencial básicas.

Serão utilizados exemplos de aplicação prática da Estatística na área industrial. Para tanto, torna-se necessário recordar os fundamentos da Estatística.

É importante lembrar que o MINITAB® é uma ferramenta que auxilia a organizar e resumir os dados estatísticos, tornando-os disponíveis para a análise estatística. Nunca é demais reforçar que a Estatística é uma ferramenta que fornece informações preciosas para fundamentar as decisões de um profissional.

Além disso, não se pretende utilizar todos os comandos e funções disponíveis pelo MINITAB®, mas aplicar aqueles necessários para o desenvolvimento e o entendimento dos fundamentos das estatísticas descritiva e inferencial básicas apresentados neste livro.

2.1 – Gerenciando Arquivos

Ao iniciar o MINITAB®, a tela de abertura apresenta três tipos de janelas: Session (seção), Worksheet (planilha) e Proj... – Project Manager (gerenciador de projeto), como mostra a Figura 33.

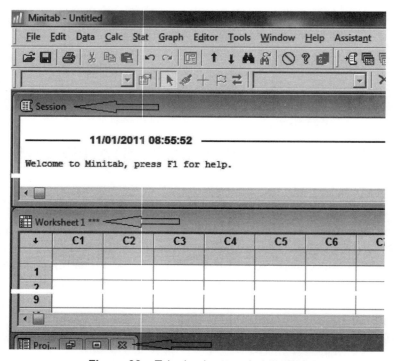

Figura 33 – Tela de abertura do MINITAB®

Os dados podem ser digitados ou colados na planilha a partir de arquivos do MINITAB® ou de programas, como o Excel, Word ou outros, usando os comandos copiar e colar desses programas e do MINITAB®.

Pode-se também importar dados de uma fonte externa utilizando o comando Query Database (ODBC - consulta à base de dados), disponível no menu File, conforme apresentado no item 1.4.1, na Figura 6. O comando ODBC (Open Database Connectivity – conectividade aberta do banco de dados) permite acessar um banco de dados e importá-lo para o MINITAB®.

Para importar os dados de um banco de dados, siga os comandos e funções descritos a seguir:
- Na tela de abertura do MINITAB®, clique nos seguintes comandos: File > Query Database (ODBC).

- A caixa Selecionar fonte de dados é exibida, Figura 34. Em seguida, clique em Fonte de dados de máquina e dê um duplo clique na fonte de dados Excel files.

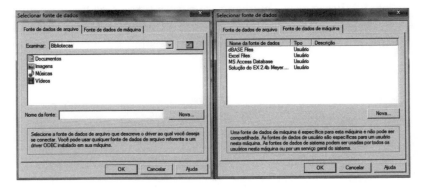

Figura 34 – Fonte de dados de máquina

- A caixa Selecionar pasta de trabalho é exibida, Figura 35. Dê um duplo clique em Calculo com excel 1.xls, que corresponde ao arquivo com os dados a importar.

Figura 35 – Selecionar pasta de trabalho

- Na caixa Query Database (ODBC), Figura 36, que será exibida, selecione em Available tables (tabelas disponíveis) a tabela de interesse e no campo Available fields (campos disponíveis), selecione as partes da tabela de interesse, dando um duplo clique em Coluna1 e, depois, em F2. Essas partes mudam para o campo Selected fields (campos selecionados). Deixe marcado o campo List available tables and fields in alphabetical order (lista de tabelas e campos disponíveis em ordem alfabética). Clique em OK.

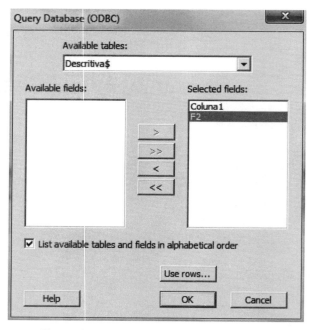

Figura 36 – Query Database (ODBC)

- Os dados serão exibidos na janela Worksheet 1, Figura 37, e podem agora ser trabalhados com os recursos do MINITAB®. As informações sobre essa operação são registradas na janela Session.

As informações mostradas nas Figuras 34 a 36 com certeza serão diferentes para cada computador, pois dependem das informações disponíveis em cada um. Portanto, ajustes devem ser realizados para importar os dados desejados.

Salve o projeto clicando na barra de menu: File > Save Project, definindo o nome do arquivo e o local onde ele deve ser arquivado. O projeto é nomeado e continua ativo na tela.

Ao abrir um novo projeto ou uma nova planilha, pelo menu File, o MINITAB® pergunta se é para salvar ou não o projeto atual, e encerra-o ao abrir um novo.

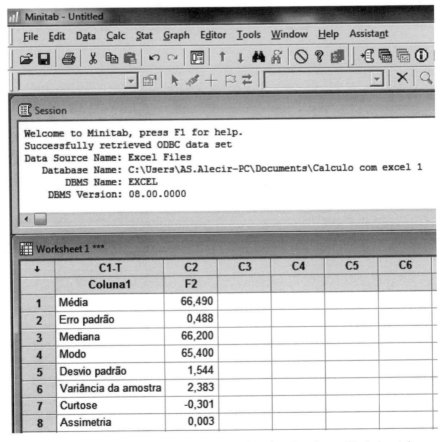

Figura 37 – Dados importados para as janelas Session e Worksheet 1

CAPÍTULO 3

ESTATÍSTICA DESCRITIVA

A estatística descritiva fornece métodos que envolvem a coleta, a apresentação e a caracterização de um conjunto de dados, de modo a descrever as várias características desse conjunto. Portanto, ela trata da organização e da sumarização dos dados estatísticos.

3.1 – Conceitos Básicos da Estatística

Neste item, apresentam-se os principais conceitos utilizados em Estatística com o objetivo de facilitar o entendimento dos termos aplicados ao longo deste livro.

3.1.1 – Estatística

Estatística é a parte da Matemática aplicada que fornece métodos para a coleta, organização, descrição, análise e interpretação dos dados para uma tomada de decisão baseada em fatos e dados.

Ela nos leva a pensar, experimentar, questionar, aprender e melhorar processos, produtos e pessoas.

A Estatística pode ser definida como a ciência de analisar dados e tirar conclusões para a tomada de decisão, levando em conta a variabilidade dos dados.

Divide-se em descritiva e inferencial. A estatística descritiva envolve a coleta, a apresentação e a caracterização de um conjunto de dados, de modo a descrever as várias características desse conjunto. A estatística inferencial ou indutiva, por sua vez, torna possível a estimativa de parâmetros de uma população com base em resultados amostrais.

3.1.2 – Conceitos

População – constituída por todos os elementos da variável objeto de estudo. A população pode ser finita ou infinita.

Amostra – corresponde a uma parte da população e deve ser representativa e imparcial.

Parâmetro – é uma medida que descreve uma característica da população. Como exemplo, a letra N representa o tamanho da população e as letras gregas µ (mi) e σ (sigma) representam a média e o desvio padrão da população.

Estatística – é uma medida que descreve uma característica da amostra. Como exemplo, a letra n representa o tamanho da amostra e as letras $\overline{X}$ e S representam a média e o desvio padrão da amostra.

Dados – são observações ou medidas que descrevem alguma característica e fornecem informações que mostram o desempenho de um processo, produto ou pessoas.

Variável – num estudo estatístico, trabalha-se com a análise de uma variável ou um conjunto de variáveis. A variável é qualquer característica de um indivíduo ou coisa e pode ser exemplificada por altura, rendimento, temperatura, massa, resistência, número de defeitos, quantidade de chamadas, número de clientes. Além disso, a variável pode ser classificada como qualitativa e quantitativa.

A variável qualitativa é relativa ao atributo de uma característica não numérica, como, por exemplo, o processo pode ser aberto ou fechado, o produto pode ser conforme ou não conforme, a pessoa pode ser masculina ou feminina.

A variável quantitativa tem valores expressos em números e pode ser discreta ou contínua. A variável discreta é relativa à característica numérica que assume valores inteiros, ou seja, pode ser contada, como, por exemplo, o número de máquinas paradas, o número de defeitos em um produto, o número de operadores. A variável contínua é relativa à característica numérica que pode assumir qualquer valor dentro de um intervalo, ou seja, pode ser medida, como, por exemplo, a velocidade de operação da máquina (90,0 m/min), a resistência à tração de um produto (350 MPa), a altura de uma pessoa (1,72 m).

3.2 – Técnicas de Amostragem

A população em estudo nem sempre possui um tamanho que permite contar ou medir todos os seus elementos. Assim, usa-se do recurso da amostragem que se constitui no processo de escolha da amostra.

A amostragem possibilita a redução de custo, tempo, erros de coleta e manuseio dos dados, pois se trabalha apenas com uma parte da população.

A amostragem pode ser classificada em probabilística e não probabilística. Neste livro, considera-se a amostragem probabilística, que é aleatória, e por isso dá a todos os elementos da população a mesma chance de serem escolhidos, além de garantir imparcialidade e representatividade na escolha dos elementos que compõem a amostra. A amostra pode ser composta de um ou mais elementos.

A amostragem probabilística divide-se em quatro tipos.

3.2.1 – Amostragem Aleatória Simples

A amostragem aleatória simples é caracterizada por uma população homogênea desordenada ou não, e tem a vantagem de ser simples.

Os passos para a aplicação desse tipo de amostragem são os seguintes:
- enumerar os elementos da população de 1 a N, sem ordenar os elementos;
- escolher os elementos da amostra de tamanho n, utilizando a tabela de números aleatórios (TNA).

3.2.1.1 Exemplo 1

O engenheiro responsável pelo controle de qualidade de uma fábrica de bombons deseja extrair, sem reposição, uma amostra de tamanho n = 5, de uma população de 30 caixas de bombom. As massas dessas caixas foram medidas em quilograma (kg) e apresentadas na Tabela 1.

Tabela 1 – Massa das caixas de bombom (kg)

1	2	3	4	5
2,6	3,0	2,8	1,6	1,8
3,2	3,1	1,5	2,6	2,9
2,6	1,7	2,6	2,7	1,8
1,9	2,0	1,9	3,1	1,6
2,0	1,6	1,4	1,3	2,1
2,2	1,7	1,6	2,6	2,4

3.2.1.1.1 Transferir os dados para o MINITAB®

- Clique nos comandos File > Save Project As e será exibida a caixa Save Project As (Salvar projeto como), Figura 38. Preencha o campo Nome com Exemplo 1 e clique em Salvar para obter o arquivo Exemplo 1.
- Com o MINITAB® aberto, selecione e copie os dados referentes ao enunciado do exemplo 1 e cole na janela Session, Figura 39.

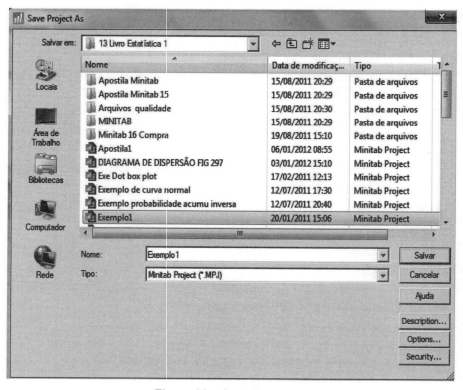

Figura 38 – Save Project As

- Selecione e copie os campos que contêm os valores da massa de cada caixa na Tabela 1 e cole os dados na planilha Worksheet 1, Figura 39. Antes de colar, clique no campo abaixo de C1.

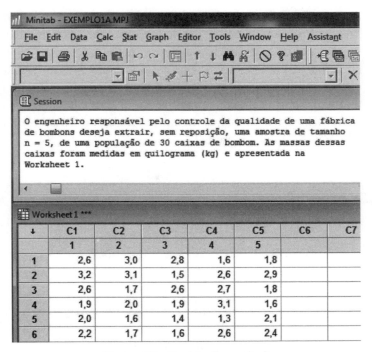

Figura 39 – Projeto Exemplo 1

3.2.1.1.2 – Transformar as cinco colunas em uma coluna

- Use os comandos Data > Stack > Columns, Figura 40, e clique em columns (colunas) para empilhar os dados em uma única coluna.

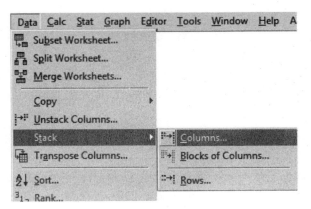

Figura 40 – Empilhando dados

- A caixa Stack Columns (empilhar colunas) será exibida, Figura 41. Preencha o campo Stack the following columns (empilhar as seguintes colunas) dando um duplo clique em C1, C2, C3, C4 e C5 no campo Select (seleção). Em Store stacked data in (armazenar os dados empilhados em), marque e preencha o campo Column of current worksheet (coluna da planilha atual) com C8 e deixe marcado o campo Use variable names in subscript column (usar os nomes das variáveis na coluna nominada).

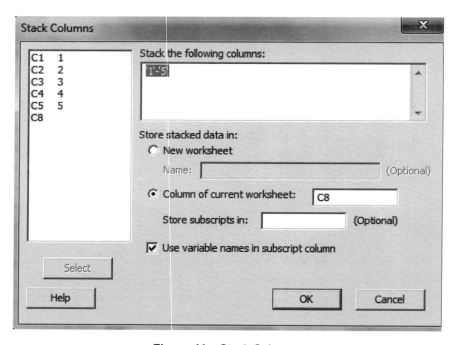

Figura 41 – Stack Columns

- Clique em OK e as colunas serão empilhadas, conforme a Figura 42. Nomeie a coluna C8 como M.

3.2.1.1.3 – Enumerar os elementos da população de 1 a N, sem ordenar os elementos
- Insira na coluna C7 a numeração de cada medida, Figura 42.

CAPÍTULO 3 - ESTATÍSTICA DESCRITIVA / **39**

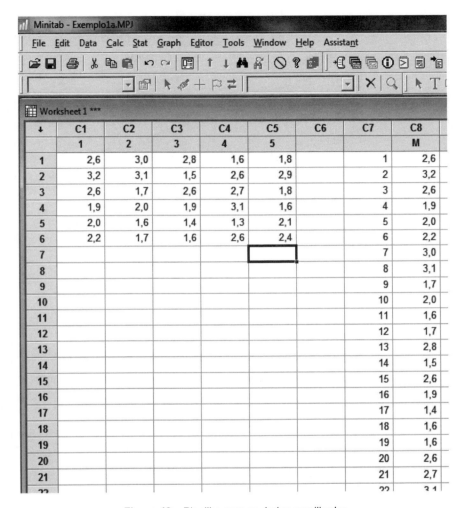

Figura 42 – Planilha com os dados empilhados

3.2.1.1.4 – Escolher os elementos da amostra de tamanho n = 5, utilizando a tabela de números aleatórios

- Use os comandos Calc > Random Data > Sample From Columns, Figura 43, e clique em Sample From Columns (amostra a partir das colunas).

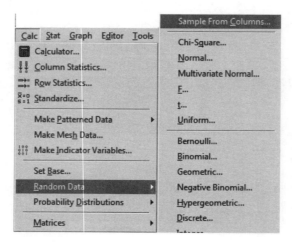

Figura 43 – Escolha aleatória da amostra

- A caixa Sample From Columns (amostra a partir das colunas), Figura 44, será exibida.
- Preencha o campo Number of rows to sample (número de linhas para a amostra) com o número de elementos que compõem o tamanho da amostra desejada (5). Em From columns (a partir das colunas), selecione a coluna que contém a numeração dos dados (C7).
- Preencha o campo Store samples in (armazenar as amostras em) com C9. Deixe o campo Sample with replacement (amostra com reposição) desmarcado e, em seguida, clique em OK.

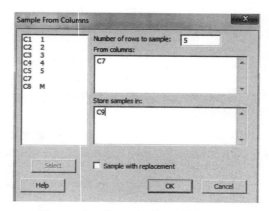

Figura 44 – Sample From Columns

- Na planilha Worksheet 1, Figura 45, na coluna C9, serão apresentados os elementos escolhidos aleatoriamente. Nomeie a coluna C9 como n.
- Os elementos escolhidos são formados por:
  - 3 – 2,6 kg
  - 17 – 1,4 kg
  - 20 – 2,6 kg
  - 24 – 2,6 kg
  - 29 – 2,1 kg

↓	C1	C2	C3	C4	C5	C6	C7	C8	C9
	1	2	3	4	5			M	n
1	2,6	3,0	2,8	1,6	1,8		1	2,6	3
2	3,2	3,1	1,5	2,6	2,9		2	3,2	17
3	2,6	1,7	2,6	2,7	1,8		3	2,6	20
4	1,9	2,0	1,9	3,1	1,6		4	1,9	24
5	2,0	1,6	1,4	1,3	2,1		5	2,0	29
6	2,2	1,7	1,6	2,6	2,4		6	2,2	
7							7	3,0	

Figura 45 – Elementos da amostra

3.2.2 – Amostragem Aleatória Estratificada Proporcional

A amostragem aleatória estratificada proporcional é caracterizada por uma população dividida em dois ou mais estratos (grupos), por exemplo, produtos A e B. Dentro de cada estrato, há homogeneidade e entre os estratos há heterogeneidade. O tamanho da amostra de cada estrato é proporcional à sua população. Tem como vantagem a redução de variações no resultado da amostragem.

Os passos para a aplicação desse tipo de amostragem constituem-se em:
- enumerar os elementos da população de cada estrato de 1 a N - os elementos podem estar ordenados ou não;
- calcular a fração de amostragem f, conforme a Eq. (1);
- calcular o número de elementos da amostra de cada estrato n_i, conforme a Eq. (2);
- escolher os elementos da amostra de cada estrato pela TNA.

$$f = \frac{n}{N} \tag{1}$$

f → fração de amostragem;
n → número de elementos da amostra;
N → número de elementos da população.

$$n_i = N_i \cdot f \tag{2}$$

n_i → número de elementos da amostra de cada estrato;
f → fração de amostragem;
N → número de elementos da população de cada estrato.

3.2.2.1 – Exemplo 2

O Blu-Ray Disc é um formato de disco ótico com 12 cm de diâmetro (igual ao CD e ao DVD) para vídeo e áudio de alta definição e armazenamento de dados de alta densidade. Requer uma TV full HD de LCD, plasma ou LED. O seu nome tem origem a partir da cor azul do raio laser ("blue ray" em inglês significa "raio azul"). Um fabricante de DVD Blu-Ray deseja obter informações dos clientes sobre as unidades produzidas no ano 2009. Foram fabricados e vendidos dois modelos. Selecione uma amostra estratificada proporcional de tamanho n = 8, sem reposição, para a pesquisa. As Tabelas 2 e 3 apresentam os modelos fabricados em 2009.

Tabela 2 – Modelo de Blu-Ray DSL80

	MODELO DSL80					
ITEM	1	2	3	4	5	6
SÉRIE	BS333	BS323	BS398	BS302	BS325	BS314
ITEM	7	8	9	10	****	****
SÉRIE	BS331	BS312	BS377	BS335	****	****

Tabela 3 – Modelo de Blu-Ray DML80

MODELO DML80						
ITEM	1	2	3	4	5	6
SÉRIE	BL151	BL053	BL108	BL100	BL105	BL002
ITEM	7	8	9	10	11	12
SÉRIE	BL031	BL092	BL089	BL080	BL045	BL028
ITEM	13	14	15	16	17	18
SÉRIE	BL039	BL094	BL055	BL033	BL015	BL004
ITEM	19	20	21	22	23	24
SÉRIE	BL012	BL123	BL090	BL111	BL034	BL137

3.2.2.1.1 – Transferir os dados para o MINITAB®

- Com o MINITAB® aberto, selecione e copie os dados referentes ao enunciado do exemplo 2 e cole na janela Session, salvando em seguida para obter o arquivo Exemplo 2, conforme explicado no item 3.2.1.1.1.
- Selecione e copie os campos que contêm os dados nas Tabelas 2 e 3, colando nas planilhas.
- Cole cada tabela numa planilha, mas no mesmo arquivo. Para abrir outra planilha no mesmo arquivo, clique nos comandos File > New. A caixa New (novo) será exibida. Escolha MINITAB® Worksheet e clique em OK. Organize as janelas para que se possa ver as três ao mesmo tempo, Figura 46, e salve.
- Digite na planilha Worksheet 1, nas colunas C9 a C13, as letras N para o tamanho da população, NS para o tamanho da população do modelo DSL80, f para a fração de amostragem, nS* para o tamanho da amostra do modelo DSL80 e n* para o tamanho da amostra a ser extraída. Na planilha Worksheet 2, nas colunas C9 a C13, faça o mesmo para o modelo DML80. Preencha os valores de N, NM f, nM* e n* conforme fornecido no exemplo 2, Figura 46. O asterisco é necessário porque o MINITAB considera NS = nS.

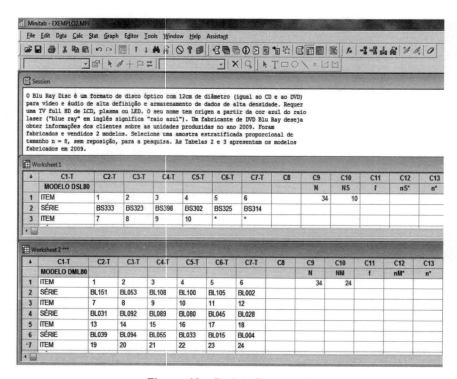

Figura 46 – Projeto Exemplo 2

3.2.2.1.2 – Enumerar os elementos da população de 1 a N, sem ordenar os elementos
- Os elementos encontram-se numerados, Figura 46.

3.2.2.1.3 – Calcular a fração de amostragem (f), o modelo DSL80, conforme a Eq. (1)
- O cálculo da fração de amostragem pode ser feito aplicando a Eq. (1) e utilizando os comandos Calc > Calculator, que disponibiliza uma calculadora como no Excel, abrindo a caixa Calculator, Figura 47. Certifique-se de que a planilha Worksheet 1 esteja ativada.

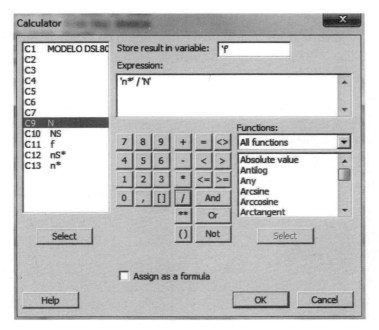

Figura 47 – Calculator Worksheet 1

- Preencha os campos Store result in variable (armazenar o resultado na variável), dando um duplo clique em C11, e em Expression (expressão matemática), dando um duplo clique em C13, depois em / da calculadora e, em seguida, em C9. Assim, obtém-se a Eq (1) para calcular f (variável). Clique em OK e será exibido na planilha Worksheet 1, na coluna C11, o valor de 0,235294, Figura 48.

	C1-T	C2-T	C3-T	C4-T	C5-T	C6-T	C7-T	C8	C9	C10	C11	C12	C13
	MODELO DSL80								N	NS	f	nS*	n*
1	ITEM	1	2	3	4	5	6		34	10	0,235294		8
2	SÉRIE	BS333	BS323	BS398	BS302	BS325	BS314						
3	ITEM	7	8	9	10								
4	SÉRIE	BS331	BS312	BS377	BS335								
5													

Figura 48 – Cálculo de f para o modelo DSL80

- Ajuste o número de casas decimais para duas casas, ativando o menu simplificado, clicando com o botão direito do mouse na janela da planilha Worksheet 1 que está ativada. O menu simplificado, Figura 49, será exibido.

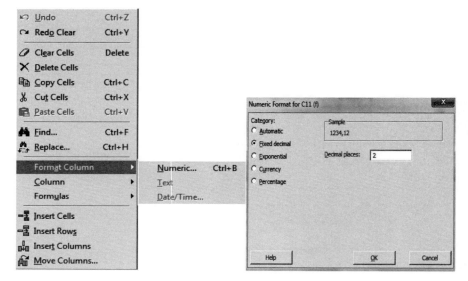

Figura 49 – Formatação do número de decimais

- Clique em Format Column > Numeric (formatação da coluna > dado numérico). Será exibida a caixa Numeric Format for C11 (f) (formatação numérica para C11 (f)). Ative o campo Fixed decimal (decimal fixada) e digite o número 2 em Decimal places (casa decimais), Figura 49. Na coluna C11, da planilha Worksheet 1, o número será apresentado com apenas duas casas decimais, Figura 50. Se o cursor estiver sobre o número calculado, clique fora para que o número, com suas casas decimais definidas, apareça adequadamente.

	C1-T	C2-T	C3-T	C4-T	C5-T	C6-T	C7-T	C8	C9	C10	C11	C12	C13
	MODELO DSL80								N	NS	f	nS*	n*
1	ITEM	1	2	3	4	5	6		34	10	0,24		8
2	SÉRIE	BS333	BS323	BS398	BS302	BS325	BS314						
3	ITEM	7	8	9	10								
4	SÉRIE	BS331	BS312	BS377	BS335								

Figura 50 – Número com duas casas decimais

3.2.2.1.4 – Calcular o número de elementos da amostra do estrato modelo DSL80 (nS*), conforme a Eq. (2)
- Calcule o número de elementos da amostra para o estrato modelo DSL80 somente com números inteiros, clicando nos comandos Calc > Calculator, conforme descrito no item 3.2.2.1.3. O resultado está na Figura 51.

	C1-T	C2-T	C3-T	C4-T	C5-T	C6-T	C7-T	C8	C9	C10	C11	C12	C13
	MODELO DSL80								N	NS	f	nS*	n*
1	ITEM	1	2	3	4	5	6		34	10	0,24	2	8
2	SÉRIE	BS333	BS323	BS398	BS302	BS325	BS314						
3	ITEM	7	8	9	10								
4	SÉRIE	BS331	BS312	BS377	BS335								

Figura 51 – Número de elementos da amostra do modelo DSL80

3.2.2.1.5 – Escolher os elementos da amostra de tamanho nS* = 2, utilizando a tabela de números aleatórios
- Para escolher os elementos pela TNA, conforme descrito no item 3.2.1.1.4, devem-se empilhar as linhas ITEM e SÉRIE da planilha Worksheet 1, ativando a planilha Worksheet 1 e clicando nos comandos Data > Transpose Columns, Figura 52. Antes disso, preencha as colunas C6 a C7 nas linhas 3 e 4 com asterisco.
- Será exibida a caixa Transpose Columns (transportar colunas), Figura 52. Clique no campo Transpose the following columns (transportar as seguintes colunas) e selecione as colunas C2-C7. Ative o campo After last column in use (após a última coluna em uso). Clique em OK.

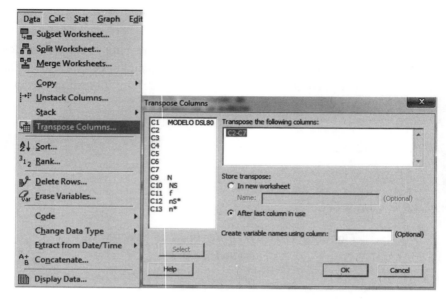

Figura 52 – Comandos para empilhar os dados em linhas

- São mostrados, então, na planilha Worksheet 1, nas colunas C14 a C16, os dados empilhados, Figura 53. Nomeie as colunas C19 e C20 como ITEM e SÉRIE.

Figura 53 – Transposição dos dados do modelo DSL80.

- Pelos comandos Data > Stack > Columns, abre-se a caixa Stack Columns (empilhar colunas), Figura 54. Selecione as colunas C15 e C17, que representam a numeração dos itens. Ative Column of current worksheet (armazenar na coluna da planilha atual), digite C19, que corresponde à coluna da SÉRIE, e clique em OK, Figura 55. Faça o mesmo para as colunas C16 e C18.

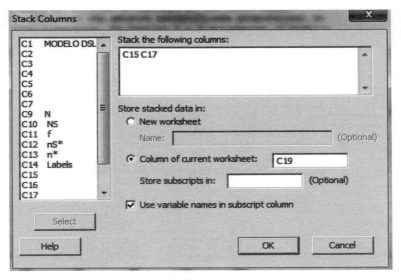

Figura 54 – Empilhar colunas

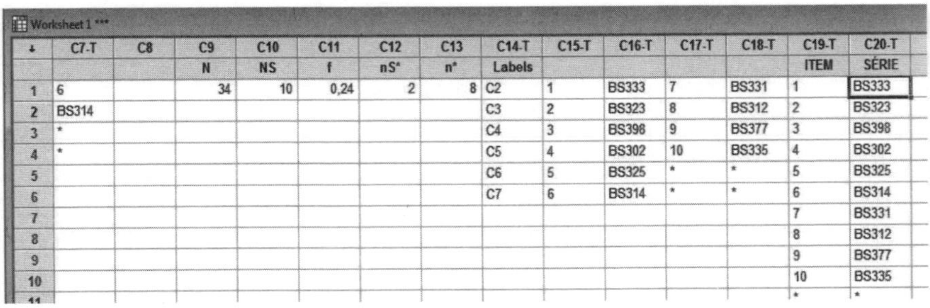

Figura 55 – Empilhamento da amostra do modelo DSL80

- Escolha os elementos pela TNA, conforme descrito no item 3.2.1.1.4.
- São exibidos na planilha Worksheet 1, Figura 56, na coluna C21, os elementos escolhidos aleatoriamente. Nomeie a coluna C21 como Amostra DSL80.
- Os elementos da amostra escolhidos são formados por:
  - 1 – BS333
  - 4 – BS302

50 / ESTATÍSTICA APLICADA COM O MINITAB®

	C9	C10	C11	C12	C13	C14-T	C15-T	C16-T	C17-T	C18-T	C19-T	C20-T	C21-T
	N	NS	f	nS*	n*	Labels					ITEM	SÉRIE	AMOSTRA DSL80
1	34	10	0,24	2	8	C2	1	BS333	7	BS331	1	BS333	1
2						C3	2	BS323	8	BS312	2	BS323	4
3						C4	3	BS398	9	BS377	3	BS398	
4						C5	4	BS302	10	BS335	4	BS302	
5						C6	5	BS325	*	*	5	BS325	
6						C7	6	BS314	*	*	6	BS314	
7											7	BS331	
8											8	BS312	
9											9	BS377	
10											10	BS335	

Figura 56 – Formação da amostra do modelo DSL80

3.2.2.1.6 – Repita os itens 3.2.2.1.3 a 3.2.2.1.5

- Têm-se, então, os dados da planilha Worksheet 2, a amostra do estrato modelo DML80, conforme mostra a Figura 57. Após a transposição dos dados, nomeie as colunas C23 e C24 como ITEM e SÉRIE.

	C9	C10	C11	C12	C13	C14-T	C15-T	C16-T	C17-T	C18-T	C19-T	C20-T	C21-T	C22-T	C23-T	C24-T	C25
	N	NM	f	nM*	n*	Labels									ITEM	SÉRIE	AMOSTRA DML80
1	34	24	0,24	6	8	C2	1	BL151	7	BL031	13	BL039	19	BL012	1	BL151	
2						C3	2	BL053	8	BL092	14	BL094	20	BL123	2	BL053	
3						C4	3	BL108	9	BL089	15	BL055	21	BL090	3	BL108	
4						C5	4	BL100	10	BL080	16	BL033	22	BL111	4	BL100	
5						C6	5	BL106	11	BL045	17	BL015	23	BL034	5	BL106	
6						C7	6	BL002	12	BL028	18	BL004	24	BL137	6	BL002	
7															7	BL031	
8															8	BL092	
9															9	BL089	
10															10	BL080	
11															11	BL045	
12															12	BL028	
13															13	BL039	
14															14	BL094	
15															15	BL055	
16															16	BL033	
17															17	BL015	
18															18	BL004	
19															19	BL012	
20															20	BL123	
21															21	BL090	

Figura 57 – Transposição e empilhamento dos dados para o modelo DML80

- Obtidos os dados empilhados em duas colunas, siga o restante do procedimento para obter os elementos selecionados, conforme mostra a Figura 58.

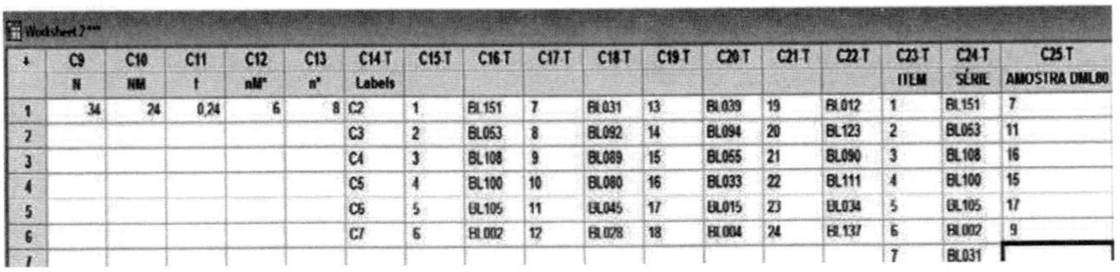

Figura 58 – Formação da amostra para o modelo DML80

- Os elementos escolhidos são formados por:
  - 7 – BL031
  - 11 – BL041
  - 16 – BL033
  - 15 – BL055
  - 17 – BL015
  - 9 – BL089

3.2.3 – Amostragem Aleatória por Conglomerados

A amostragem aleatória por conglomerados é caracterizada por uma população dividida em estratos (grupos) heterogêneos e os conglomerados com características similares. Assim, a população pode ser a empresa, os estratos podem ser as unidades da empresa (fábricas 1, 2, 3...) e os conglomerados, os processos (administrativo, corte, colagem, acabamento, ...).

Os passos para a aplicação desse tipo de amostragem constituem-se em:
- dividir a população em estratos;
- dividir os estratos em conglomerados;
- selecionar os conglomerados, utilizando a TNA. Assim, todos os elementos dos conglomerados selecionados devem ser estudados. Pode-se também selecionar uma amostra de tamanho n pela TNA de cada conglomerado selecionado.

3.2.3.1 – Exemplo 3

A Federação das Indústrias do Estado de Minas Gerais encomendou ao IBOPE uma pesquisa, na cidade de Betim, sobre a formação escolar e técnica dos trabalhadores da indústria. A cidade de Betim tem cerca de 25.000 pessoas

trabalhando em 125 indústrias. As indústrias foram classificadas de acordo com o número de trabalhadores:
- 1 a 50 trabalhadores – indústria de pequeno porte – são 100 indústrias;
- 51 a 400 trabalhadores – indústria de médio porte – são 20 indústrias;
- Acima de 400 trabalhadores – indústria de grande porte – são 5 indústrias.

Além disso, as indústrias foram cadastradas de 001 a 125. O instituto deve entrevistar todos os trabalhadores de cinco indústrias selecionadas aleatoriamente, sem reposição.

3.2.3.1.1 – Transferir os dados para o MINITAB®
- Com o MINITAB® aberto, selecione e copie os dados referentes ao enunciado do exemplo 3, e cole na janela Session, salvando em seguida para obter o arquivo Exemplo 3, conforme explicado no item 3.2.1.1.1, Figura 59.
- Digite na planilha Worksheet 1, nas colunas C1 a C7, os dados referentes ao exemplo 3, conforme a Figura 59. Na coluna C8, digite Cadastro e use o recurso de autopreenchimento, digitando, logo abaixo, os números 1 e 2. Em seguida, selecione e arraste os números até obter o número 125.

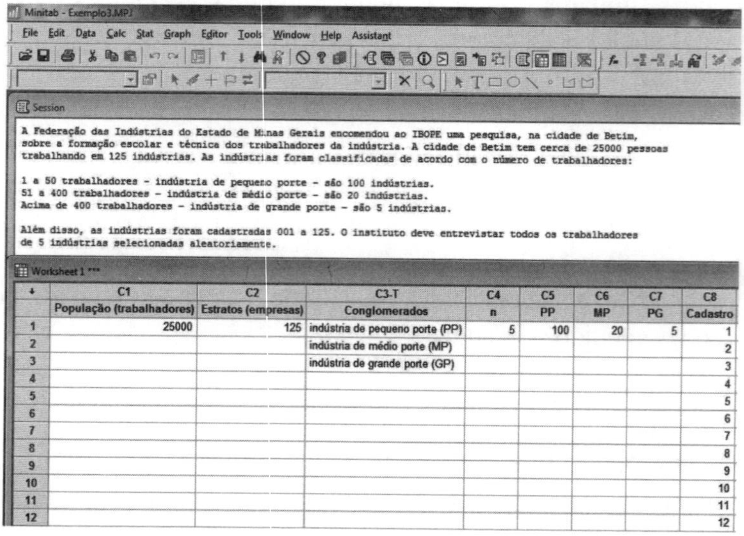

Figura 59 – Projeto Exemplo 3

3.2.3.1.2 – Escolher os elementos da amostra de tamanho n = 5, utilizando a tabela de números aleatórios

- Para escolher os elementos da amostra pela TNA, faça conforme descrito no item 3.2.1.1.4. Serão exibidos na planilha Worksheet 1, na coluna C9, Figura 60, os elementos selecionados. Nomeie a coluna como Amostra.

	C1	C2	C3-T	C4	C5	C6	C7	C8	C9
	População (trabalhadores)	Estratos (empresas)	Conglomerados	n	PP	MP	PG	Cadastro	Amostra
1	25000	125	indústria de pequeno porte (PP)	5	100	20	5	1	2
2			indústria de médio porte (MP)					2	9
3			indústria de grande porte (GP)					3	15
4								4	62
5								5	35
6								6	
7								7	
8								8	
9								9	

Figura 60 – Elementos da amostra de indústrias

- Os elementos escolhidos da amostra são formados pelas indústrias cadastradas com os números:

$$2, 9, 15, 35 \text{ e } 62$$

3.2.4 – Amostragem Aleatória Sistemática

A amostragem aleatória sistemática ou sequencial é caracterizada por uma população homogênea ordenada de forma crescente ou decrescente.

Os passos para a aplicação desse tipo de amostragem constituem-se em:
- calcular a razão de amostragem (K), conforme a Eq. (3);

$$K = \frac{N}{n} \quad (3)$$

K → razão de amostragem;
N → número de elementos da população;
n → número de elementos da amostra.
- escolher o primeiro elemento entre 1 e K ou entre 1 e N, utilizando a TNA;
- escolher, a partir desse primeiro elemento, os demais elementos da amostra de tamanho n, adicionando o valor de K a cada um dos elementos da amostra, formando uma sequência conforme a Eq. (4).

$$X \text{ (TNA)}, X + K, X + 2K, \ldots, X + nK \tag{4}$$

3.2.4.1 – Exemplo 4

Um serviço de atendimento a clientes de uma empresa recebe 1.000 chamadas por semana. Com o objetivo de avaliar o grau de satisfação dos clientes, o gerente solicitou que seja feita uma amostra de 1,3% dessas chamadas, sem reposição.

3.2.4.1.1 – Transferir os dados para o MINITAB®

- Com o MINITAB® aberto, selecione e copie os dados referentes ao enunciado do exemplo 4, e cole na janela Session, salvando em seguida para obter o arquivo Exemplo 4, conforme explicado no item 3.2.1.1.1, Figura 61.
- Digite na planilha Worksheet 1, nas colunas C1 a C3, os dados referentes ao exemplo 4, conforme a Figura 61.

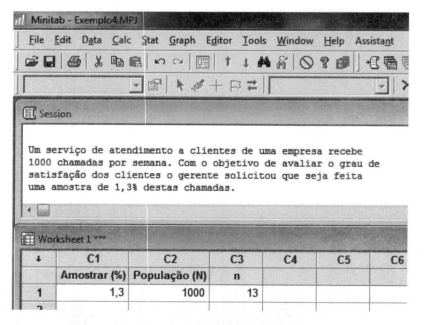

Figura 61 – Projeto Exemplo 4

3.2.4.1.2 – Calcular o tamanho da amostra n

- Calcule o tamanho da amostra n, somente com números inteiros, clicando nos comandos Calc > Calculator, conforme descrito no item 3.2.2.1.3, a partir da porcentagem 1,3% fornecida, Figura 62.

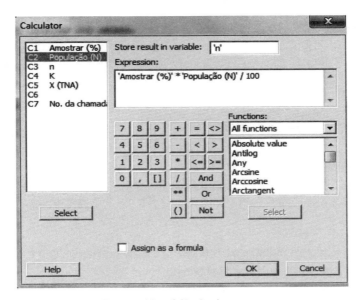

Figura 62 – Cálculo de n

- É exibido na planilha Worksheet 1, na coluna C3, o número de elementos que compõem a amostra, Figura 63.

↓	C1	C2	C3	C4	C5
	Amostrar (%)	População (N)	n		
1	1,3	1000	13		
2					
3					
4					

Figura 63 – Número de elementos da amostra

3.2.4.1.3 – Calcular a razão da amostragem (K)

- Calcule a razão da amostragem, somente com números inteiros, clicando nos comandos Calc > Calculator, conforme descrito no item 3.2.2.1.3. Digite K na coluna C4, na planilha Worksheet 1, Figura 64.
- É exibida na planilha Worksheet 1, na coluna C4, a razão da amostragem (K), Figura 64.

	C1	C2	C3	C4	C5
	Amostrar (%)	População (N)	n	K	
1	1,3	1000	13	77	
2					
3					

Figura 64 – Valor de K

3.2.4.1.4 – Escolher o primeiro elemento da amostra de tamanho n = 13, entre 1 e K, utilizando a tabela de números aleatórios

- Para escolher o elemento da amostra pela TNA, faça conforme descrito no item 3.2.1.1.4. Será exibido na planilha Worksheet 1, na coluna C5, Figura 65, o elemento selecionado. Nomeie a coluna como X (TNA).
- Digite na planilha Worksheet 1, na coluna C6, os números 1 e 2, arrastando-os depois até chegar ao número 77, Figura 65.
- Na coluna C5, é exibido o primeiro número da chamada para realizar a pesquisa de satisfação, Figura 65.

CAPÍTULO 3 - ESTATÍSTICA DESCRITIVA / **57**

↓	C1	C2	C3	C4	C5	C6	C7
	Amostrar (%)	População (N)	n	K	X (TNA)		
1	1,3	1000	13	77	57	1	
2						2	
3						3	
4						4	
5						5	
6						6	
7						7	
8						8	
9						9	
10						10	
11						11	
12						12	
13						13	
14						14	
15						15	
16						16	
17						17	
18						18	
19						19	
20						20	

Figura 65 – Valor de X (TNA)

- Utilize a Eq. (4) para obter os números das chamadas e realizar a pesquisa de satisfação. Nomeie a coluna C7 como N° da chamada. Logo abaixo, digite o número da primeira chamada (57), depois, o segundo número (57 + 77 = 134), conforme a Eq. (4). A seguir, selecione os dois números 57 e 134, e arraste-os até obter os 13 números das chamadas, que devem ser aplicados na pesquisa, Figura 66.

↓	C1	C2	C3	C4	C5	C6	C7
	Amostrar (%)	População (N)	n	K	X (TNA)		No. da chamada
1	1,3	1000	13	77	57	1	57
2						2	134
3						3	211
4						4	288
5						5	365
6						6	442
7						7	519
8						8	596
9						9	673
10						10	750
11						11	827
12						12	904
13						13	981
14						14	

Figura 66 – Números das chamadas da amostra

3.3 – Distribuição de Frequência

A análise estatística de dados pode ocorrer por meio de dados não agrupados ou dados agrupados.

Os dados não agrupados são valores individuais apenas ordenados ou enumerados e referem-se a um conjunto de dados formado por menos de 30 elementos. São denominados pequenos conjuntos de dados, portanto, não se aplicam à distribuição de frequência (DF).

Os dados agrupados se referem a um conjunto de dados formado por 30 ou mais elementos. São denominados grandes conjuntos de dados e, neste caso, aplicam-se à distribuição de frequência.

A distribuição de frequência é a primeira etapa para entender um problema. É um método de agrupamento de dados em classes. Portanto, é uma forma de resumir, organizar e apresentar os dados por meio de tabelas e gráficos, permitindo comparar os conjuntos de dados.

3.3.1 – Passos para a Construção de uma Distribuição de Frequência

a) Ordene os dados de forma crescente a partir da tabela primitiva. Veja o item 3.3.2.
b) Calcule a amplitude total dos dados (ht), utilizando a Eq. (5).

$$ht = X_{máx} - X_{mín} \qquad (5)$$

ht → amplitude total dos dados;
$X_{máx}$ → maior valor do conjunto de dados;
$X_{mín}$ → menor valor do conjunto de dados.

c) Calcule o número de classes (k), utilizando a Eq. (6). O número de classes deverá estar entre 5 e 20 classes para permitir detectar padrões na distribuição dos dados.

$$k = 1 + 3{,}3 \log n \text{ (regra de Sturges)} \qquad (6)$$

k → número de classes;
log → logaritmo na base 10;
n → número de elementos da amostra.

d) Calcule a amplitude do intervalo de classe (hc). O valor de hc define o intervalo de cada classe e pode ser um número inteiro ou não. O hc pode ser definido por uma das Eqs. (7) e (8), mas só se utiliza a Eq. (8) quando se tem o limite superior da classe (Li) e o limite inferior da classe (li).

$$hc = \frac{ht}{k} \qquad (7)$$

hc → amplitude do intervalo de cada classe;
ht → amplitude total dos dados;
k → número de classes.

$$hc = Li - li \qquad (8)$$

hc → amplitude do intervalo de cada classe;

L_i → limite superior da classe;
l_i → limite inferior da classe.

e) Verifique pela Eq. (9) se:

hc . k > ht (9)

hc → amplitude do intervalo de cada classe;
k → número de classes;
ht → amplitude total dos dados.

Se não, ajuste, aumentando o valor de hc ou k, pois todos os valores devem estar dentro das classes estabelecidas pela Eq. (6).

f) Estabeleça o tipo de representação de classe a ser usada. Conforme a resolução do Instituto Brasileiro de Geografia e Estatística (IBGE), os intervalos de classe podem ser representados de acordo com a Figura 67.

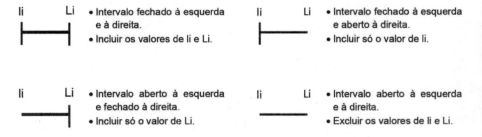

Figura 67 – Representação da classe
Fonte: Adaptado do IBGE,1993

Neste livro, utiliza-se apenas a representação de classe com intervalo fechado à esquerda e aberto à direita.

g) Defina os limites de cada classe (i), adicionando o valor de hc ao li de cada classe. Então, o Li da primeira classe corresponderá ao li da segunda classe, e assim por diante.

h) Calcule o ponto médio da classe (Xi), utilizando a Eq. (10).

$$X_i = \frac{l_i + L_i}{2} \tag{10}$$

$X_i \rightarrow$ ponto médio de cada classe;
$L_i \rightarrow$ limite superior da classe;
$l_i \rightarrow$ limite inferior da classe.

i) Conte os elementos de cada classe a partir dos dados ordenados, na letra a, estabelecendo a frequência absoluta simples de cada classe (fi).
j) Calcule os tipos de frequência. Veja o item 3.3.3.
k) Apresente os dados em forma de tabela e/ou gráfico. Veja o item 3.3.4.

3.3.2 – Ordenar os dados pelo Método de Ramo e Folhas

O método de ramo e folhas ordena os dados e permite a visualização de sua distribuição. Esse método foi desenvolvido pelo inglês John Tukey, sendo denominado também diagrama ou gráfico de ramo e folhas, Figura 68.

A ordenação dos dados é obtida pela separação dos números por um ramo, que se constitui dos números que se encontram à esquerda de uma linha vertical, e pela folha, que é formada pelos números que se encontram à direita dessa linha vertical. Podem-se ter tantas folhas quanto os números do conjunto de dados.

São necessários de 5 a 20 ramos para obter uma boa visualização dos dados. Os ramos podem ser simples, duplos ou quíntuplos. No ramo simples, as folhas abrangem os números de 0 a 9. No ramo duplo, as folhas abrangem os números de 0 a 4 e 5 a 9. No ramo quíntuplo, as folhas abrangem os números de 0 a 1, 2 a 3, 4 a 5, 6 a 7 e 8 a 9. Os números alocados nos ramos e nas folhas podem ser, por exemplo, décimos, centésimos, unidades, dezenas e centenas.

```
Ramo simples

15    0   112233445667899
(21)  1   022333344455677889999
22    2   0001111222334566777889
```

```
Ramo duplo

Stem-and-leaf of 1   N = 58
Leaf Unit = 1,0


 8    0   11223344
15    0   5667899
25    1   0223333444
(11)  1   55677889999
22    2   0001111222334
 9    2   566777889
```

```
Ramo quíntuplo

 2    0   11
 6    0   2233
 9    0   445
12    0   667
15    0   899
16    1   0
22    1   223333
27    1   44455
(3)   1   677
28    1   889999
22    2   0001111
15    2   22233
10    2   45
 8    2   66777
 3    2   889
```

Figura 68 – Método Ramo e Folhas

3.3.3 – Tipos de Frequência

Após a construção da distribuição dos dados, podem-se avaliar várias características desses dados para ter um melhor entendimento dos mesmos. A seguir, apresentam-se os tipos de frequência.

a) A frequência absoluta simples (fi) representa a quantidade de elementos em cada classe.

b) A frequência relativa simples (%fr) representa a porcentagem de elementos em cada classe e é definida pelo valor da razão entre a frequência absoluta simples (fi) e a frequência total (Σfi), conforme a Eq. (11).

$$\%fr = \left(\frac{fi}{\Sigma fi}\right).100 \qquad (11)$$

%fr → frequência relativa simples em cada classe;
fi   → frequência absoluta simples em cada classe;
Σfi → frequência total ou somatório das frequências absolutas simples.

c) A frequência absoluta acumulada crescente (fac) representa o total das frequências absolutas simples (fi) de todos os valores abaixo do limite superior do intervalo de uma dada classe, conforme a Eq. (12). É denominada como os valores "Menores que", "Abaixo de" ou "Inferiores a".

$$\text{fac}_k = \Sigma fi \ (i = 1, 2, 3, \ldots, k) \tag{12}$$

fac → frequência absoluta acumulada crescente;
Σfi → frequência total;
k → número de classes.

d) A frequência relativa acumulada crescente (%frc) representa a porcentagem acumulada crescente de elementos em cada classe e é definida pelo valor da razão entre a frequência absoluta acumulada crescente (fac) e a frequência total (Σfi), conforme a Eq. (13).

$$\%frc = \left(\frac{fac}{\Sigma fi}\right).100 \tag{13}$$

%frc → frequência relativa acumulada crescente;
fac → frequência absoluta acumulada crescente;
Σfi → frequência total.

e) A frequência absoluta acumulada decrescente (fad) representa o total das frequências absolutas simples (fi) de todos os valores acima do limite inferior do intervalo de uma dada classe, conforme a Eq. (14). É denominada como os valores "Maiores que", "Acima de" ou "Superiores a".

$$\text{fad}_k = \Sigma fi \ (i = k, \ldots, 3, 2, 1) \tag{14}$$

fad → frequência absoluta acumulada decrescente;
Σfi → frequência total.

f) A frequência relativa acumulada decrescente (%frd) representa a porcentagem acumulada decrescente de elementos em cada classe e é definida pelo valor da razão entre a frequência absoluta acumulada decrescente (fad) e a frequência total (Σfi), conforme a Eq. (15).

$$\%frd = \left(\frac{fad}{\Sigma fi}\right).100 \tag{15}$$

%frd → frequência relativa acumulada decrescente;

fad → frequência absoluta acumulada decrescente;
Σfi → frequência total.

3.3.4 – Representação Gráfica de uma Distribuição de Frequência

Uma vez que é mais simples identificar um padrão de um conjunto de dados a partir de um gráfico do que de uma tabela, apresentam-se os gráficos mais comuns para a representação gráfica de uma distribuição de frequência, tais como, o histograma, polígono de frequência e ogiva de Galton.

3.3.4.1 – Histograma

O histograma é um gráfico de barras que permite visualizar a distribuição de um conjunto de dados quanto à sua posição, dispersão e forma. A posição se refere à centralização dos dados, enquanto que a dispersão mostra a variabilidade dos dados e a forma trata da concentração dos dados, ou seja, sua assimetria.

O histograma é um conjunto de retângulos justapostos com bases sobre o eixo horizontal, onde se encontram os valores dos limites de cada classe, e um eixo vertical, onde se encontram os valores relativos à frequência das classes, de tal modo que os pontos médios dos retângulos coincidam com os pontos médios dos intervalos de cada classe, e as áreas dos retângulos sejam proporcionais às frequências das classes, Gráfico 1.

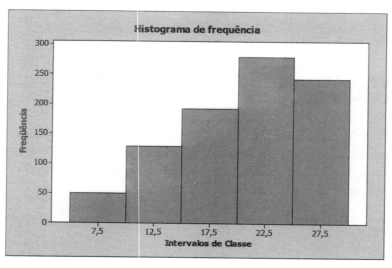

Gráfico 1 – Histograma

3.3.4.2 – Polígono de frequência

O polígono de frequência, também denominado curva de frequência, é um gráfico de linha que mostra a forma da distribuição dos dados e realça as mudanças contínuas nas frequências, ligando o ponto médio de cada retângulo no histograma com uma linha, Gráfico 2.

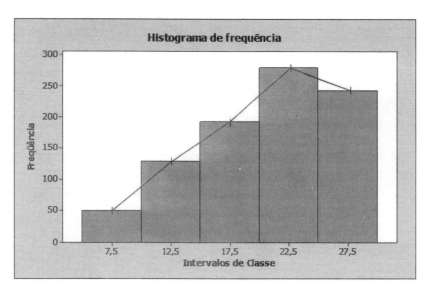

Gráfico 2 – Polígono de frequência

3.3.4.3 – Ogiva de Galton

A ogiva de Galton recebe esse nome em homenagem ao médico inglês, Sir Francis Galton, sendo denominada também por ogivograma.

A ogiva é um gráfico de distribuição de frequência acumulada, ou seja, frequência absoluta acumulada crescente (fac) e frequência absoluta acumulada decrescente (fad). É construída marcando, no eixo das abscissas, os limites dos intervalos de classe, e no eixo das ordenadas, os valores das frequências absolutas acumuladas (fac ou fad). É útil na determinação dos valores "abaixo de" ou "acima de" de um determinado valor de classe, Gráfico 3.

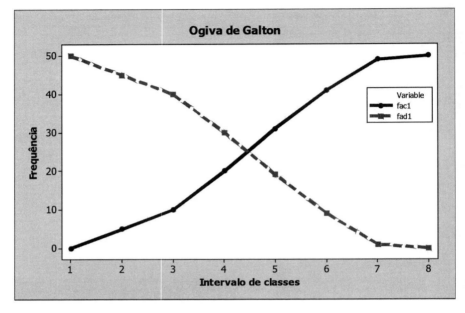

Gráfico 3 – Ogiva de Galton

3.3.5 – Exemplo 5

Num estudo experimental sobre o comprimento de trincas realizado em 50 chapas de aço, foram observados os seguintes valores mostrados na Tabela 4. O comprimento da trinca foi medido em milímetros (mm). Considerando esses dados, realize os itens de 3.3.5.1 a 3.3.5.7.

Tabela 4 – Comprimento da trinca em chapas de aço - (mm)

15	12	13	17	20	22	19	21	18	27
7	9	14	22	27	26	13	8	6	28
24	17	12	21	25	28	23	20	10	14
23	21	16	15	5	26	21	18	19	22
29	27	19	13	6	9	20	19	14	13

3.3.5.1 – Ordenar os dados conforme o método de ramo e folhas

3.3.5.1.1 – Com o MINITAB® aberto, selecione e copie os dados referentes ao enunciado do exemplo 5, e cole na janela Session. Selecione e copie os campos que contêm os dados na Tabela 4, Figura 69, e cole na planilha Worksheet 1. Salve em seguida para obter o arquivo Exemplo 5, conforme explicado no item 3.2.1.1.1.

3.3.5.1.2 – Digite na planilha Worksheet 1, na coluna C11, Comprimento (mm) e faça o empilhamento dos dados, conforme mostrado no item 3.2.1.1.2, Figura 69. Serão apresentados, na coluna C11, os dados empilhados.

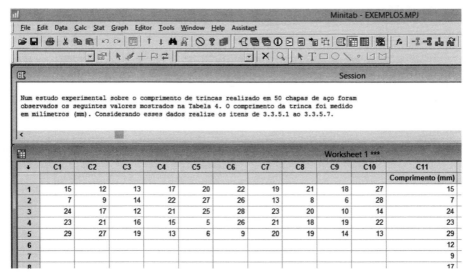

Figura 69 – Exemplo 5

3.3.5.1.3 – Para ordenar os dados pelo método ramo e folhas, clique nos comandos Graph > Stem-and-Leaf e para exibir a caixa Stem-and-Leaf (ramo e folhas), Figura 70. Selecione a coluna C11 com um duplo clique para transferi-la para o campo Graph variables (variáveis do gráfico). Deixe o campo By variable (pela variável) em branco. Desative o campo Trim outliers (eliminar os valores extremos). No campo Increment (incremento), estabeleça o tipo de ramo que será usado. Pode-se digitar 10 para o ramo simples, 5 para o duplo e 2 para o quíntuplo. Digite 5 e, em seguida, clique em OK para obter um ramo duplo, Figura 70.

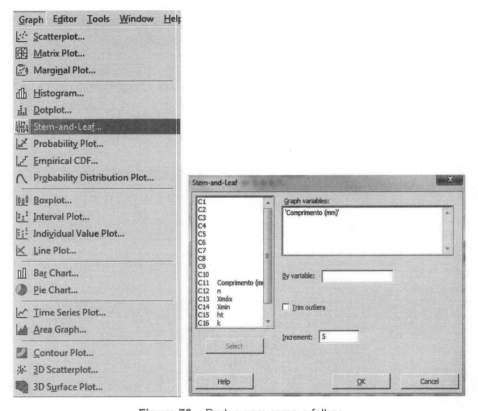

Figura 70 – Dados para ramo e folhas

3.3.5.1.4 – É exibido, na janela Session, o gráfico de ramo e folhas com os dados ordenados, Figura 71.

3.3.5.1.5 – A primeira coluna representa a quantidade de números encontrados em cada ramo. O segundo número da coluna corresponde à quantidade de números acumulada. O número entre parêntesis (11) significa que foram encontrados 11 números nesse ramo e que a mediana está nele. Abaixo do ramo, a quantidade de números

CAPÍTULO 3 - ESTATÍSTICA DESCRITIVA / 69

está acumulada desse ramo até o último. O ramo seguinte irá decrescer. Como não há nenhum valor no ramo de 0 a 4, ele não aparece, Figura 71.

3.3.5.1.6 – A segunda coluna Ramos representa, neste caso, a dezena. Então, no primeiro ramo, o número zero (0) significa que não há dezena e os números correspondem às unidades de 5 a 9. No segundo e terceiro ramos, o número 1 corresponde à primeira dezena (10 - que está dividida entre 0 a 4 e 5 a 9, ou seja, 10 a 14 e 15 a 19) e os seguintes, à segunda dezena (20), Figura 71.

3.3.5.1.7 – A terceira coluna Folhas representa, neste caso, a unidade. Assim, os números correspondem às unidades encontradas em cada ramo e essas unidades formam as folhas, Figura 71.

3.3.5.1.8 – Assim, o conjunto de dados está ordenado por 5, 6, 6, 7, 8, 9, 9, 10, 12, 12, 13, 13, 13, 13, 14, 14, 14, 15, 15, 16, 17, 17, 18, 18, 19, 19, 19, 19, 20, 20, 20, 21, 21, 21, 21, 22, 22, 22, 23, 23, 24, 25, 26, 26, 27, 27, 27, 28, 28 e 29.

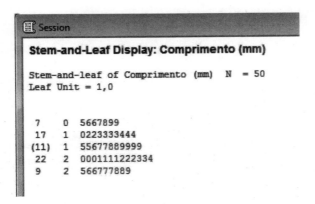

Figura 71 – Ordenação dos dados pelo gráfico ramo e folhas

3.3.5.2 – Construir a distribuição de frequência

3.3.5.2.1 – Para a construção da distribuição de frequência, siga as letras descritas no item 3.3.1. Na planilha Worksheet 1, nas colunas C12 a C19, digite n, Xmáx, Xmín, ht, k, hc, hc.k e hc.k>ht, Figura 72. Identifique os valores de n, Xmáx e Xmín na janela Session, no gráfico de ramo e folhas, Figura 71, e digite-os na planilha Worksheet 1, Figura 72.

	C7	C8	C9	C10	C11	C12	C13	C14	C15	C16	C17	C18	C19
					Comprimento (mm)	n	Xmáx	Xmin	ht	k	hc	hc.k	hc.k>ht
1	19	21	18	27	15	50	29	5					
2	13	8	6	28	7								
3	23	20	10	14	24								
4	21	18	19	22	23								

Figura 72 – Preparando os cálculos para a distribuição de frequência

3.3.5.2.2 – Calcule ht, utilizando a Eq. (5), clicando nos comandos Calc > Calculator, conforme descrito no item 3.2.2.1.3, Figura 73. O valor será mostrado na planilha Worksheet 1, em C15, Figura 76.

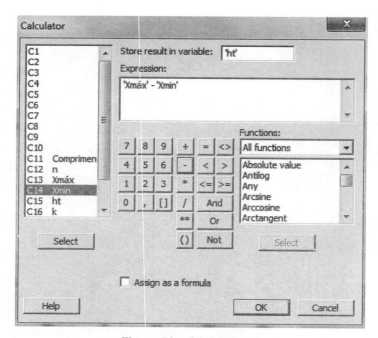

Figura 73 – Cálculo de ht

3.3.5.2.3 – Calcule k utilizando a Eq. (6). Clicando nos comandos Calc > Calculator, abre-se a caixa Calculator. Preencha o campo Store result in variable (armazenar o resultado na variável), dando um duplo clique em C16. Para inserir a fórmula no campo Expression (expressão matemática) e arredondar o número para inteiro, vá para Functions (funções) e selecione a opção Ceiling (arredondamento para o inteiro maior) com um duplo clique. Será exibida a expressão matemática CEIL (number;num digits) (arredondar (número, número de dígitos)) no campo Expression. Em seguida, em number (número), digite a Eq. (6), buscando o log n no campo Functions por meio de um duplo clique em Log 10, Figura 74. Em num digits (número de dígitos), digite 0 (zero) para um arredondamento para o número inteiro e 1, 2 ou 3 para obter um arredondamento com uma, duas ou três casas decimais. No exemplo 5, use 0 e clique em OK, pois o número de classes deve ser inteiro. O valor aparecerá na planilha Worksheet 1, em C16, Figura 76.

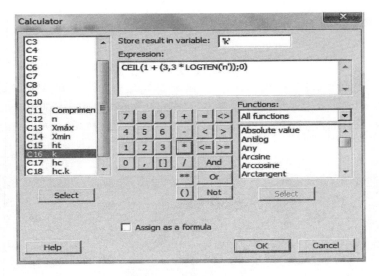

Figura 74 – Cálculos de k

3.3.5.2.4 – Repita o item 3.3.5.2.3 para calcular hc com a Eq. (7), O valor de hc pode ou não ser inteiro.

Neste exemplo, torne-o inteiro, Figura 75. O valor será mostrado na planilha Worksheet 1, em C17, Figura 74.

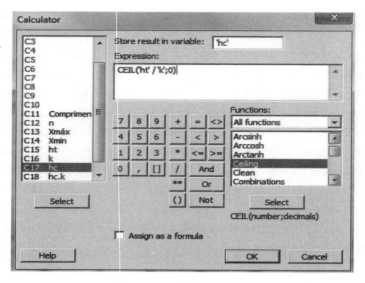

Figura 75 – Cálculo de hc

3.3.5.2.5 – Calcule para a coluna C18 hc.k e verifique se hc.k>ht está OK. Se sim, digite, na coluna C19, OK, Figura 76. Caso contrário, aumente o valor de k ou hc até obter hc.k>ht. Assim, todos os valores do conjunto de dados estarão dentro das classes.

Figura 76 – Cálculos para a construção da DF

3.3.5.2.6 – Abra outra planilha no mesmo arquivo clicando nos comandos File > New para que a caixa New seja exibida. Escolha MINITAB® Worksheet e clique em OK. Organize as janelas para que se possam ver as três ao mesmo tempo, Figura 77. Digite na planilha Worksheet 2, nas colunas C1 a C13, i, li |------ Li (limites de classes), Xi, fi, %fr, fac, %frc, fad, %frd, li__ e __Li, SC4 e SC5. Formate a coluna C2 para texto clicando na linha 1 da coluna C2 com o botão direito do mouse. No menu simplificado que será aberto, clique em Format Column > Text e salve.

```
Session
Stem-and-leaf of Comprimento (mm)  N = 50
Leaf Unit = 1,0

    7   0  5667899
   17   1  0223333444
  (11)  1  55677889999
   22   2  0001111222334
    9   2  566777889
```

	C7	C8	C9	C10	C11	C12	C13	C14	C15	C16	C17	C18	C19-T
					Comprimento (mm)	n	Xmáx	Xmín	ht	k	hc	hc.k	hc.k>ht
1	19	21	18	27	15	50	29	5	24	7	4	28	OK
2	13	8	6	28	7								
3	23	20	10	14	24								
4	21	18	19	22	23								
5	20	19	14	13	29								

Worksheet 2 ***

	C1	C2-T	C3	C4	C5	C6	C7	C8	C9	C10	C11	C12	C13	C14
	i	li |---- Li	Xi	fi	%fr	fac	%frc	fad	%frd	li_	_Li	SC4	SC5	

Figura 77 – Montagem da tabela de distribuição de frequência

3.3.5.2.7 – Digite e calcule nas colunas C1 a C13 os dados para a distribuição de frequência. Em C1, digite as sete classes da DF, usando o recurso de autopreenchimento, conforme descrito em 3.2.3.1.1. Na coluna C2-T, digite os intervalos de cada classe, iniciando pelo menor valor do conjunto de dados ordenados; neste exemplo, é o valor de Xmín que será o li da primeira classe. Some ao li o valor de hc para encontrar Li da primeira classe. Para a segunda classe, o li tem o mesmo valor do Li da classe anterior e assim sucessivamente, até a última classe. Nas colunas C10 e C11, digite os valores dos limites inferior e superior dos intervalos de cada classe, separadamente, para auxiliar nos cálculos futuros, Figura 77.

3.3.5.2.8 – Digite os valores de fi na planilha Worksheet 2, na coluna C4, Figura 78, utilizando os dados ordenados pelo método ramo e folhas no item 3.3.5.1 e apresentado na janela Session da Figura 71.

C1	C2-T	C3	C4	C5	C6	C7	C8	C9	C10	C11	C12	C13
i	li |—— Li	Xi	fi	%fr	fac	%frc	fad	%frd	li_	_Li	SC4	SC5
1	5 |—— 9		5						5	9		
2	9 |—— 13		5						9	13		
3	13 |—— 17		10						13	17		
4	17 |—— 21		11						17	21		
5	21 |—— 25		10						21	25		
6	25 |—— 29		8						25	29		
7	29 |—— 33		1						29	33		

Figura 78 – Worksheet 2 com dados para a DF

3.3.5.2.9 – Calcule os tipos de frequência descritos em 3.3.3 para as colunas C5 a C9, utilizando os comandos Calc > Rows Statistic e Calc > Calculator, como demonstrado no item 3.3.5.2.3, que permitem calcular os valores de Xi, %fr, fac, %frc, fad, %frd, SC4 (Σfi) e SC5 (Σ%fr) para cada classe, Figuras 79 a 84.

- Calcule Xi utilizando os comandos Calc > Rows Statistic. A caixa Rows Statistic (estatísticas de linhas) será aberta. No campo Statistic (estatística), ative Mean (cálculo da média), Figura 79. Para o campo Input variables (entrar com as variáveis), selecione com um duplo clique as colunas C10 e C11. No campo Store result in (armazenar o resultado em), selecione com um duplo clique a coluna C3, em seguida, clique em OK. Os valores serão apresentados na planilha Worksheet 2, na coluna C3, Figura 84. Os valores de Xi podem ser calculados também pela Eq. (10), utilizando os comandos Calc > Calculator, como demonstrado no item 3.3.5.2.3.

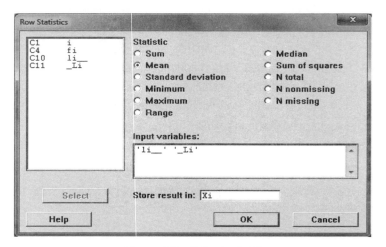

Figura 79 – Cálculo de Xi

CAPÍTULO 3 - ESTATÍSTICA DESCRITIVA / **75**

- Calcule SC4, %fr e SC5 utilizando os comandos Calc > Calculator, como demonstrado no item 3.3.5.2.3, Figuras 80 e 81. Os valores calculados serão apresentados na planilha Worksheet 2, Figura 84, nas colunas C12, C5 e C13. As colunas nomeadas SC4 e SC5 representam o somatório de fi (Σfi) e o somatório de %fr (Σ%fr).

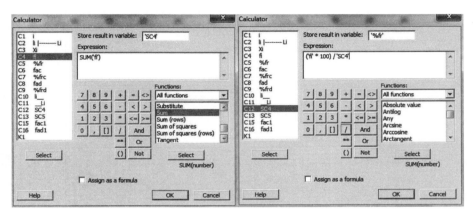

Figura 80 – Cálculos de SC4 e %fr

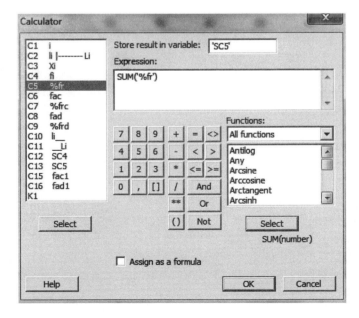

Figura 81 – Cálculo de SC5

- Calcule a fac utilizando os comandos Edit > Command Line Editor. A caixa Command Line Editor (editor da linha de comando) será aberta, Figura 82. Digite a macro LET C6 = PARS (C4) (deixar a coluna C6 igual à soma parcial da coluna C4) e clique em OK. Aparecerão na planilha Worksheet 2, Figura 84, na coluna C6, os valores da frequência acumulada crescente. Os valores de fad devem ser calculados com o auxílio de uma calculadora, conforme a Eq. (14), e digitados na coluna C8 da planilha Worksheet 2, Figura 84, uma vez que o MINITAB® não possui comandos para esses cálculos.

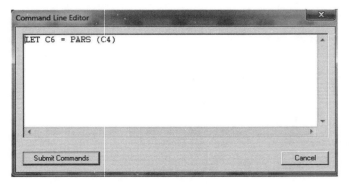

Figura 82 – Cálculo de %fac

- Calcule %frc e %frd, Figura 83, utilizando os comandos Calc > Calculator, como demonstrado no item 3.3.5.2.3. Os valores calculados aparecem na planilha Worksheet 2, Figura 84, nas colunas C7 e C9.

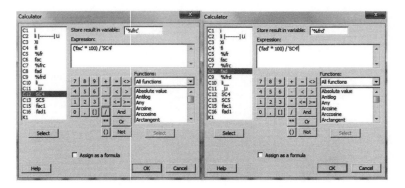

Figura 83 – Cálculos de %frc e frd

↓	C1	C2-T	C3	C4	C5	C6	C7	C8	C9	C10	C11	C12	C13
	i	li ⊢—— Li	Xi	fi	%fr	fac	%frc	fad	%frd	li_	_Li	SC4	SC5
1	1	5 ⊢—— 9	7	5	10	5	10	50	100	5	9	50	100
2	2	9 ⊢—— 13	11	5	10	10	20	45	90	9	13		
3	3	13 ⊢—— 17	15	10	20	20	40	40	80	13	17		
4	4	17 ⊢—— 21	19	11	22	31	62	30	60	17	21		
5	5	21 ⊢—— 25	23	10	20	41	82	19	38	21	25		
6	6	25 ⊢—— 29	27	8	16	49	98	9	18	25	29		
7	7	29 ⊢—— 33	31	1	2	50	100	1	2	29	33		
8													

Figura 84 – Distribuição de frequência – Exemplo 5

3.3.5.3 – Interpretação dos dados da Distribuição de Frequência pela planilha Worksheet 2

3.3.5.3.1 - Calcule o percentual de chapa de aço com comprimento da trinca inferior a 25 mm.

- Os dados da distribuição de frequência apresentados na planilha Worksheet 2 permitem fazer interpretações sobre o conjunto de dados coletados. Utilizando as Eqs. (12) e (13), percebe-se que 82% das chapas de aço têm trinca com comprimento menor que 25 mm. Isto pode ser identificado na coluna C7, %frc, na linha 5, Figura 84.

3.3.5.3.2 – Calcule o percentual de chapa de aço com comprimento da trinca superior a 17 mm.

- Por meio das Eqs. (14) e (15), pode-se verificar na coluna C9, %frd, na linha 4, Figura 84, que 60% das chapas de aço apresentam comprimento de trinca maior que 17 mm. Essas informações são úteis para verificar a capacidade de um processo ou produto em atender a necessidade de um cliente ou mercado. Para um melhor entendimento dessa interpretação, reveja os conceitos descritos no item 3.3.3.

3.3.5.4 – Construir o Histograma

3.3.5.4.1 – Para construir o histograma, clique na planilha Worksheet 1, utilizando os comandos Graph > Histogram. Na caixa Histograms (histogramas) que será aberta, escolha Simple e clique em OK, Figura 85. Será aberta, então, a caixa Histograms – Simple (histogramas – simples), Figura 85. No campo Graph variables (variáveis do gráfico), clique em C11, onde está empilhado o conjunto de dados, Figura 77. Nos botões Scale (escala), Data View (visão dos dados), Multiple Graphs (gráficos múltiplos) e Data Options (opções de dados), deixe o default (configuração padrão) do MINITAB®. Clique no botão Labels (rótulos) e será mostrada a caixa Histogram – Labels (histograma – rótulos), Figura 86. Na guia Titles/Footnotes (títulos/notas de rodapé), preencha o campo Title (título) com Distribuição do comprimento de trincas em chapas de aço – (mm) e clique em OK. Em seguida, clique em OK novamente.

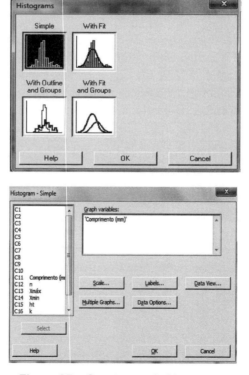

Figura 85 – Construção do histograma

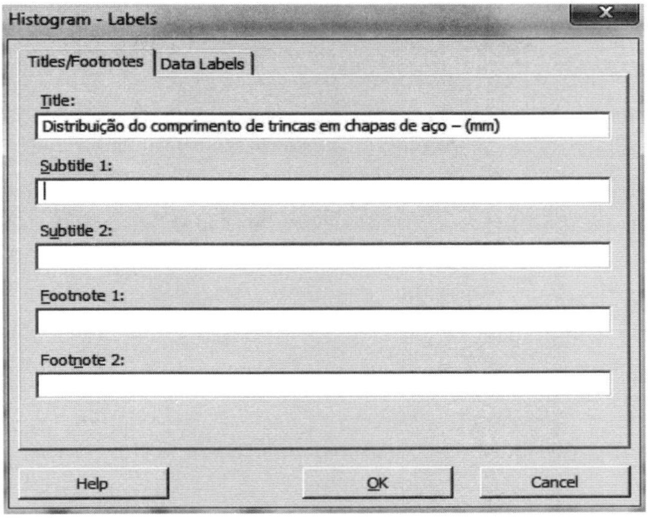

CAPÍTULO 3 - ESTATÍSTICA DESCRITIVA / **79**

Figura 86 – Título do histograma

3.3.5.4.2 – Será apresentado o gráfico do histograma, Figura 87. Clique na linha da escala horizontal (eixo X) e com o cursor sobre essa linha, clique no botão direito do mouse para que seja exibido o menu simplificado sobre o gráfico. Clique, então, em Edit X Scale (editar X escala) para que seja aberta a caixa Edit Scale (edição de escala), Figura 88, ou simplesmente dê um duplo clique na linha da escala horizontal.

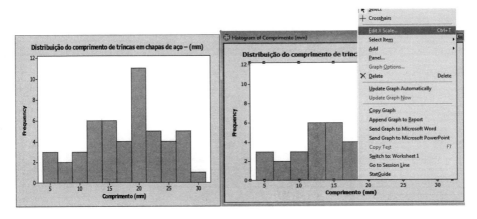

Figura 87 – Ajuste da escala do histograma

3.3.5.4.3 – Na caixa Edit Scale (edição de escala), Figura 88, na guia Scale (escala), no campo Major Tick Positions (principais posições dos intervalos), clique em Positions of ticks (posição dos intervalos), digitando os valores dos intervalos da classe da distribuição de frequência construída na planilha Worksheet 2, na coluna C2-T. No campo Scale Range (faixa da escala), desative Minimum (mínimo) e Maximum (máximo), digitando os valores 3 e 35, para que o histograma não fique colado nas linhas verticais laterais do gráfico. Em seguida, clique na guia Binning (barra ou intervalo), Figura 88. No campo Interval Type (tipo de intervalo), ative Cutpoint (pontos extremos) para que, no gráfico, os valores dos limites de classes estejam nas extremidades das classes. No campo Interval Definition (definição dos intervalos), ative Midpoint/Cutpoint Positions (posições dos pontos médios/pontos extremos) e digite os valores dos intervalos de classe. Deixe as demais guias no default do MINITAB®. Clique em OK e o histograma será ajustado conforme o Gráfico 4.

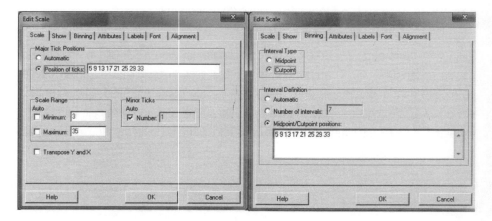

Figura 88 – Ajuste no eixo X do histograma

3.3.5.4.4 – Para trocar a palavra Frequency para Frequência, dê um duplo clique na mesma. Será exibida a caixa Edit Axis Label (editar o rótulo do eixo), Figura 89. No campo Text (texto), escreva a palavra Frequência, clique em OK e o histograma estará pronto, Gráfico 4.

CAPÍTULO 3 - ESTATÍSTICA DESCRITIVA / **81**

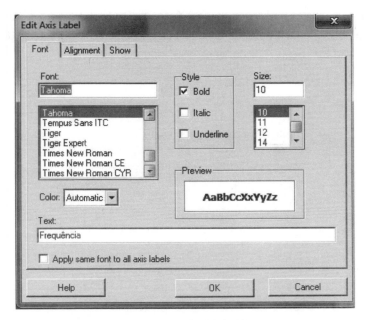

Figura 89 – Ajuste no eixo Y do histograma

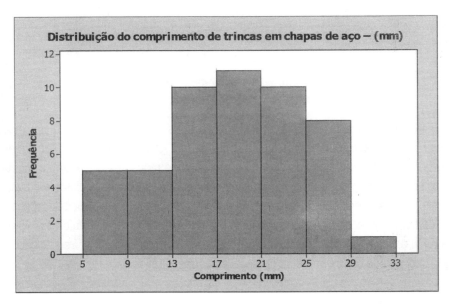

Gráfico 4 – Histograma – Exemplo 5

3.3.5.4.5 – Os ajustes realizados no eixo X, descritos nos itens 3.3.5.4.2 e 3.3.5.4.3, podem ser feitos no eixo Y, dando um duplo clique no eixo Y do gráfico para que seja aberta a caixa Edit Scale (edição da escala), Figura 90.

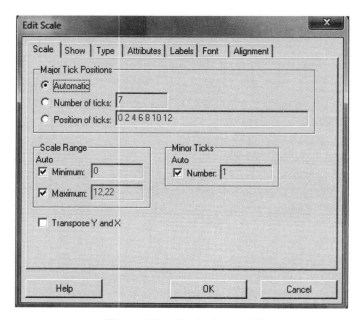

Figura 90 – Ajuste do eixo Y

3.3.5.4.6 – É possível fazer aparecer no histograma os valores de frequência de cada classe das barras, ou seja, os rótulos das barras. Para isso, clique dentro de qualquer barra do histograma construído com o botão direito do mouse e será aberto o menu simplificado ao lado do gráfico, Figura 91. Selecione Add (adicionar), clique em Data Labels (rótulos dos dados) e será exibida a caixa Add Data Labels (adicionar rótulos dos dados), Figura 92. Escolha a opção Use y-value labels (usar os rótulos dos valores de y) e clique em OK. O histograma é mostrado com os valores de frequência de cada intervalo de classe sobre as respectivas barras, Gráfico 5.

CAPÍTULO 3 - ESTATÍSTICA DESCRITIVA / **83**

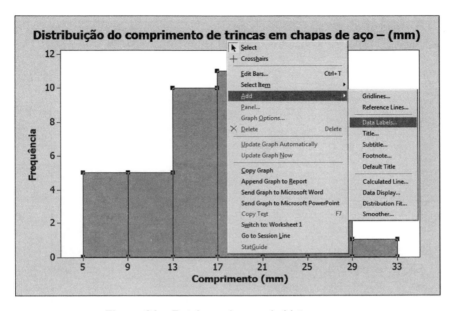

Figura 91 – Rotular as barras do histograma

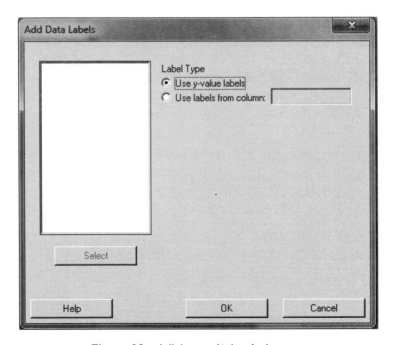

Figura 92 – Adicionar rótulos às barras

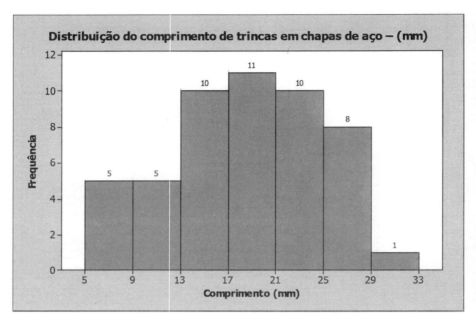

Gráfico 5 – Histograma com as fi de cada classe

3.3.5.5 – Interpretação do histograma

3.3.5.5.1 – Considerando que o mercado aceita somente chapas de aço que apresentam comprimento de trinca inferior a 9 mm, que conclusão pode-se obter sobre as chapas de aço estudadas utilizando o histograma?
- Pelo histograma, Gráfico 5, pode-se concluir que 5 das 50 chapas de aço analisadas apresentam comprimento de trinca inferior a 9 mm, ou seja, apenas 10% das chapas de aço.

3.3.5.6 – Construa a ogiva para os valores de fac e fad

3.3.5.6.1 – Para construir a ogiva de frequência, copie as colunas C6 e C8 da planilha Worksheet 2, Figura 84, e cole nas colunas C15 e C16. Antes, porém, digite o número zero na primeira linha da coluna C15 e zero na linha 8 da coluna C16. Isto é neces-

CAPÍTULO 3 - ESTATÍSTICA DESCRITIVA / **85**

sário para informar ao MINITAB® que o li da primeira classe não tem frequência acumulada crescente e que o Li da última classe não tem frequência acumulada decrescente, Figura 93. Nomeie as colunas C15 e C16 como fac1 e fad1, respectivamente.

	C1	C2-T	C3	C4	C5	C6	C7	C8	C9	C10	C11	C12	C13	C14	C15	C16
	i	li ⊢── Li	Xi	fi	%fr	fac	%frc	fad	%frd	li_	_Li	SC4	SC5		fac1	fad1
1	1	5 ⊢── 9	7	5	10	5	10	50	100	5	9	50	100		0	50
2	2	9 ⊢── 13	11	5	10	10	20	45	90	9	13				5	45
3	3	13 ⊢── 17	15	10	20	20	40	40	80	13	17				10	40
4	4	17 ⊢── 21	19	11	22	31	62	30	60	17	21				20	30
5	5	21 ⊢── 25	23	10	20	41	82	19	38	21	25				31	19
6	6	25 ⊢── 29	27	8	16	49	98	9	18	25	29				41	9
7	7	29 ⊢── 33	31	1	2	50	100	1	2	29	33				49	1
8															50	0

Figura 93 – Preparando para construir a ogiva

3.3.5.6.2 – Com a planilha Worksheet 2 ativa, clique nos comandos Stat > Time Series > Time Series Plot. Na caixa Times Series Plot (gráfico de séries temporais), Figura 94, que se abrirá, clique em Multiple (múltiplos gráficos) e em OK.

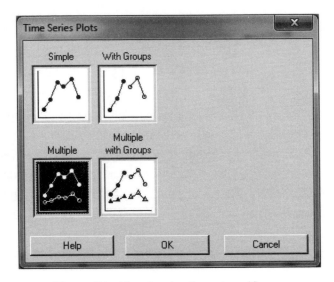

Figura 94 – Escolha dos tipos de gráficos

3.3.5.6.3 – Será aberta, então, a caixa Times Series Plot - Multiple (gráfico de séries temporais - múltiplos), Figura 95. Dê um duplo clique em C15 e C16, transferindo fac1 e fad1 para o campo Series (séries), Figura 95. Clique no botão Time/Scale (tempo/ escala) e será exibida a caixa Times Series Plot – Time/Scale (gráfico de séries temporais – tempo/escala). Deixe ativo em Time Scale (escala de tempo), Index (indicador), e em Start Values (valor inicial), One set for all variables (um conjunto para todas as variáveis). Em Increment (incremento), deixe em branco. Deixe as demais guias no default do MINITAB® e clique em OK, Figura 95.

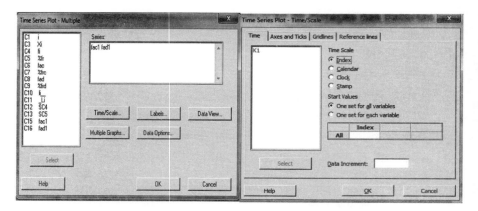

Figura 95 – Definição da escala do gráfico

3.3.5.6.4 – Retornando à caixa Times Series Plot - Multiple (gráfico de séries temporais - múltiplos), Figura 95, clique no botão Labels (rótulos) e será aberta a caixa Times Series Plot - Labels (gráfico de séries temporais - rótulos), Figura 96. Na guia Titles/Footnotes, no campo Title, digite o título do gráfico. Deixe os demais campos e guias no default do MINITAB® e clique em OK, retornando à caixa Times Series Plot - Multiple, Figura 95.

CAPÍTULO 3 - ESTATÍSTICA DESCRITIVA / **87**

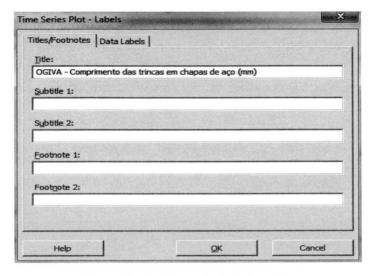

Figura 96 – Definição do título do gráfico

3.3.5.6.5 – Na caixa Times Series Plot - Multiple (gráfico de séries temporais - múltiplos), Figura 95, deixe os demais botões no default do MINITAB® e clique em OK para gerar o Gráfico 6.

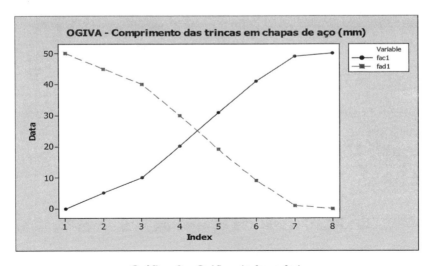

Gráfico 6 – Gráfico da fac e fad

3.3.5.6.6 – Faça os ajustes no gráfico da ogiva, Gráfico 6, dando um duplo clique na linha horizontal da escala Index para exibir a caixa Edit Scale (edição da escala), Figura 97. Na guia Scale (escala), no campo Scale Range (faixa da escala), desative os campos Minimum (mínimo) e Maximum (máximo), digitando os valores 0 e 9, respectivamente, para que o gráfico não fique colado nas linhas verticais laterais. Em seguida, clique na guia Labels (rótulos), Figura 97, no campo Major Tick Labels (principais rótulos dos intervalos), ative specified (especificado) para que, no gráfico, os valores dos limites de classes estejam nas extremidades das classes e digite os valores dos intervalos de classe. Deixe as demais guias no default do MINITAB®. Clique em OK e a ogiva será ajustada conforme o Gráfico 7.

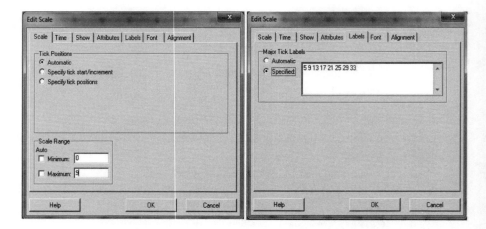

Figura 97 – Ajustes do gráfico

3.3.5.6.7 – Ajuste as palavras Index e Data para Intervalo de classe e Frequência, respectivamente, como mostrado no item 3.3.5.4.4. Assim, o gráfico da ogiva estará pronto, Gráfico 7.

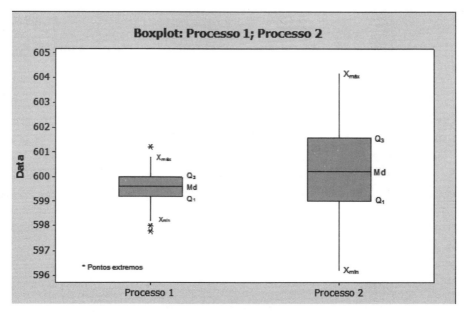

Gráfico 7 – Ogiva – Exemplo 5

3.3.5.7 – Interpretação da ogiva de Galton

3.3.5.7.1 – Considerando que as chapas de aço com comprimento de trincas superior a 9 mm devem ser rejeitadas, a que conclusão pode-se chegar sobre as chapas de aço produzidas utilizando o ogivograma?
- Na ogiva, Gráfico 7, pode-se concluir, pela linha fad1, que 45 das 50 chapas de aço analisadas apresentam comprimento da trinca superior a 9 mm, ou seja, 90% das chapas de aço estão reprovadas.

3.4 – Medidas Estatísticas

Apresentam-se, no item 3.3, meios para entender as características de um conjunto de dados utilizando tabelas e gráficos. Neste item, apresentam-se instrumentos para caracterizar as medidas numéricas de um conjunto de dados e identificar o padrão de comportamento desses dados de forma mais exata que os gráficos. As medidas estatísticas são também definidas como medidas resumo, uma vez que permitem caracterizar um conjunto de dados.

A estatística descritiva fornece meios para organizar e resumir os conjuntos de dados.

As medidas estatísticas são denominadas análise exploratória de dados ou medidas resumo e permitem resumir e descrever os dados, fornecendo informações sobre a distribuição dos mesmos quanto à sua posição e dispersão, e, assim, identificar um comportamento padrão deles.

A análise exploratória de dados pode ocorrer por meio de dados não agrupados ou de dados agrupados. Dados não agrupados são valores individuais que se encontram apenas ordenados ou enumerados e referem-se a um conjunto de dados formado por menos de 30 elementos. São denominados pequenos conjuntos de dados. Os dados agrupados referem-se a um conjunto de dados formado por 30 ou mais elementos. São denominados grandes conjuntos de dados.

3.4.1 – Medidas Estatísticas de Dados Não Agrupados.

3.4.1.1 – Medidas de posição

3.4.1.1.1 – Medidas de tendência central

São medidas cujos valores encontram-se no centro de um conjunto de dados. Estuda-se, neste item, a média aritmética simples, a mediana e a moda.

- Média aritmética simples

    A média aritmética simples, ou simplesmente média, corresponde à soma de todos os valores do conjunto de dados, dividida pelo número de dados desse conjunto. A média pode ser calculada pela Eq. (16) para a população e pela Eq. (17) para a amostra.

$$\mu = \frac{\sum_{i=1}^{N} X_i}{N} \tag{16}$$

$$\bar{X} = \frac{\sum_{i=1}^{n} X_i}{n} \tag{17}$$

μ → média aritmética simples da população;
$\sum_{i=1}^{N}$ → somatório de i a N;

$\sum_{i=1}^{n}$ → somatório de i a n;
i → posição de cada dado;
$\underline{Xi}$ → i-ésimo dado;
   → média aritmética simples da amostra;
N → número de dados do conjunto população;
n → número de dados do conjunto amostra.

A média é uma medida sensível aos valores extremos, uma vez que eles deslocam a média para a esquerda ou a direita. A média é a mais importante das medidas para descrever um conjunto de dados e apresenta como propriedade o fato de que a soma dos desvios dos valores em relação à média é sempre zero.

- Mediana (Md)

  A mediana divide uma série ordenada de dados em duas partes iguais. Portanto, encontra-se no centro de um conjunto de dados ordenados. A mediana não é sensível aos valores extremos.

  Quando a quantidade de dados, no conjunto de dados, é um número ímpar, a mediana corresponde exatamente ao número do meio do conjunto de dados, como, por exemplo:

  2 – 5 – 7 –⑧– 10 – 13 – 14 → Md = 8 (quarto número de uma série de sete)

  Quando a quantidade de dados, no conjunto de dados, é um número par, a mediana corresponde à média dos dois números centrais do conjunto de dados, como, por exemplo:

  2 – 5 –⑦ – ⑧– 10 – 13 → $Md = \dfrac{(7+8)}{2}$ → Md = 7,5

  Existem outras fórmulas para encontrar a mediana. Neste livro, trabalha-se com a Eq. (18), independentemente de o conjunto de dados apresentar uma quantidade ímpar ou par de dados.

  $Md = X_{\frac{n}{2} + 0,5}$ \hfill (18)

X → é a posição do dado (medida) na série ordenada do conjunto de dados;

n → número de dados.

- Moda (Mo)
  A moda corresponde ao valor da medida mais frequente num conjunto de dados. A moda pode ser classificada em função da frequência dos valores no conjunto de dados. Assim, pode-se ter:
- Conjunto de dados amodal, ou seja, não se pode identificar a presença da moda, uma vez que todos os dados ocorrem com a mesma frequência, como no exemplo:

11 – 11 – 8 – 8 – 9 – 9 → Mo = amodal

- Conjunto de dados modal ou unimodal, ou seja, pode-se identificar a presença de apenas uma moda, uma vez que somente um dos valores dos dados ocorre por duas ou mais vezes, como no exemplo:

11 – 4 –⑧– 9 –⑧– 6 – 7 – 14 → Mo = 8 (modal ou unimodal)

11 – 4 –⑧– 9 –⑧–⑧– 9 – 14 → Mo = 8 (modal ou unimodal)

- Conjunto de dados bimodal, ou seja, pode-se identificar a presença de duas modas, uma vez que dois dados de valores diferentes ocorrem por duas ou mais vezes, como no exemplo:

11 –⑭–⑧– 9 –⑧–⑭→ Mo = 8 e 14 (bimodal)

- Conjunto de dados polimodal ou multimodal, ou seja, pode-se identificar a presença de três ou mais modas, uma vez que três ou mais dados de valores diferentes ocorrem por duas ou mais vezes, como no exemplo:

11 –⑭–⑧–⑨–⑧–⑭–⑨→ Mo = 8, 9 e 14 (polimodal ou multimodal)

Como a média utiliza a magnitude dos valores de cada dado do conjunto e a mediana refere-se à posição dos dados, na inferência estatística, a média é mais confiável que a mediana.

3.4.1.2 – Medidas de posição relativa (separatrizes ou fractis)

São medidas que permitem dividir uma série ordenada de dados em duas ou mais partes tão aproximadamente iguais quanto possível. Estuda-se, neste item, a mediana, quartil, decil e centil ou percentil. Essas medidas não são influenciadas pelos valores extremos.

3.4.1.2.1 – Mediana (Md)

A mediana divide uma série ordenada de dados em duas partes iguais e está descrita no item 3.4.1.1.1.

3.4.1.2.2 – Quartil (Q)

O quartil divide uma série ordenada de dados em quatro partes iguais. Podem-se calcular o primeiro quartil (Q_1), segundo quartil, (Q_2) e terceiro quartil (Q_3) usando as Eqs. (19), (20) e (21). O segundo quartil corresponde ao valor da mediana, uma vez que ele divide o conjunto de dados ao meio.

$$Q_1 = X_{\frac{n}{4} + 0,5} \tag{19}$$

$$Q_2 = X_{\frac{2n}{4} + 0,5} \tag{20}$$

$$Q_3 = X_{\frac{3n}{4} + 0,5} \tag{21}$$

Q_1 → primeiro quartil;
Q_2 → segundo quartil;
Q_3 → terceiro quartil;
X → posição do dado (medida) na série ordenada do conjunto de dados;
n → número de dados.

Para simplificar o cálculo da posição do dado (medida) na série ordenada do conjunto de dados (X), deve-se arredondar o resultado para o número inteiro mais próximo quando a posição de X for diferente de 0,50. Por exemplo, considere que se tenha um conjunto de dados ordenados formado por 25 medidas. Calcule o terceiro quartil utilizando a Eq. (21):

$$Q_3 = X_{\frac{3 \cdot 25}{4} + 0,5} = X_{\frac{75}{4} + 0,5} = X_{18,75 + 0,5} = X_{19,25} = X_{19}$$

Então, o terceiro quartil corresponde à medida que se encontra na 19ª posição da série ordenada do conjunto de dados.

3.4.1.2.3 – Decil (D)

O decil divide uma série ordenada de dados em 10 partes iguais. Podem-se calcular os decis (D_1), (D_2), ..., (D_9) usando as Eqs. (22), (23) e (24). O quinto decil (D_5) corresponde ao valor da mediana, uma vez que ele divide o conjunto de dados ao meio.

$$D_1 = X_{\frac{n}{10} + 0,5} \tag{22}$$

$$D_2 = X_{\frac{2n}{10} + 0,5} \tag{23}$$

$$D_9 = X_{\frac{9n}{10} + 0,5} \tag{24}$$

D_1 → primeiro decil;
D_2 → segundo decil;
D_9 → nono decil;
X → posição do dado (medida) na série ordenada do conjunto de dados;
n → número de dados.

3.4.1.2.4 – Centil (C) ou percentil (P)

O centil ou o percentil divide uma série ordenada de dados em 100 partes iguais. Podem-se calcular os centis (C_1), (C_2), ..., (C_{99}) ou os percentis (P_1), (P_2), ..., (P_{99}) usando as Eqs. (25), (26) e (27). O quinquagésimo centil (C_{50}) corresponde ao valor da mediana, uma vez que ele divide o conjunto de dados ao meio.

$$C_1 = X_{\frac{n}{100} + 0,5} \tag{25}$$

$$C_2 = X_{\frac{2n}{100} + 0,5} \tag{26}$$

$$C_{99} = X_{\frac{99n}{100} + 0,5} \quad (27)$$

C_1 → primeiro centil;
C_2 → segundo centil;
C_{99} → nonagésimo nono centil;
X → posição do dado (medida) na série ordenada do conjunto de dados;
n → número de dados.

3.4.1.3 – Medidas de variabilidade

A variabilidade corresponde à menor ou à maior diversificação (dispersão) dos valores das medidas em torno de um valor de tendência central. Portanto, quanto maior a dispersão, maior a variabilidade. Pode-se definir a variabilidade como a diferença entre itens de mesma especificação.

A medida de variabilidade permite comparar um conjunto de dados de mesma unidade de medida, como, por exemplo, itens de dois lotes ou duas máquinas. A variabilidade de um processo pode ser avaliada pela amplitude, variância, desvio padrão e coeficiente de variação, que serão descritos a seguir.

3.4.1.3.1 – Amplitude

A amplitude (R) se refere à dispersão (desvio) total dos valores de um conjunto de dados e pode ser calculada pela Eq. (28).

$$R = X_{máx} - X_{mín} \quad (28)$$

$X_{máx}$ → maior valor medido do conjunto de dados;
$X_{mín}$ → menor valor medido do conjunto de dados.

3.4.1.3.2 – Variância

A variância (σ^2) corresponde à dispersão média dos valores ao quadrado em torno da média, ou seja, é o somatório dos desvios em relação à média ao quadrado dividido pelo tamanho do conjunto de dados. Quando o conjunto de dados se refere a uma amostra, a divisão se dá por n-1 para corrigir o viés estabelecido pela amostra. A variância pode ser calculada pela Eq. (29) para a população e pela Eq. (30) para a amostra.

$$\sigma^2 = \frac{\sum_{i=1}^{N}(X_i-\mu)^2}{N} \qquad (29)$$

$$S^2 = \frac{\sum_{i=1}^{n}(X_i-\overline{X})^2}{n-1} \qquad (30)$$

σ^2 → variância da população;
$\sum_{i=1}^{N}$ → somatório de i a N;
$\sum_{i=1}^{n}$ → somatório de i a n;
i → posição de cada dado;
Xi → i-ésimo dado;
μ → média aritmética simples da população;
$\overline{X}$ → média aritmética simples da amostra;
N → número de dados do conjunto população;
S^2 → variância da amostra;
n → número de dados do conjunto amostra.

3.4.1.3.3 – Desvio padrão

O desvio padrão (σ) corresponde à dispersão média dos valores em torno da média, ou seja, é a raiz quadrada do somatório dos desvios em relação à média ao quadrado dividida pelo tamanho do conjunto de dados. Quando o conjunto de dados se refere a uma amostra, a divisão se dá por n-1 para corrigir o viés estabelecido pela amostra. O desvio padrão pode ser calculado pela Eq. (31) para a população e pela Eq. (32) para a amostra ou ainda pela Eq. (33).

$$\sigma = \sqrt{\frac{\sum_{i=1}^{N}(X_i-\mu)^2}{N}} \qquad (31)$$

$$S = \sqrt{\frac{\sum_{i=1}^{n}(X_i-\overline{X})^2}{n-1}} \qquad (32)$$

$$\sigma = \sqrt{\sigma^2} \quad \text{ou} \quad S = \sqrt{S^2} \tag{33}$$

σ → desvio padrão da população;
$\sum_{i=1}^{N}$ → somatório de i a N;

$\sum_{i=1}^{n}$ → somatório de i a n;
1 → posição de cada dado;
Xi → i-ésimo dado;
μ → média aritmética simples da população;
$\overline{X}$ → média aritmética simples da amostra;
N → número de dados do conjunto população;
S → desvio padrão da amostra;
n → número de dados do conjunto amostra.

3.4.1.3.4 – Coeficiente de variação

O coeficiente de variação (CV) é estabelecido pela relação entre o desvio padrão e a média. Corresponde a uma medida relativa de variabilidade e, com isso, permite comparar a variabilidade de conjuntos de dados diferentes, como, por exemplo, temperatura com umidade ou massa com comprimento. O coeficiente de variação pode ser calculado pela Eq. (34) para a população e pela Eq. (35) para a amostra.

$$\%CV = \frac{\sigma}{\mu} \cdot 100 \tag{34}$$

$$\%CV = \frac{S}{\overline{X}} \cdot 100 \tag{35}$$

%CV → coeficiente de variação;
σ → desvio padrão da população;
μ → média aritmética simples da população;
$\overline{X}$ → média aritmética simples da amostra.

A interpretação dos valores obtidos pelo cálculo do coeficiente de variação pode ser realizada utilizando a regra a seguir:

CV ≤ 15% → baixa dispersão dos valores em relação à média;
15% < CV < 30% → média dispersão dos valores em relação à média;
CV ≥ 30% → alta dispersão dos valores em relação à média.

No entanto, essa regra prática constitui apenas uma orientação para a interpretação dos valores obtidos no cálculo do CV e pode ser diferente entre uma organização e outra.

3.4.1.4 – Representação gráfica das medidas estatísticas

As medidas resumo são comumente representadas pelos gráficos denominados de dotplot (gráfico de pontos) e boxplot (gráfico de caixa ou caixa de bigodes).

Esses gráficos mostram a posição e a dispersão dos dados. Além disso, permitem comparar os conjuntos de dados.

3.4.1.4.1 – Dotplot

O gráfico dotplot, Gráfico 8, se aplica ao conjunto de dados pequenos, ou seja, com no máximo 50 medidas.

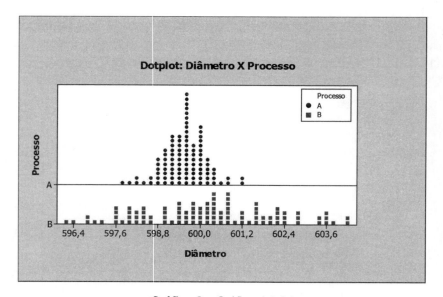

Gráfico 8 – Gráfico dotplot

3.4.1.4.2 – Boxplot

O gráfico boxplot é conhecido como gráfico de caixa ou esquema de cinco números, uma vez que representa as medidas estatísticas relativas a $X_{mín}$, Q_1, Md, Q_3 e $X_{máx}$. A largura da caixa referente ao intervalo das medidas Q_1 e Q_3, Gráfico 9, é denominada por desvio interquartílico e destaca a dispersão do conjunto de dados. A amplitude total pode ser identificada pelo intervalo entre os valores de $X_{mín}$ e $X_{máx}$. A centralização dos dados é verificada pela posição da Md. Além disso, podem-se destacar os pontos extremos denominados por outliers.

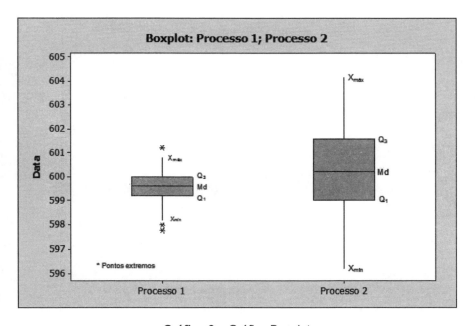

Gráfico 9 – Gráfico Boxplot

3.4.1.5 – Exemplo 6

Num processo de avaliação do rendimento de uma determinada marca de óleo lubrificante, o qual foi submetido a trabalhar em dois níveis de temperatura de 60°C e 80°C durante um período de 10 horas, foram coletadas duas amostras, sendo uma de tamanho 10 para a temperatura de 60°C e outra de tamanho 9 para a temperatura de 80°C, conforme a Tabela 5. Realize os itens

3.4.1.5.1 ao 3.4.1.5.5 utilizando duas casas decimais para os cálculos das medidas estatísticas para os dados não agrupados.

Tabela 5 – Relação Temperatura x Rendimento

TEMPERATURA °C	RENDIMENTO %				
60	69,0	65,4	67,2	67,8	66,4
	68,1	63,8	65,4	66,0	65,8
80	63,0	65,4	60,2	61,5	59,8
	66,1	56,8	64,5	61,0	***

3.4.1.5.1 – Estabeleça as medidas estatísticas X_{min}, $X_{máx}$, $\overline{X}$, Md, Mo, Q_1, Q_3, R, S^2, S e CV.

Com o MINITAB® aberto, selecione e copie os dados referentes ao enunciado do exemplo 6 e cole na janela Session. Selecione e copie os campos que contêm os dados na Tabela 5, colando na planilha Worksheet 1, Figura 98. Complete a coluna C1, linha 2, com o número 60 e a coluna C1, linha 4, com o número 80. Salve para obter o arquivo Exemplo 6, conforme explicado no item 3.2.1.1.1.

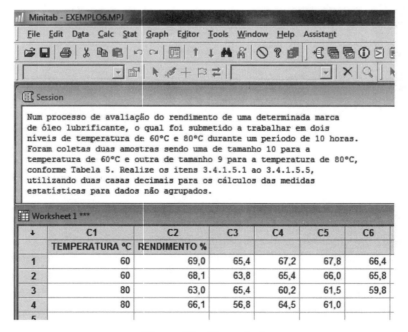

Figura 98 – Exemplo 6

Organize os dados para que o MINITAB® possa calcular as medidas estatísticas solicitadas utilizando os comandos Data > Stack > Rows, Figura 99. Clique em Rows (linhas) para empilhar os dados por temperatura.

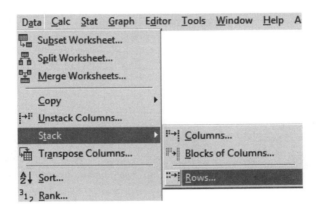

Figura 99 – Empilhando dados do Exemplo 6

Abre-se a caixa Stack Rows (empilhar linhas), Figura 100. Preencha o campo Rows to be stacked are in the following columns (as linhas a serem empilhadas estão nas seguintes colunas), selecionando com um duplo clique de C2 a C6. Digite C8 no campo Store stacked data in (armazenar os dados empilhados em). Marque o campo Store columns subscripts in (armazenar as colunas nominadas em) e digite RENDIMENTO. Marque o campo Expand the following columns while stacking rows (expandir as seguintes colunas ao empilhar as linhas) e dê um duplo clique em C1 no campo Select (selecionar) para preencher esse campo com TEMPERATURA °C. No campo Store the expanded columns in (armazenar as colunas expandidas em), digite TEMPERATURA.

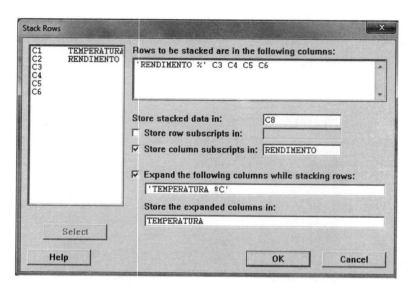

Figura 100 – Empilhando linhas

Clique em OK e os dados serão empilhados na planilha Worksheet 1, Figura 101. Nomeie o campo C8 como REND.

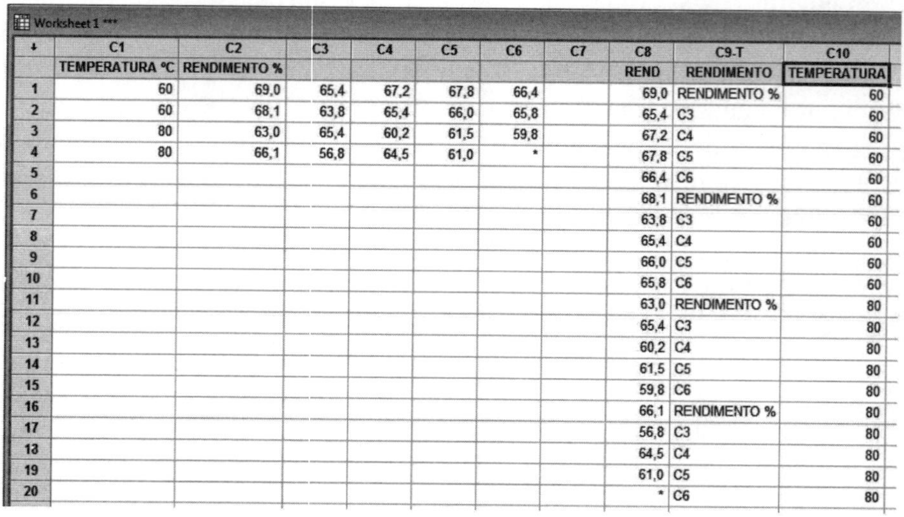

Figura 101 – Planilha com as linhas empilhadas

Para que o MINITAB® possa calcular as medidas estatísticas, devem-se separar os dados referentes às temperaturas de 60 e 80°C usando os comandos Data > Unstack Columns. Abre-se a caixa Unstack Columns (desempilhar colunas), Figura 102. Preencha o campo Unstack the data in (desempilhar os dados em) dando um duplo clique em REND. Clique no campo Using subscripts in (usando as colunas nominadas em) e dê um duplo clique em TEMPERATURA. No campo Store unstacked data (armazenar os dados desempilhados), marque os campos After last column in use (após a última coluna em uso) e Name the columns containing the unstacked data (nomear as colunas contendo os dados desempilhados), Figura 102. Clique em OK. Aplica-se esse empilhamento quando se têm dados conforme dispostos neste exemplo. Caso contrário, faz-se o cálculo das medidas estatísticas diretamente.

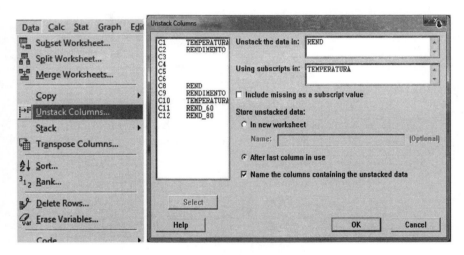

Figura 102 – Separando os dados

Os dados desempilhados surgem nas colunas C11 e C12 na planilha Worksheet 1, Figura 103.

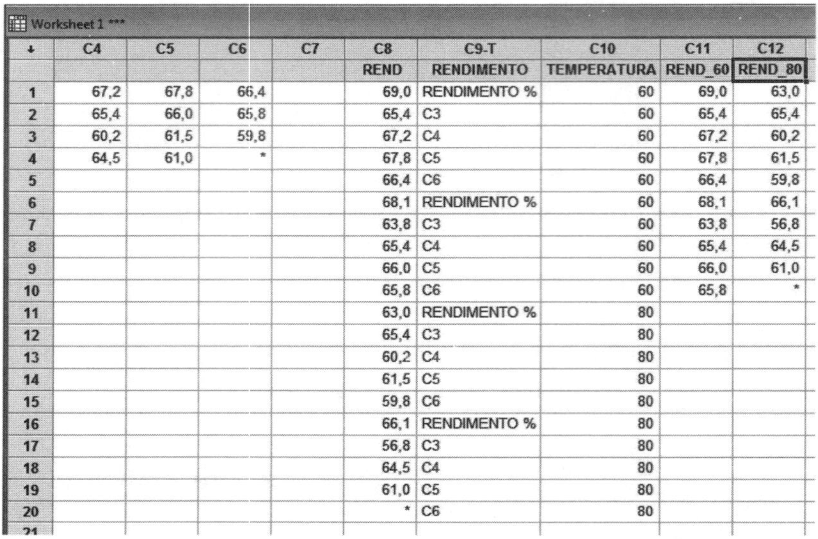

Worksheet 1 ***

↓	C4	C5	C6	C7	C8	C9-T	C10	C11	C12
					REND	RENDIMENTO	TEMPERATURA	REND_60	REND_80
1	67,2	67,8	66,4		69,0	RENDIMENTO %	60	69,0	63,0
2	65,4	66,0	65,8		65,4	C3	60	65,4	65,4
3	60,2	61,5	59,8		67,2	C4	60	67,2	60,2
4	64,5	61,0	*		67,8	C5	60	67,8	61,5
5					66,4	C6	60	66,4	59,8
6					68,1	RENDIMENTO %	60	68,1	66,1
7					63,8	C3	60	63,8	56,8
8					65,4	C4	60	65,4	64,5
9					66,0	C5	60	66,0	61,0
10					65,8	C6	60	65,8	*
11					63,0	RENDIMENTO %	80		
12					65,4	C3	80		
13					60,2	C4	80		
14					61,5	C5	80		
15					59,8	C6	80		
16					66,1	RENDIMENTO %	80		
17					56,8	C3	80		
18					64,5	C4	80		
19					61,0	C5	80		
20					*	C6	80		

Figura 103 – Dados desempilhados

Calcule as medidas estatísticas $X_{mín}$, $X_{máx}$, $\overline{X}$, Md, Mo, Q_1, Q_3, R, S^2, S e CV clicando nos comandos Stat > Basic Statistics > Display Descriptive Statistics, Figura 104.

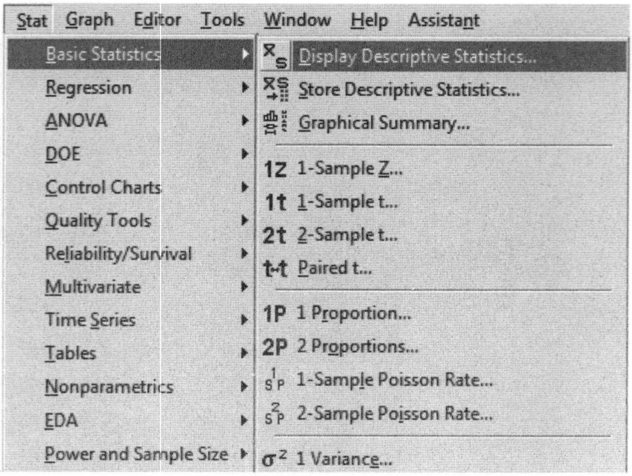

Figura 104 – Cálculo das medidas estatísticas

A caixa Display Descriptive Statistics (mostrar as estatísticas descritivas) será exibida, Figura 105. Clique no campo Variables (variáveis) e selecione com um duplo clique as variáveis REND_60 e REND_80.

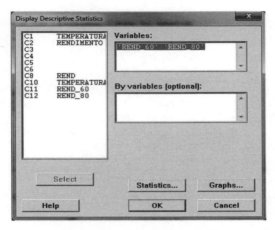

Figura 105 – Inserindo os dados

Em seguida, clique em Statistics e será aberta a caixa Descriptive Statistics – Statistics (estatísticas descritivas - estatísticas). Selecione as medidas estatísticas $X_{mín}$ (minimum), $X_{máx}$ (maximum), $\overline{X}$ (mean), Md (median), Q_1 (first quartile), Q_3 (third quartile), Mo (mode), R (range), S^2 (variance), S (standard deviation) e CV (coefficient of variation), Figura 106. Deixe os demais campos no default do MINITAB®. Clique em OK e, depois, novamente em OK.

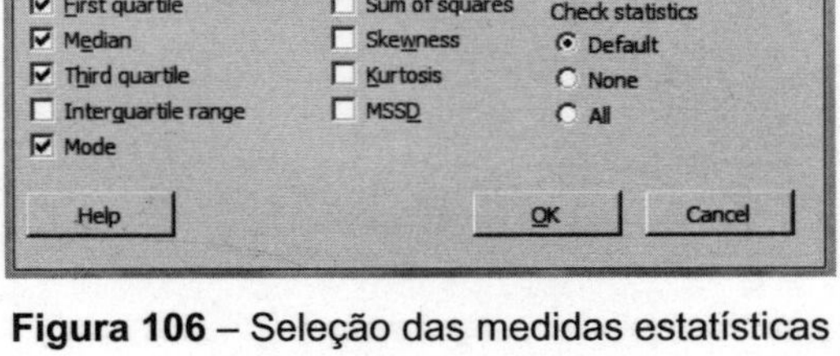

Figura 106 – Seleção das medidas estatísticas

Os valores das medidas estatísticas para os rendimentos a 60 e 80°C são apresentados na janela Session, Figura 107.

```
Session

Descriptive Statistics: REND_60; REND_80

Variable    Mean    StDev   Variance  CoefVar  Minimum      Q1   Median      Q3
REND_60   66,490   1,544      2,383     2,32   63,800  65,400  66,200  67,875
REND_80    62,03    3,00       9,00     4,84    56,80   60,00   61,50   64,95

                                    N for
Variable  Maximum   Range   Mode    Mode
REND_60    69,000   5,200   65,4       2
REND_80     66,10    9,30      *       0
```

Figura 107 – Cálculo das medidas estatísticas

3.4.1.5.2 – Estabeleça as medidas estatísticas D_2 e C_{35}.

Como o MINITAB® não contempla o cálculo dessas medidas estatísticas pelos comandos Stat > Basic Statistics > Display Descriptive Statistics, elas podem ser calculadas pelo uso da calculadora do MINITAB® clicando nos comandos Calc > Calculator, conforme demonstrado no item 3.2.2.1.3.

Primeiramente, clique na planilha Worksheet 1 e enumere as linhas da coluna C13 de 1 a 10. Em seguida ordene os dados das colunas C11 e C12, utilizando os comandos Data > Sort. Abre-se a caixa Sort (ordenar). Clique no campo Sort column(s) (ordenar a(s) coluna(s)) e dê um duplo clique em REND_60 e REND_80. Clique, então, em By column (pela coluna) e não ative o campo Descending (ordem decrescente) para obter a ordenação dos dados na forma crescente. Em Store sorted data in (armazenar os dados ordenados em), ative o campo Original column(s) (coluna(s) original(is)) para que os dados sejam ordenados na mesma coluna. Clique em OK. Figura 108.

CAPÍTULO 3 - ESTATÍSTICA DESCRITIVA / **107**

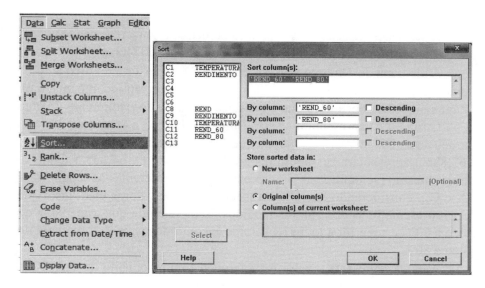

Figura 108 – Ordenando os dados

Digite nas colunas C14 a C17 o seguinte: $D2_{60}$, $D2_{80}$, $C35_{60}$ e $C35_{80}$, que correspondem ao decil e ao centil para os rendimentos de 60 e 80°C. Para os cálculos de decil e centil, use as Eqs. (23) e (26). A Figura 109 mostra os valores obtidos.

	C11	C12	C13	C14	C15	C16	C17
	REND_60	REND_80		D260	D280	C3560	C3580
1	63,8	56,8	1	65,4	60,0	65,8	61,0
2	65,4	64,5	2				
3	65,4	65,4	3				
4	65,8	61,0	4				
5	66,0	59,8	5				
6	66,4	60,2	6				
7	67,2	61,5	7				
8	67,8	66,1	8				
9	68,1	63,0	9				
10	69,0		10				

Figura 109 – Valores de D_2 e C_{35} para o rendimento do óleo

3.4.1.5.3 – Interpretação das medidas estatísticas

A partir dos valores obtidos para cada média, Figura 107, pode-se dizer que o rendimento médio do óleo a 60°C é superior ao do óleo a 80°C.

A mediana do rendimento do óleo a 60°C é superior à do óleo a 80°C, uma vez que 50% dos valores medidos apresentam um rendimento menor ou igual a 66,20%. O primeiro quartil destaca que 25% do rendimento do óleo a 60°C (65,40%) apresentam-se superiores ao do óleo a 80°C (60,00%). O terceiro quartil, por sua vez, mostra que 75% do rendimento do óleo a 60°C (67,88%) apresentam-se superiores ao do óleo a 80°C (64,85%). Pode-se usar o mesmo raciocínio para interpretar os dados referentes às separatrizes D_2 e C_{35}, considerando que D_2 representa 20% dos valores medidos e que C_{35} representa 35% dos valores medidos. Tem-se ainda que a mediana do óleo a 60°C é superior a todos os valores encontrados para o rendimento do óleo a 80°C.

A moda representa o valor mais frequente num conjunto de dados. Assim, como no conjunto de dados do óleo com rendimento a 60°C tem-se a repetição do valor 65,4%, o conjunto de dados é modal ou unimodal e o valor da Mo é 65,4%. No entanto, para o conjunto de dados do óleo com rendimento a 80°C, não se tem a repetição de nenhum valor. Portanto, a moda não existe e o conjunto de dados é denominado amodal, Figura 107.

O cálculo da amplitude revela que o óleo a 60°C possui menor dispersão total que o óleo a 80°C. A variância e o desvio padrão confirmam essa menor dispersão em relação ao valor médio.

No entanto, se há como referência os valores de dispersão apresentados no item 3.4.1.3.4 para o coeficiente de variação, pode-se dizer que os conjuntos de dados do óleo a 60°C e a 80°C têm baixa dispersão.

Conclui-se, portanto, que o conjunto de dados à temperatura de 60°C tem menor variabilidade, ou seja, os dados são mais homogêneos.

3.4.1.5.4 – Faça a representação gráfica das medidas estatísticas.

- Construção do dotplot (gráfico de pontos)

    Para construir o gráfico de pontos, clique na planilha Worksheet 1 e utilize os comandos Graph > Dotplot para que seja aberta a caixa Dotplots (gráficos de pontos). Em One Y (um eixo Y), selecione With Groups (em grupos) e clique em OK, Figura 110.

CAPÍTULO 3 - ESTATÍSTICA DESCRITIVA / **109**

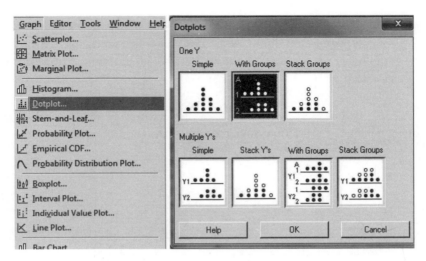

Figura 110 – Escolha do gráfico de pontos

Será exibida a caixa Dotplot – One Y, With Groups (gráfico de pontos – um eixo Y, em grupos). Clique em Graph variables (variáveis do gráfico) e selecione REND. Clique em Categorical variables for grouping (1-4, outermost first) (tipos de variáveis para agrupamento – 1-4, primeiro a maior) e selecione TEMPERATURA. Mantenha as demais opções no default do MINITAB® e clique em OK, Figura 111.

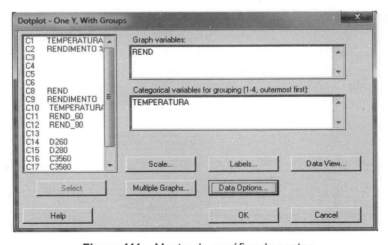

Figura 111 – Montando o gráfico de pontos

O gráfico de pontos é apresentado. Faça os ajustes dos rótulos e da escala, dando um duplo clique nas palavras e na escala, de forma semelhante ao explicado no item 3.3.5.4, e o gráfico ficará conforme o Gráfico 9.

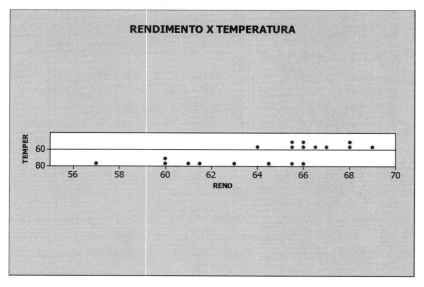

Gráfico 9 – Gráfico de pontos do exemplo 6

- Construção do boxplot (gráfico de caixa)
  Para construir o gráfico de caixa, clique na planilha Worksheet 1 e utilize os comandos Graph > Boxplot para que se abra a caixa Boxplots (gráficos de caixa). Em One Y (um eixo Y), selecione With Groups (em grupos) e clique em OK, Figura 112.

CAPÍTULO 3 - ESTATÍSTICA DESCRITIVA / **111**

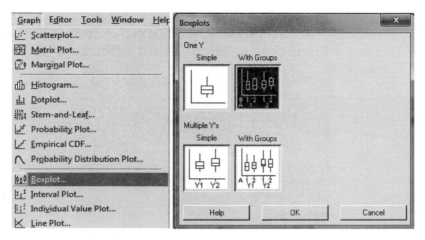

Figura 112 – Escolha do gráfico de caixa

Aberta a caixa Boxplot – One Y, With Groups (gráfico de caixa – um eixo Y, em grupos), clique em Graph variables (variáveis do gráfico) e selecione REND. Clique em Categorical variables for grouping (1-4, outermost first) (tipos de variáveis para agrupamento – 1-4 primeiro a maior) e selecione TEMPERATURA. Mantenha as demais opções no default do MINITAB® e clique em OK, Figura 113.

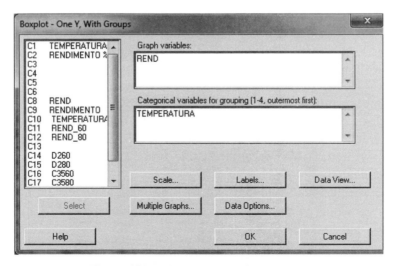

Figura 113 – Montando o gráfico de caixa

O gráfico de caixa será exibido. Faça os ajustes dos rótulos e da escala, dando um duplo clique nas palavras e na escala, de forma semelhante ao explicado no item 3.3.5.4, e o gráfico ficará conforme o Gráfico 10.

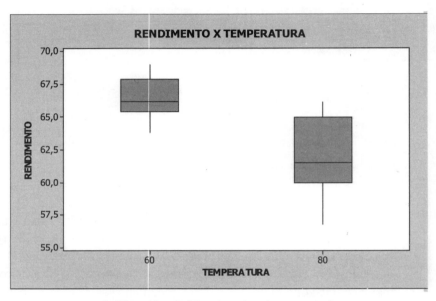

Gráfico 10 – Gráfico de caixa do exemplo 6

3.4.1.5.5 – Interpretação dos gráficos de pontos e caixa de gráfico

O dotplot e o boxplot evidenciam as conclusões registradas no item 3.4.1.5.3 de que o conjunto de dados referente ao rendimento do óleo a 60°C possui menor dispersão que o óleo a 80°C, confirmando que os resultados na temperatura a 60°C são mais homogêneos. Além disso, pode-se perceber, pela posição da mediana, que os conjuntos de dados apresentam assimetria à direita, uma vez que a mediana está mais próxima do primeiro quartil.

A menor variabilidade do rendimento do óleo na temperatura de 60°C pode ser verificada pela menor dispersão dos dados no gráfico de pontos e pela largura da caixa no gráfico de caixa.

3.4.2 – Medidas Estatísticas para Dados Agrupados

Os dados agrupados são considerados grandes conjuntos de dados e para que se apliquem as medidas estatísticas, torna-se necessário fazer a distribuição de frequência, conforme descrito no item 3.3. Neste caso, a DF é a primeira etapa para a sumarização dos dados.

3.4.2.1 – Medidas de posição

3.4.2.1.1 – Medidas de tendência central
- Média aritmética ponderada

A média aritmética ponderada, ou simplesmente média ponderada, corresponde ao somatório de todos os valores obtidos pelo produto do ponto médio de cada classe e sua respectiva frequência absoluta simples dividido pelo número de dados do conjunto. A média aritmética ponderada pode ser calculada pela Eq. (36) para a população e pela Eq. (37) para a amostra.

$$\mu = \frac{\sum_{i=1}^{N} (X_i \cdot f_i)}{N} \quad (36)$$

$$\overline{X} = \frac{\sum_{i=1}^{n} (X_i \cdot f_i)}{n} \quad (37)$$

μ → média aritmética ponderada da população;
$\sum_{i=1}^{N}$ → somatório de i a N;
$\sum_{i=1}^{n}$ → somatório de i a n;
i → posição de cada classe;
X_i → ponto médio de cada classe;
f_i → frequência absoluta simples;
N → número de dados do conjunto população. N corresponde a Σf_i;
$\overline{X}$ → média aritmética ponderada da amostra;
n → número de dados do conjunto amostra; n corresponde a Σf_i.

- Mediana (Md)
A mediana divide uma série ordenada de dados em duas partes iguais. Para o cálculo do valor da Md para os dados agrupados, deve-se identificar a classe em que a Md se encontra pela Eq. (38).

$$\text{Classe Md} = \frac{\Sigma fi}{2} = \frac{n}{2} \tag{38}$$

Md → mediana;
Σfi → somatório das frequências absolutas simples de todas as classes;
n → número de dados do conjunto.

É importante ressaltar que o valor obtido no cálculo da classe, que contém a Md, refere-se à fac, ou seja, à frequência absoluta acumulada crescente. Com o cálculo da classe Md, pode-se calcular a Md pela Eq. (39).

$$Md = li_{Md} + \frac{(\frac{n}{2} - fac_{ant})}{fi_{Md}} \cdot hc \tag{39}$$

Md → mediana;
li_M → limite inferior da classe que contém a Md;
n → número de dados do conjunto;
fac_{ant} → frequência absoluta acumulada crescente da classe anterior à classe que contém a Md;
hc → amplitude da classe que contém a Md;
fi_{Md} → frequência absoluta simples da classe que contém a mediana.

- Moda (Mo)
A moda corresponde ao valor do dado mais frequente num conjunto. A moda pode ser classificada em amodal, modal ou unimodal, bimodal e polimodal, conforme descrito no item 3.4.1.1.1. Para efetuar o cálculo da Mo, é necessário identificar a classe que contém a Mo pela Eq. (40).

$$\text{Classe Mo} = \text{classe de maior fi} \tag{40}$$

Mo → moda;
fi → frequência absoluta simples.

Então, se ocorrer mais de uma classe com a mesma fi, o conjunto de dados agrupados poderá ser bimodal ou polimodal. Com o cálculo da classe Mo, pode-se calcular a Mo pela Eq. (41).

$$Mo = li_{Mo} + \frac{fi_{post}}{fi_{ant} + fi_{post}} \cdot hc \qquad (41)$$

Mo → moda;
li_{Mo} → limite inferior da classe que contém a Mo;
fi_{post} → frequência absoluta simples da classe posterior à classe que contém a Mo;
hc → amplitude da classe que contém a Mo;
fi_{ant} → frequência absoluta simples da classe anterior à classe que contém a Mo.

Se a Mo estiver na primeira ou última classe, o valor de fi_{ant} ou fi_{post} será nulo, uma vez que não existem as classes anterior e posterior.

3.4.2.2 – Medidas de posição relativa (separatrizes ou fractis)

São medidas que permitem dividir uma série ordenada de dados em duas ou mais partes tão aproximadamente iguais quanto possível. Estudam-se, neste item, a mediana, quartil, decil e centil ou percentil. Para o cálculo das separatrizes, é necessário identificar a classe na qual se encontra a separatriz que se deseja calcular, como descrito no cálculo da mediana no item 3.4.2.1.1.

3.4.2.2.1 – Mediana (Md)

O cálculo da mediana está descrito no item 3.4.2.1.1.

3.4.2.2.2 – Quartil (Q)

O quartil divide uma série ordenada de dados em quatro partes iguais. Podem-se calcular o primeiro quartil (Q_1), segundo quartil, (Q_2) e terceiro quartil (Q_3) usando as Eqs. (42) a (47). O segundo quartil corresponde ao valor da mediana, uma vez que ele divide o conjunto de dados ao meio.

$$\text{Classe } Q_1 = \frac{n}{4} \text{ (valor da fac)} \qquad (42)$$

Q_1 → primeiro quartil;

n → número de dados do conjunto.

$$Q_1 = li_{Q1} + \frac{\left(\frac{n}{4} - fac_{ant}\right)}{fi_{Q1}} \cdot hc \tag{43}$$

Q_1 → primeiro quartil;
li_{Q1} → limite inferior da classe que contém Q_1;
n → número de dados do conjunto;
fac_{ant} → frequência absoluta acumulada crescente da classe anterior à classe que contém Q_1;
hc → amplitude da classe que contém Q_1;
fi_{Q1} → frequência absoluta simples da classe que contém Q_1.

$$\text{Classe } Q_2 = \frac{2n}{4} \text{ (valor da fac)} \tag{44}$$

Q_2 → segundo quartil;
n → número de dados do conjunto.

$$Q_2 = li_{Q2} + \frac{\left(\frac{2n}{4} - fac_{ant}\right)}{fi_{Q2}} \cdot hc \tag{45}$$

Q_2 → segundo quartil;
li_{Q2} → limite inferior da classe que contém Q_2;
n → número de dados do conjunto;
fac_{ant} → frequência absoluta acumulada crescente da classe anterior à classe que contém Q_2;
hc → amplitude da classe que contém Q_2;
fi_{Q2} → frequência absoluta simples da classe que contém Q_2.

$$\text{Classe } Q_3 = \frac{3n}{4} \text{ (valor da fac)} \tag{46}$$

Q_3 → terceiro quartil;
n → número de dados do conjunto.

$$Q_3 = li_{Q3} + \frac{\left(\frac{3n}{4} - fac_{ant}\right)}{fi_{Q3}} \cdot hc \tag{47}$$

Q3 → terceiro quartil;
li_{Q3} → limite inferior da classe que contém Q3;
n → número de dados do conjunto;
fac_{ant} → frequência absoluta acumulada crescente da classe anterior à classe que contém Q3;
hc → amplitude da classe que contém Q3;
fi_{Q3} → frequência absoluta simples da classe que contém Q_3.

3.4.2.2.3 – Decil (D)

O decil divide uma série ordenada de dados em 10 partes iguais. Podem-se calcular os decis (D_1), (D_2), ..., (D_9) usando as Eqs. (48) a (53). O quinto decil (D_5) corresponde ao valor da mediana, uma vez que ele divide o conjunto de dados ao meio.

$$\text{Classe } D_1 = \frac{n}{10} \text{ (valor da fac)} \tag{48}$$

D_1 → primeiro decil;
n → número de dados do conjunto.

$$D_1 = li_{D1} + \frac{\left(\frac{n}{10} - fac_{ant}\right)}{fi_{D1}} \cdot hc \tag{49}$$

D_1 → primeiro decil;
li_{D1} → limite inferior da classe que contém D_1;
n → número de dados do conjunto;
fac_{ant} → frequência absoluta acumulada crescente da classe anterior à classe que contém D_1;
hc → amplitude da classe que contém D_1;
fi_{D1} → frequência absoluta simples da classe que contém D_1.

$$\text{Classe } D_2 = \frac{2n}{10} \text{ (valor da fac)} \tag{50}$$

D_2 → segundo decil;
n → número de dados do conjunto.

$$D_2 = li_{D2} + \frac{\left(\frac{2n}{10} - fac_{ant}\right)}{fi_{D2}} \cdot hc \qquad (51)$$

D2 → segundo decil;
li_{D2} → limite inferior da classe que contém D2;
n → número de dados do conjunto;
fac_{ant} → frequência absoluta acumulada crescente da classe anterior à classe que contém D2;
hc → amplitude da classe que contém D2;
fi_{D2} → frequência absoluta simples da classe que contém D2.

$$\text{Classe } D_9 = \frac{9n}{10} \text{ (valor da fac)} \qquad (52)$$

D_9 → nono decil;
n → número de dados do conjunto.

$$D_9 = li_{D9} + \frac{\left(\frac{9n}{10} - fac_{ant}\right)}{fi_{D9}} \cdot hc \qquad (53)$$

D_9 → nono decil;
li_{D9} → limite inferior da classe que contém D_9;
n → número de dados do conjunto;
fac_{ant} → frequência absoluta acumulada crescente da classe anterior à classe que contém D_9;
hc → amplitude da classe que contém D_9;
fi_{D9} → frequência absoluta simples da classe que contém D_9.

3.4.2.2.4 – Centil (C) ou percentil (P)

O centil ou percentil divide uma série ordenada de dados em 100 partes iguais. Podem-se calcular os centis (C_1), (C_2), ..., (C_{99}) ou os percentis (P_1), (P_2), ..., (P_{99}) usando as Eqs. (54) a (59). O quinquagésimo centil (C_{50}) corresponde ao valor da mediana, uma vez que ele divide o conjunto de dados ao meio.

$$\text{Classe } C_1 = \frac{n}{100} \text{ (valor da fac)} \qquad (54)$$

C_1 → primeiro centil;
n → número de dados do conjunto.

$$C_1 = li_{C1} + \frac{\left(\frac{n}{100} - fac_{ant}\right)}{fi_{C1}} \cdot hc \qquad (55)$$

C_1 → primeiro centil;
li_{C1} → limite inferior da classe que contém C_1;
n → número de dados do conjunto;
fac_{ant} → frequência absoluta acumulada crescente da classe anterior à classe que contém C_1;
hc → amplitude da classe que contém C_1;
fi_{C1} → frequência absoluta simples da classe que contém C_1.

Classe $C_2 = \frac{2n}{100}$ (valor da fac) $\qquad (56)$

C_2 → segundo centil;
n → número de dados do conjunto.

$$C_2 = li_{C2} + \frac{\left(\frac{2n}{100} - fac_{ant}\right)}{fi_{C2}} \cdot hc \qquad (57)$$

C_2 → segundo centil;
li_{C2} → limite inferior da classe que contém C_2;
n → número de dados do conjunto;
fac_{ant} → frequência absoluta acumulada crescente da classe anterior à classe que contém C_2;
hc → amplitude da classe que contém C_2;
fi_{C2} → frequência absoluta simples da classe que contém C_2.

Classe $C_{99} = \frac{99n}{100}$ (valor da fac) $\qquad (58)$

C_{99} → nonagésimo nono centil;
N → número de dados do conjunto.

$$C_{99} = li_{C99} + \frac{\left(\frac{99n}{100} - fac_{ant}\right)}{fi_{C99}} \cdot hc \qquad (59)$$

C_{99} → nonagésimo nono centil;
li_{C99} → limite inferior da classe que contém C_{99};

n → número de dados do conjunto;
fac_{ant} → frequência absoluta acumulada crescente da classe anterior à classe que contém C_{99};
hc → amplitude da classe que contém C_{99};
fi_{C99} → frequência absoluta simples da classe que contém C_{99}.

3.4.2.3 – Medidas de variabilidade

A variabilidade corresponde à menor ou à maior diversificação (dispersão) dos valores das medidas em torno de um valor de tendência central.

A variabilidade de um processo pode ser avaliada pela amplitude, variância, desvio padrão e coeficiente de variação que são descritos a seguir.

3.4.2.3.1 – Amplitude

A amplitude se refere à dispersão (desvio) total dos valores de um conjunto de dados e pode ser calculada pela Eq. (60).

$$R = Xmáx - Xmín \tag{60}$$

Xmáx → maior valor medido do conjunto de dados;
Xmín → menor valor medido do conjunto de dados.

3.4.2.3.2 – Variância

A variância corresponde à dispersão média dos valores ao quadrado em torno da média. A variância pode ser calculada pela Eq. (61) para a população e pela Eq. (62) para a amostra.

$$\sigma^2 = \frac{\sum_{i=1}^{N} fi(Xi-\mu)^2}{N} \tag{61}$$

$$S^2 = \frac{\sum_{i=1}^{n} fi(Xi-\bar{X})^2}{n-1} \tag{62}$$

σ^2 → variância da população;
$\sum_{i=1}^{N}$ → somatório de i a N;
$\sum_{i=1}^{n}$ → somatório de i a n;

i → posição de cada classe;
Xi → ponto médio de cada classe;
μ → média aritmética ponderada da população;
fi → frequência absoluta simples;
$\overline{X}$ → média aritmética ponderada da amostra;
N → número de dados do conjunto população;
S^2 → variância da amostra;
n → número de dados do conjunto amostra.

3.4.2.3.3 – Desvio padrão

O desvio padrão corresponde à dispersão média dos valores em torno da média. O desvio padrão pode ser calculado pela Eq. (63) para a população e pela Eq. (64) para a amostra ou ainda pela Eq. (65).

$$\sigma = \sqrt{\frac{\sum_{i=1}^{N} fi(Xi-\mu)^2}{N}} \quad (63)$$

$$S = \sqrt{\frac{\sum_{i=1}^{n} fi(Xi-\overline{X})^2}{n-1}} \quad (64)$$

$$\sigma = \sqrt{\sigma^2} \quad \text{ou} \quad S = \sqrt{S^2} \quad (65)$$

σ → desvio padrão da população;
$\sum_{i=1}^{N}$ → somatório de i a N;
$\sum_{i=1}^{n}$ → somatório de i a n;
i → posição de cada classe;
Xi → ponto médio de cada classe;
μ → média aritmética ponderada da população;
fi → frequência absoluta simples;
$\overline{X}$ → média aritmética ponderada da amostra;
N → número de dados do conjunto população;
S → desvio padrão da amostra;
n → número de dados do conjunto amostra.

3.4.2.3.4 – Coeficiente de variação

O coeficiente de variação (CV) permite comparar a variação de conjuntos de dados diferentes e pode ser calculado pela Eq. (34) para a população e pela Eq. (35) para a amostra.

A interpretação dos valores obtidos pelo cálculo CV pode ser realizada utilizando a regra prática descrita em 3.4.1.3.4.

3.4.2.4 – Representação gráfica das medidas estatísticas

A representação gráfica para os dados agrupados utiliza os mesmos gráficos descritos no item 3.4.1.4.

3.4.2.5 – Exemplo 7

Considere o conjunto de dados do exemplo 5, apresentado no item 3.3.5, e os valores calculados para a distribuição de frequência referente ao comprimento das trincas de 50 chapas de aço, conforme a Tabela 6. Faça o que se pede dos itens 3.4.2.5.1 ao 3.4.2.5.5 utilizando duas casas decimais para os cálculos das medidas estatísticas para os dados agrupados.

Tabela 6 – Distribuição do comprimento da trinca em chapas de aço – (mm)

i	COMPRIMENTO li ⊢ Li	Xi	fi	fac
1	5 ⊢ 9	7	5	5
2	9 ⊢ 13	11	5	10
3	13 ⊢ 17	15	10	20
4	17 ⊢ 21	19	11	31
5	21 ⊢ 25	23	10	41
6	25 ⊢ 29	27	8	49
7	29 ⊢ 33	31	1	50
	Σ		50	***

CAPÍTULO 3 - ESTATÍSTICA DESCRITIVA / **123**

3.4.2.5.1 – Estabeleça as medidas estatísticas X_{min}, $X_{máx}$, $\overline{X}$, Md, Mo, Q_1, Q_3, R, S^2, S e CV.

Com o MINITAB® aberto, selecione e copie os dados referentes ao enunciado do exemplo 7 e cole na janela Session. Selecione e copie os campos que contêm os dados no exemplo 5, colando na planilha Worksheet 1 deste exemplo, Figura 114. Salve para obter o arquivo Exemplo 7, conforme explicado no item 3.2.1.1.1.

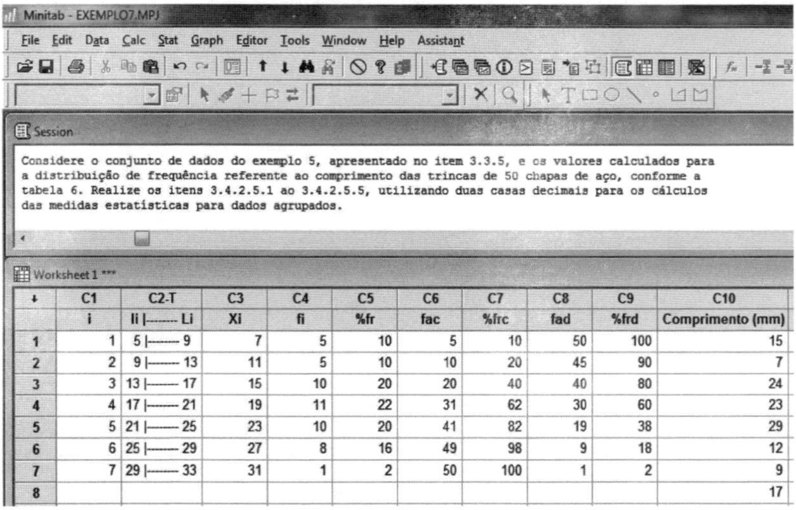

Figura 114 – Exemplo 7

Como os dados já estão organizados na coluna C10, Comprimento (mm), o MINITAB® pode calcular as medidas estatísticas utilizando os comandos Basic Statistics > Graphical Summary, Figura 115. Será aberta a caixa Graphical Summary (resumo gráfico), Figura 113. Preencha o campo Variables (variáveis) dando um duplo clique em Comprimento (mm). Deixe os demais campos no default do MINITAB® e clique em OK.

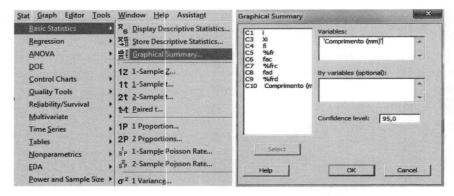

Figura 115 – Preparando para resumir os dados estatísticos

É mostrado o resumo gráfico, Gráfico 11, com o histograma, o boxplot e a representação gráfica do intervalo de confiança para a média e a mediana (95% Confidence Intervals), bem como as medidas estatísticas: média (Mean), desvio padrão (StDev), variância (Variance), assimetria (Skewness), curtose (Kurtosis), tamanho da amostra (N), valor mínimo (Minimum), primeiro quartil (1st Quartile), mediana (Median), terceiro quartil (3rd Quartile) e o valor máximo (Maximum).

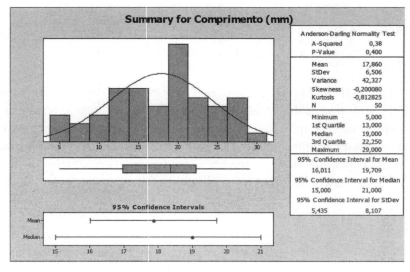

Gráfico 11 – Cálculo das medidas estatísticas

O resumo gráfico não apresenta o gráfico de pontos e valores da amplitude (R), coeficiente de variação (CV) e da moda (Mo), que são calculados separadamente, assim como as separatrizes decil e centil.

Neste capítulo, dá-se ênfase apenas às medidas estatísticas e às representações gráficas apresentadas no item 3.4.2. As demais medidas estatísticas, teste de normalidade (Anderson-Darling Normality Test) e intervalo de confiança (Confidence Intervals) são aqui comentadas, mas seu estudo detalhado está descrito nos Capítulos 6 e 8.

O gráfico do histograma pode ser ajustado para apresentar os mesmos intervalos de classe, como descrito pelo exemplo 7, seguindo as instruções definidas dos itens 3.3.5.4.2 a 3.3.5.4.3. Dê um duplo clique em Summary for Comprimento (mm) e renomeie o título como Medidas estatísticas – Comprimento das trincas (mm), Gráfico 12.

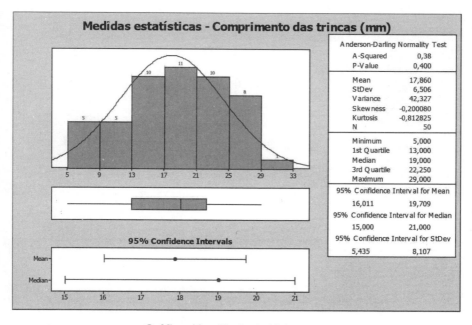

Gráfico 12 – Ajuste do histograma

O gráfico resumo calcula as medidas estatísticas $X_{mín}$, $X_{máx}$, $\overline{X}$, Md, Q_1, Q_3, S^2 e S, Gráfico 12. Mostra ainda o teste de normalidade Anderson-Darling (Anderson-Darling Normality Test), assimetria dos dados (Skewness), curtose (kurtosis), e intervalos de confiança para a média, mediana e desvio padrão.

O teste de normalidade Anderson-Darling estabelece se o conjunto de dados pode ser representado por uma distribuição normal (curva normal). Essa distribuição é apresentada no Capítulo 5 e o teste de normalidade, no Capítulo 8. O valor de P (P Value) deve ser maior ou igual ao nível de significância (α), que, neste caso, é 5%, ou seja, $\alpha = 0,0500$, uma vez que o nível de confiança do intervalo de confiança (confidence interval) foi definido em 95%.

A assimetria dos dados (Skewness) pode ser verificada por seus valores. Quando se têm valores próximos de zero, o conjunto de dados é simétrico e aproxima-se de uma curva normal. Por outro lado, quando se têm valores positivos distantes de zero, o conjunto de dados apresenta uma assimetria positiva e a curva tem cauda à direita. Para os valores negativos, tem-se uma assimetria negativa com cauda à esquerda. Os Gráficos 13 e 14 apresentam exemplos de assimetria dos dados.

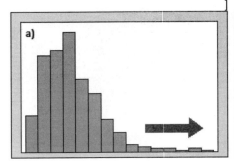 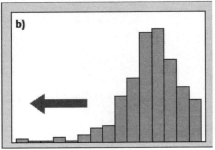

Gráfico 13 – a) distribuição assimétrica positiva; b) distribuição assimétrica negativa

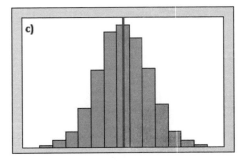 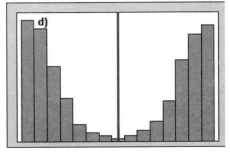

Gráfico 14 – c) distribuição simétrica; d) ausência de assimetria

A curtose (Kurtosis) mostra o quanto os dados estão concentrados em torno da média. Para os valores da curtose próximos de zero, a concentração dos dados tem o formato da curva normal (mesocúrtica). Para os valores positivos, o formato da curva normal é delgada e aguda (leptocúrtica) e para os valores negativos, o formato da curva é achatada (platicúrtica). Os Gráficos 15 e 16 apresentam exemplos de curtose dos dados.

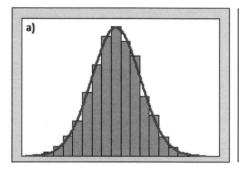 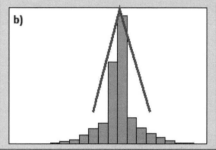

Gráfico 15 – a) distribuição normal (mesocúrtica); b) distribuição leptocúrtica

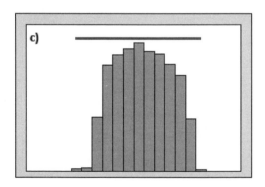

Gráfico 16 – c) distribuição normal platicúrtica

Com o intuito de evitar uma interpretação errônea, é necessário explicar que o MINITAB® representa o total de medidas da amostra pela letra "N", e não pela letra "n", que é usada para representar o tamanho da amostra em Estatística.

3.4.2.5.2 – Estabeleça as medidas estatísticas R, CV, Mo, D_4 e C_{15}.

Como o MINITAB® não contempla o cálculo dessas medidas estatísticas pelos comandos Basic Statistics > Graphical Summary, deve-se utilizar a função calculadora do MINITAB® clicando nos comandos Calc > Calculator, como demonstrado no item 3.2.2.1.3.

Primeiramente, clique na planilha Worksheet 1 e nomeie as colunas C11 a C15, respectivamente, com R, CV, Mo, D_4 e C_{15}. Para os cálculos de R, CV, Mo, D_4 e $C_{15,}$ use as equações Eqs. (60), (35), (41), (51) e (57), respectivamente. Na Figura 116, têm-se os valores obtidos.

Worksheet 1 ***

↓	C1	C2-T	C3	C4	C5	C6	C7	C8	C9	C10	C11	C12	C13	C14	C15
	i	li |—— Li	Xi	fi	%fr	fac	%frc	fad	%frd	Comprimento (mm)	R	CV	Mo	D4	C15
1	1	5 |—— 9	7	5	10	5	10	50	100	15	24,00	36,43	19,00	17,00	11,00
2	2	9 |—— 13	11	5	10	10	20	45	90	7					
3	3	13 |—— 17	15	10	20	20	40	40	80	24					
4	4	17 |—— 21	19	11	22	31	62	30	60	23					
5	5	21 |—— 25	23	10	20	41	82	19	38	29					
6	6	25 |—— 29	27	8	16	49	98	9	18	12					
7	7	29 |—— 33	31	1	2	50	100	1	2	9					
8										17					

Figura 116 – Valores de R, CV, Mo, D_4 e C_{35} do exemplo 7

3.4.2.5.3 – Interpretação das medidas estatísticas

A chapa de aço apresenta um comprimento médio da trinca de 17,86 mm. A mediana mostra que 50% dos valores medidos apresentam chapas de aço com comprimento da trinca inferior ou igual a 19,00 mm. O primeiro quartil (Q_1) destaca que 25% das chapas de aço têm comprimento da trinca menor que 13,00 mm, enquanto o terceiro quartil (Q_3) mostra que 75% das chapas de aço têm comprimento da trinca inferior ou igual a 22,25 mm. Pode-se usar o mesmo raciocínio para interpretar os dados referentes às separatrizes D_4 e C_{15}, considerando que D_4 representa 40% dos valores medidos e que C_{15} representa 15% dos valores medidos. Tem-se, ainda, que esse conjunto de dados apresenta apenas uma moda, podendo ser denominado modal e seu valor é de 19 mm.

Quanto aos valores de variabilidade do comprimento das trincas das chapas de aço, o cálculo da amplitude revela uma dispersão total das medidas de 24 mm. A variância e o desvio padrão em relação ao valor médio são respectivamente de 42,33 mm^2 e 6,51 mm. No entanto, se há como referência os valores de dispersão apresentados no item 3.4.1.3.4 para o coeficiente de variação, pode-se dizer que o conjunto de dados apresenta alta dispersão, uma vez que o valor do CV foi de 36,43%.

Quanto ao teste de normalidade, como o valor de P é maior que 0,0500, pode-se afirmar que o conjunto de dados tem uma distribuição aproximada de uma curva normal.

O conjunto de dados mostra-se ligeiramente assimétrico à esquerda, ou seja, a distribuição dos dados é assimétrica negativa, com uma assimetria (Skewness) de –0,2001. A curtose de –0,8128 caracteriza uma curva normal ligeiramente achatada, ou seja, com uma distribuição tendendo para platicúrtica.

Portanto, como não há valores históricos ou especificações da Engenharia ou do cliente, os comentários anteriores são os únicos permitidos sobre os dados obtidos.

3.4.2.5.4 – Faça a representação gráfica das medidas estatísticas.

O gráfico de caixa já está representado no Gráfico 12, logo abaixo do histograma. Para construir o gráfico de pontos, siga as orientações apresentadas no item 3.4.1.5.4 e será mostrado o Gráfico 17.

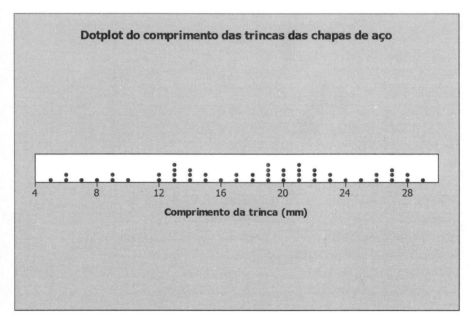

Gráfico 17 – Gráfico de pontos do exemplo 7

3.4.2.5.5 – Interpretação dos gráficos de pontos e de caixa

Como não há outros gráficos para permitir a comparação, não se podem tirar muitas conclusões sobre o conjunto de dados quanto à posição e à dispersão dos dados. No entanto, pode-se perceber pela posição da mediana no boxplot, Gráfico 12, e da distribuição dos dados no dotplot, Gráfico 17, que há uma ligeira concentração dos dados à direita, caracterizando uma ligeira tendência à assimetria à esquerda, como confirmada pela análise da assimetria (Skewness) no item 3.4.2.5.3.

CAPÍTULO 4

PROBABILIDADES

No capítulo anterior, foram apresentados os meios para organizar, resumir e descrever os dados na forma de tabelas, gráficos e números usando a distribuição de frequência e medidas estatísticas. Neste capítulo, estuda-se a teoria da probabilidade, que é um ramo da Matemática que descreve o comportamento aleatório dos dados. Faz-se uma introdução à probabilidade, estabelecendo suas regras básicas.

A probabilidade constitui a base da estatística moderna. Atua como elo entre a estatística descritiva e a estatística inferencial, permitindo a análise dos dados coletados por meio de amostras para tirar conclusões sobre a população com uma margem de erro conhecida.

4.1 – Introdução à Probabilidade

A palavra probabilidade vem do latim *probare* e significa testar ou provar. A probabilidade é uma medida que permite exprimir a incerteza presente numa afirmação.

4.1.1 – Probabilidade

A probabilidade é um experimento aleatório, cujo resultado não pode ser previsto antes que a experiência ocorra. Embora o resultado do experimento seja imprevisível, existe uma regularidade presente que permite descrever o comportamento aleatório de um experimento. Então, pode-se definir a probabilidade como o estudo da aleatoriedade e da incerteza.

O experimento aleatório pode ser um teste ou um ensaio, como, por exemplo, o lançamento de um dado, teste de dureza, ensaio de tração, contagem de defeitos num produto. Esse experimento pode fornecer diferentes resultados (variabilidade), mesmo quando repetido sob as mesmas condições.

Assim, pode-se também definir a probabilidade como a proporção de vezes em que um resultado ocorreria em uma série muito grande de repetições.

4.1.2 – Espaço Amostral

Espaço amostral é o conjunto de todos os resultados possíveis de um experimento. Por exemplo, um baralho possui 52 cartas, então, o espaço amostral é formado de 52 possibilidades e pode ser representado pela letra S ou pela letra grega Ω (ômega) da seguinte forma:

S = {52 cartas} ou S = {13 cartas de copas; 13 cartas de ouros; 13 cartas de espadas; 13 cartas de paus} ou S = {26 cartas vermelhas; 26 cartas pretas}.

4.1.3 – Evento

Evento é o resultado de um experimento aleatório. Ele é um subconjunto do espaço amostral. Por exemplo, o experimento de retirar, aleatoriamente, uma carta de um baralho com 52 cartas pode ter como resultado uma carta ouro.

4.1.4 – Representação Gráfica do Espaço Amostral

4.1.4.1 – Diagrama de Venn

Usa-se o diagrama de Venn para representar todos os eventos de um espaço amostral, conforme a Figura 117. O retângulo representa o espaço amostral S e os eventos A e B são os subconjuntos do espaço amostral, representados pelos círculos A e B.

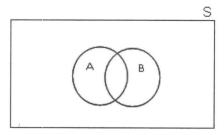

Figura 117 – Diagrama de Venn

4.1.4.2 – Diagrama de árvore

Pode-se usar o diagrama de árvore para representar o espaço amostral e seus eventos, quando estes podem ser construídos em várias etapas, conforme a Figura 118. Assim, o espaço amostral é formado por S = {AA, AB, BA, BB}.

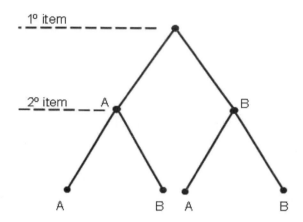

Figura 118 – Diagrama de árvore

4.1.5 – Representação do Espaço Amostral com Tabela

O espaço amostral pode ser representado por uma tabela, conforme a Tabela 7.

Tabela 7 – Formação do espaço amostral

2º item \ 1º item	A	B
A	AA	AB
B	BA	BB

4.1.6 – Métodos para Calcular a Probabilidade

Com o objetivo de introduzir de forma simplificada o conceito do cálculo de probabilidade, considera-se somente um conjunto finito ou infinito contável de resultados.

4.1.6.1 – Método clássico ou probabilidade clássica

Este método de calcular a probabilidade aplica-se ao espaço amostral cujos eventos são equiprováveis, ou seja, possuem a mesma probabilidade. Efetua-se o cálculo da probabilidade pela Eq. (66).

$$P(A) = \frac{n(A)}{S} \tag{66}$$

P (A) → probabilidade do evento A ocorrer;
n(A) → número de casos favoráveis ao evento A;
S   → número de casos possíveis (espaço amostral).

Para exemplificar o cálculo da probabilidade clássica, calcula-se a probabilidade de ocorrer a face 4 num lançamento de um dado honesto. Um dado possui seis faces: 1, 2, 3, 4, 5 e 6, que representam todos os resultados possíveis, ou seja, o espaço amostral. O número de casos favoráveis à ocorrência da face 4 é de apenas 1. Aplicando a Eq. (66), tem-se que a probabilidade de ocorrer a face 4 é de 0,1667.

$$P(A) = \frac{n(A)}{S} = \frac{1}{6} = 0{,}1667$$

4.1.6.2 – Método empírico, probabilidade empírica ou frequência relativa

Este outro método de calcular a probabilidade está baseado na repetição do experimento aleatório ou em dados históricos do experimento. A repetição de um experimento inúmeras vezes, em condições idênticas, permite considerar a probabilidade como uma frequência relativa. Assim, essa série grande de repetições do experimento favorece a formação de padrões regulares, mesmo que os eventos não sejam equiprováveis. Efetua-se o cálculo da probabilidade pela Eq. (67).

$$P(A) = \frac{n(A)}{n} \tag{67}$$

P (A) → probabilidade do evento A ocorrer;
n(A) → número de vezes que ocorreu o evento A;
n   → número de vezes que o experimento foi realizado.

Para exemplificar o cálculo da probabilidade empírica, calcula-se a probabilidade de ocorrer a face 4, lançando um dado honesto 50 vezes. Sabendo que a face 4 ocorreu 15 vezes e aplicando a Eq. (67), tem-se que a probabilidade de obter a face 4 é de 0,3000.

$$P(A) = \frac{n(A)}{n} = \frac{15}{50} = \frac{3}{10} = 0,3000$$

4.1.6.3 – Abordagem subjetiva da probabilidade

Este método constitui-se na afirmação feita por um indivíduo baseada em suposição, conhecimento, crença ou intuição sobre o evento a ser avaliado. Por exemplo, afirmar que há 70% de probabilidade de chover porque estão formando-se nuvens escuras na direção norte.

4.1.7 – Axiomas da Probabilidade

A frequência relativa não é uma definição matematicamente aceitável de probabilidade. Portanto, é necessário estabelecer axiomas para suportar a teoria das probabilidades. O axioma é uma proposição que se admite como verdadeira porque dela se podem deduzir as proposições de uma teoria ou um sistema lógico ou matemático. Assim, os axiomas asseguram que as probabilidades atribuídas a um experimento podem ser interpretadas como frequências relativas. Os axiomas permitem calcular as probabilidades de alguns eventos a partir do conhecimento das probabilidades de outros eventos. Por exemplo, se o evento A está contido no evento B, pode-se afirmar que o evento A tem probabilidade menor ou igual ao evento B, ou seja, $P(A) \leq P(B)$, Figura 119.

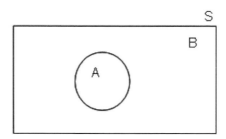

Figura 119 – O evento A está contido no evento B

Considere o espaço amostral como S e A um evento qualquer em um experimento aleatório, Figura 120.

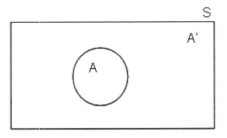

Figura 120 – Espaço amostral S e evento A

O espaço amostral S corresponde à probabilidade igual a 1, ou seja, P(S)=1. Então, a probabilidade do evento A ocorrer pode ser definida como:

$0 \leq P(A) \leq 1$

Assim, com a Eq. (68) e a Eq. (69), podem-se calcular as probabilidades do evento A e do seu complemento, evento A'.

$P(A) + P(A') = P(S) = 1$ (68)
$P(A') = 1 - P(A)$ (69)

Assim, pode-se afirmar que:
$P(A) = 0 \rightarrow$ é o evento impossível ou muito improvável;
$P(A) = 1 \rightarrow$ é o evento certo ou muito provável.

No estudo de probabilidade utilizam-se os conceitos e os símbolos da teoria de conjuntos, por exemplo, união ($\cup$), intercessão ($\cap$) e o conjunto vazio ($\emptyset$). Assim, considere dois eventos, A e B, Figura 121, com A $\cap$ B = $\emptyset$. Então, (A $\cup$ B) = (A) + (B):

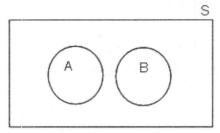

Figura 121 – Eventos A e B

4.1.8 – Tipos de Eventos

Neste item, abordam-se os diferentes tipos de eventos aplicados no estudo de probabilidade.

4.1.8.1 – Evento elementar

É cada elemento do espaço amostral. É o evento único. Pode-se exemplificar por evento A = (2). O evento A é o resultado de lançar o dado.

4.1.8.2 – Evento composto

É a combinação de dois ou mais elementos do espaço amostral. Pode-se exemplificar por evento A = (2, 4, 6) e B = (1, 3, 5). O evento A corresponde aos resultados de número par ao lançar o dado.

4.1.8.3 – Evento complementar

É o resultado que não faz parte de um determinado evento. Por exemplo, o evento complementar ao evento A, da Figura 120, é o evento A'. A probabilidade de o evento A' ocorrer pode ser calculada pela Eq. (69).

$$P(A') = 1 - P(A) = P(A^c) = P(\bar{A}) \tag{69}$$

4.1.8.4 – Eventos mutuamente excludentes

Dois eventos, A e B, são mutuamente excludentes ou mutuamente exclusivos ou disjuntos quando os eventos A e B não ocorrem simultaneamente, ou seja, eles não possuem elementos em comum, Figura 121, e podem ser representados pela união dos conjuntos, A ∩ B.

4.1.8.5 – Eventos não mutuamente excludentes

Dois eventos, A e B, são não mutuamente excludentes ou não disjuntos quando os eventos A e B ocorrem simultaneamente, ou seja, eles possuem elementos em comum, Figura 122, e podem ser representados pela interseção dos conjuntos, A ∩ B.

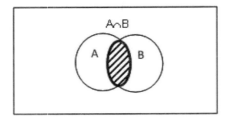

Figura 122 – Eventos não mutuamente excludentes

4.1.8.6 – Eventos dependentes

Dois eventos, A e B, são dependentes quando a ocorrência ou a não ocorrência de um evento afeta a ocorrência do outro evento. Pode-se exemplificar essa situação pelo cálculo da probabilidade de se retirar duas peças conformes de um lote de 10 peças contendo seis peças conformes, sem reposição, e em duas tentativas, usando a Eq. (67). Nesta situação, tem-se: P(A) = peças conformes, n = 10 peças, n(A) = 6 peças conformes:

Na 1ª tentativa: $P(A) = \dfrac{n(A)}{n} = \dfrac{6}{10} = \dfrac{3}{5} = 0,6000$

Na 2ª tentativa: $P(A) = \dfrac{n(A)}{n} = \dfrac{6}{10} = \dfrac{3}{5} = 0,6000$ (considerando que foi retirada uma peça conforme na 1ª tentativa, então, a 2ª tentativa é afetada pela primeira).

4.1.8.7 – Eventos independentes

Dois eventos, A e B, são independentes quando a ocorrência ou a não ocorrência de um evento não afeta a ocorrência do outro evento. Pode-se exemplificar essa situação pelo cálculo da probabilidade de se retirar duas peças conformes de um lote de 10 peças contendo seis peças conformes, com reposição, e em duas tentativas, usando a Eq. (67). Nesta situação, tem-se: P(A) = peças conformes, n = 10 peças, n(A) = 6 peças conformes:

Na 1ª tentativa: $P(A) = \dfrac{n(A)}{n} = \dfrac{6}{10} = \dfrac{3}{5} = 0,6000$

Na 2ª tentativa: $P(A) = \frac{n(A)}{n} = \frac{6}{10} = \frac{3}{5} = 0{,}6000$ (considerando que foi retirada uma peça conforme ou não na 1ª tentativa, a 2ª tentativa não é afetada pela primeira, uma vez que ocorreu a reposição da peça retirada na 1ª tentativa).

4.2 – Cálculo de Probabilidades – Regras Básicas

A associação de um número a um evento A qualquer conduz à teoria das probabilidades e permite calcular que esse evento A irá ocorrer. As regras básicas de probabilidades utilizam as operações básicas dos conjuntos para a determinação da probabilidade de um evento.

4.2.1 – Regra da Adição

O cálculo da probabilidade pela regra da adição considera o evento união de A e B, que equivale à ocorrência de pelo menos um dos eventos A ou B, ou de ambos. Assim, a palavra-chave é a conjunção "ou". Essa probabilidade pode ser representada por:

P(A) ou P(B) $\Rightarrow$ P(A) $\cup$ P(B)

4.2.1.1 – Regra especial da adição

Se dois eventos são mutuamente excludentes, Figura 121, a probabilidade de ocorrência de pelo menos um dos eventos, ou ambos, é igual à soma das respectivas probabilidades de cada evento, Eq. (70).

$P(A \cup B) = P(A) + P(B)$ \hfill (70)

P(A $\cup$ B) → probabilidade da união dos eventos A ou B ocorrer;
P(A) → probabilidade do evento A ocorrer;
P(B) → probabilidade do evento B ocorrer.

Quando se tem mais de dois eventos mutuamente excludentes, a probabilidade pode ser calculada pela Eq. (71).

$P(E_1 \cup E_2 \cup E_3 \cup ... \cup E_k) = P(E_1) + P(E_2) + P(E_3) + ... + P(E_k)$ \hfill (71)

4.2.1.2 – Regra geral da adição

Se dois eventos são mutuamente excludentes e não mutuamente excludentes, Figura 122, a probabilidade de ocorrência de pelo menos um dos eventos, ou ambos, é igual à soma das respectivas probabilidades de cada evento, menos a interseção desses eventos, Eq. (72).

$$P(A \cup B) = P(A) + P(B) - P(A \cap B) \tag{72}$$

$P(A \cap B) \rightarrow$ probabilidade da interseção dos eventos A e B ocorrer.

Quando há três eventos mutuamente excludentes e não mutuamente excludentes, Figura 123, a probabilidade pode ser calculada pela Eq. (73).

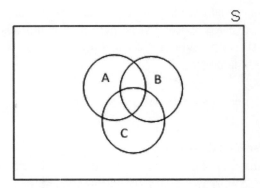

Figura 123 – Eventos mutuamente excludentes e não mutuamente excludentes

$$P(A \cup B \cup C) = P(A) + P(B) + P(C) - P(A \cap B) - P(A \cap C) - P(B \cap C) + P(A \cap B \cap C) \tag{73}$$

4.2.2 – Probabilidade Condicional

A probabilidade condicional é calculada a partir de um subconjunto do espaço amostral e aplica-se a dois eventos. A ocorrência do evento A depende da ocorrência do evento B. Assim, a probabilidade do evento B já ocorreu, Figura 124.

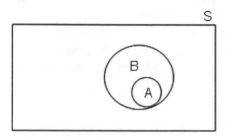

Figura 124 – Probabilidade condicional

Essa probabilidade pode ser calculada pela Eq. (74).

$$P(A\backslash B)=\frac{P(A\cap B)}{P(B)}=P(A) \qquad (74)$$

P(A\B) → probabilidade do evento A ocorrer, dado que o evento B já ocorreu.

Assim, a probabilidade condicional representa a frequência relativa de um evento A, condicionada ao espaço amostral do evento B.

4.2.3 – Regra da Multiplicação

O cálculo da probabilidade pela regra da multiplicação considera a ocorrência de dois ou mais eventos em sequência. A palavra-chave é a conjunção "e". Essa probabilidade pode ser representada por:

P(A) e P(B) ⇒ P(A) ∩ P(B)

4.2.3.1 – Regra especial da multiplicação

Se dois ou mais eventos independentes ocorrem em sequência, a probabilidade de que ocorram juntos é igual ao produto das probabilidades de que cada evento ocorra em separado, Eq. (75) e Eq. (76).

$$P(A \cap B) = P(A) \cdot P(B) \qquad (75)$$

$$P(A \cap B \cap C) = P(A) \cdot P(B) \cdot P(C) \qquad (76)$$

4.2.3.2 – Regra geral da multiplicação

Se dois ou mais eventos dependentes ocorrem em sequência, a probabilidade de que ocorram juntos é igual à probabilidade de ocorrência de um evento multiplicada pela probabilidade condicionada do outro evento, Eq. (77) e Eq. (78).

$$P(A \cap B) = P(B) \cdot P(A \setminus B) \tag{77}$$

$$P(A \cap B \cap C) = P(B) \cdot P(A \setminus B) \cdot P(C \setminus A \cap B) \tag{78}$$

4.2.4 – Teorema de Bayes

O teorema ou regra de Bayes é também conhecido como probabilidade das causas e consiste na partição do espaço amostral em mais de dois subconjuntos, cujas probabilidades sejam conhecidas, Figura 125.

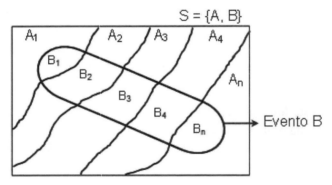

Figura 125 – Partição do espaço amostral pelo Diagrama de Venn

No teorema de Bayes, os eventos são dependentes e sequenciais.

O teorema de Bayes é a generalização da probabilidade condicional para mais de dois eventos e permite analisar a pior situação (A_i). A causa pode estar em $A_1, A_2, ..., A_n$. A probabilidade pode ser definida pela Eq. (79).

$$P(Ai \setminus B) = \frac{P(Ai) \cdot P(B \setminus Ai)}{\sum_{j=1}^{n} P(Aj) \cdot P(B \setminus Aj)} \tag{79}$$

$\sum_{j=1}^{n}$ → somatório das probabilidades condicionadas de j a n pela regra geral da multiplicação, conforme a Eq. 77, e corresponde à probabilidade total dos eventos.

4.2.5 – Exemplo 8

A área comercial recebe pedidos de três representantes classificados como A, B e C. Os dados históricos indicam que os pedidos encontram-se distribuídos da seguinte forma: 150 do representante A, 250 do B e 300 do C. Quando o representante não efetua o pedido de forma correta, o processamento apresenta erro. Faça o que se pede dos itens 4.2.5.1 a 4.2.5.13 utilizando quatro casas decimais para os cálculos das probabilidades.

Com o MINITAB® aberto, selecione e copie os dados referentes ao enunciado do exemplo 8 e cole na janela Session, Figura 126. Transcreva os dados fornecidos pelo enunciado do exemplo para a planilha Worksheet 1, nomeando as colunas C1, C2, C3 e C4 como A, B, C e Total, respectivamente. Salve para obter o arquivo Exemplo 8, conforme explicado no item 3.2.1.1.1.

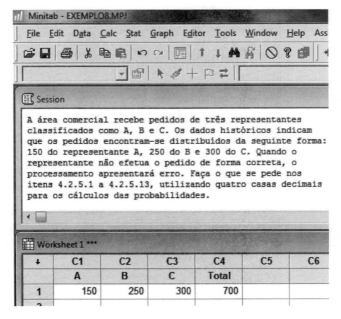

Figura 126 – Exemplo 8

Como o MINITAB® não contempla o cálculo de probabilidades básicas, deve-se utilizar a função calculadora do MINITAB® clicando nos comandos Cal > Calculator, como demonstrado no item 3.2.2.1.3.

4.2.5.1 – Qual é a probabilidade de se ter um pedido do representante A?

Na planilha Worksheet 1, nomeie a coluna C5 como P(A), ou seja, a probabilidade do representante A. Como há um conjunto de dados históricos que permite o cálculo da probabilidade pela frequência relativa de ocorrência dos eventos, faça o cálculo da probabilidade pela Eq. (67), Figura 127.

$$P(A) = \frac{n(A)}{n} = \frac{150}{700} = 0,2143$$

	C1	C2	C3	C4	C5	C6
	A	B	C	Total	P(A)	
1	150	250	300	700	0,2143	
2						
3						

Figura 127 – Cálculo de P(A)

4.2.5.2 – Considere que desses 700 pedidos, ocorreram os seguintes pedidos inadequados: 48 do representante A, 29 do B e 34 do C. Qual é a probabilidade de se ter um pedido do representante B com erro?

Na planilha Worksheet 1 nomeie as colunas C6 a C9 como Ae, Be, Ce e P(Be), ou seja, o número de pedidos com erros de cada representante e a probabilidade do erro ser do representante B. Como há um conjunto de dados históricos que permite o cálculo da probabilidade pela frequência relativa de ocorrência dos eventos, faça o cálculo da probabilidade pela Eq. (67), Figura 128.

$$P(Be) = \frac{n(Be)}{n} = \frac{29}{700} = 0,0414$$

Worksheet 1 ***								
↓	C1	C2	C3	C4	C5	C6	C7	C8	C9
	A	B	C	Total	P(A)	Ae	Be	Ce	P(Be)
1	150	250	300	700	0,2143	48	29	34	0,0414
2									
3									

Figura 128 – Cálculo de P(Be)

4.2.5.3 – Identifica-se um processamento. Qual é a probabilidade de ser um pedido do representante A ou do representante C?

Na planilha Worksheet 1, nomeie a coluna C10 como P(A∪C), ou seja, a probabilidade de ser do representante A ou C. Como há eventos mutuamente excludentes, aplica-se a regra especial da adição para calcular a probabilidade do processamento ser de um dos representantes. Faça o cálculo da probabilidade pela Eq. (70), Figuras 129 e 130.

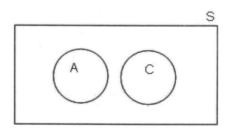

Figura 129 – Digrama de Venn para dois eventos mutuamente excludentes

$$P(A \cup C) = \frac{150}{700} + \frac{300}{700} = \frac{450}{700} = 0,6429$$

Worksheet 1 ***										
↓	C1	C2	C3	C4	C5	C6	C7	C8	C9	C10	C11
	A	B	C	Total	P(A)	Ae	Be	Ce	P(Be)	P(AUC)	
1	150	250	300	700	0,2143	48	29	34	0,0414	0,6429	
2											
3											

Figura 130 – Cálculo de P(A∪C)

4.2.5.4 – Identifica-se um processamento. Qual é a probabilidade de ser um pedido do representante B, do representante A ou do representante C?

Na planilha Worksheet 1, nomeie a coluna C11 como P(B∪A∪C), ou seja, a probabilidade de ser do representante B, A ou C. Como há eventos mutuamente excludentes, aplica-se a regra especial da adição para calcular a probabilidade do processamento ser de um dos representantes. Faça o cálculo da probabilidade pela Eq. (71) para mais de dois eventos, Figuras 131 e 132.

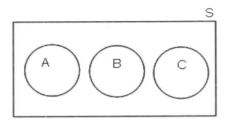

Figura 131 – Digrama de Venn para três eventos mutuamente excludentes

$$P(B \cup A \cup C) = P(B) + P(A) + P(C) = \frac{250}{700} + \frac{150}{700} + \frac{300}{700} = 1,0000$$

	C1	C2	C3	C4	C5	C6	C7	C8	C9	C10	C11	C12
	A	B	C	Total	P(A)	Ae	Be	Ce	P(Be)	P(AUC)	P(BUAUC)	
1	150	250	300	700	0,2143	48	29	34	0,0414	0,6429	1,0000	
2												

Figura 132 – Cálculo de P(B∪A∪C)

4.2.5.5 – Considere que desses 700 pedidos, ocorreram os seguintes pedidos inadequados: 48 do representante A, 29 do B e 34 do C. Identifica-se um processamento com erro. Qual é a probabilidade de ser um pedido do representante A, do representante B ou do representante C?

Na planilha Worksheet 1, nomeie a coluna C12 como P(A∪B∪C), ou seja, a probabilidade do erro ser do representante A, B ou C. Como há eventos mutuamente excludentes, aplica-se a regra especial da adição para calcular a probabilidade do processamento ser de um dos representantes. Faça o cálculo da probabilidade pela Eq. (71) para mais de dois eventos, Figuras 133 e 134.

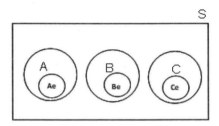

Figura 133 – Digrama de Vem para três eventos mutuamente excludentes

$$P(Ae \cup Be \cup Ce) = P(Ae) + P(Be) + P(Ce) = \frac{48}{700} + \frac{29}{700} + \frac{34}{700} = 0,1586$$

	C1	C2	C3	C4	C5	C6	C7	C8	C9	C10	C11	C12	C1:
	A	B	C	Total	P(A)	Ae	Be	Ce	P(Be)	P(AUC)	P(BUAUC)	P(AUBUC)	
1	150	250	300	700	0,2143	48	29	34	0,0414	0,6429	1,0000	0,1586	
2													
3													

Figura 134 – Cálculo de P(Ae∪Be∪Ce)

4.2.5.6 – Considere que ocorreram os seguintes pedidos inadequados: 48 do representante A, 29 do B e 34 do C. Escolhe-se ao acaso um pedido da população de 700 pedidos enviados pelos representantes. Qual é a probabilidade de se tratar de um pedido do representante A ou de ser um pedido inadequado?

Na planilha Worksheet 1, nomeie a coluna C13 como P(A∪Ae∪Be∪Ce), ou seja, a probabilidade do pedido ser do representante A ou ser um pedido com erro do representante A, B ou C. Como há eventos mutuamente excludentes e não mutuamente excludentes, aplica-se a regra geral da adição para calcular a probabilidade de ser um pedido do representante A ou ser um pedido inadequado. Faça o cálculo da probabilidade pela Eq. (72) para mais de dois eventos, Figuras 133 e 135.

$$P(A \cup Ae \cup Be \cup Ce) = P(A) + P(Ae) + P(Be) + P(Ce) - P(A \cap Ae)$$

$$P(A \cup Ae \cup Be \cup Ce) = \frac{150}{700} + \frac{48}{700} + \frac{29}{700} + \frac{34}{700} - \frac{48}{700} = 0,3043$$

	C1	C2	C3	C4	C5	C6	C7	C8	C9	C10	C11	C12	C13
	A	B	C	Total	P(A)	Ae	Be	Ce	P(Be)	P(AUC)	P(BUAUC)	P(AUBUC)	P(AUAeUBeUCe)
1	150	250	300	700	0,2143	48	29	34	0,0414	0,6429	1,0000	0,1586	0,3043

Figura 135 – Cálculo de P(A∪Ae∪Be∪Ce)

4.2.5.7 – Considere que, no mês de junho, somente dois representantes processaram pedidos. De uma população de 450 processamentos, 250 foram processados pelo representante A e 200 pelo B. Dos pedidos processados pelo representante A, 67 apresentaram erros e dos pedidos processados pelo representante B, 25 apresentaram erros. Escolhe-se, ao acaso, um pedido do mês de junho. Qual é a probabilidade do pedido conter erro, sabendo que ele é do representante A?

Na planilha Worksheet 1, nomeie as colunas C14 a C16 como Aj, Aej e P(Aj\Aej), ou seja, a probabilidade do pedido ter erro, dado que ele é do representante A. Como há uma condição para que o evento ocorra, aplica-se o cálculo da probabilidade condicional. Faça o cálculo da probabilidade pela Eq. (74), Figuras 136 e 137.

$$P(Aej \setminus Aj) = \frac{P(Aej \cap Aj)}{P(Aj)} = \frac{67}{250} = 0,2680$$

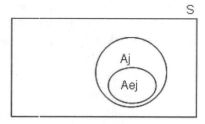

Figura 136 – Diagrama de Venn – Probabilidade condicional

	C10	C11	C12	C13	C14	C15	C16
	P(AUC)	P(BUAUC)	P(AUBUC)	P(AUAeUBeUCe)	Aj	Aej	P(Aej\Aj)
1	0,6429	1,0000	0,1586	0,3043	200	67	0,2680

Figura 137 – Cálculo de P(Aej\Aj)

4.2.5.8 – Escolhem-se ao acaso três pedidos da população A, B e C, um após o outro, com reposição, e observam-se os pedidos. Qual é a probabilidade dos pedidos serem do representante C?

Na planilha Worksheet 1, nomeie a coluna C17 como P(C∩C∩C), ou seja, a probabilidade dos três pedidos serem do representante C. Como os três eventos ocorrem em sequência e há reposição do pedido retirado, os eventos são independentes, caracterizando a regra especial da multiplicação. Faça o cálculo da probabilidade pela Eq. (76), Figuras 131 e 138.

$$P(C \cap C \cap C) = \frac{300}{700} \cdot \frac{300}{700} \cdot \frac{300}{700} = 0{,}0787$$

	C10	C11	C12	C13	C14	C15	C16	C17
	P(AUC)	P(BUAUC)	P(AUBUC)	P(AUAeUBeUCe)	Aj	Aej	P(Aej\Aj)	P(CnCnC)
1	0,6429	1,0000	0,1586	0,3043	200	67	0,2680	0,0787
2								

Figura 138 – Cálculo de P(C∩C∩C), com reposição

4.2.5.9 – Escolhem-se ao acaso três pedidos da população A, B e C, um após o outro, com reposição, e observam-se os pedidos. Qual é a probabilidade de que seja um pedido de cada representante?

Na planilha Worksheet 1, nomeie a coluna C18 como P(A∩B∩C), ou seja, a probabilidade dos três pedidos serem de representantes diferentes. Como os três eventos ocorrem em sequência e há reposição do pedido retirado, os eventos são independentes, caracterizando a regra especial da multiplicação. Faça o cálculo da probabilidade pela Eq. (76), Figuras 131 e 139.

$$P(A \cap B \cap C) = \frac{150}{700} \cdot \frac{250}{700} \cdot \frac{300}{700} = 0{,}0328$$

	C10	C11	C12	C13	C14	C15	C16	C17	C18
	P(AUC)	P(BUAUC)	P(AUBUC)	P(AUAeUBeUCe)	Aj	Aej	P(Aej\Aj)	P(CnCnC)	P(AnBnC)
1	0,6429	1,0000	0,1586	0,3043	200	67	0,2680	0,0787	0,0328
2									

Figura 139 – Cálculo de P(A∩B∩C), com reposição

4.2.5.10 – Escolhem-se ao acaso três pedidos da população A, B e C, um após o outro, sem reposição, e observam-se os pedidos. Qual é a probabilidade de que seja um pedido de cada representante?

Na planilha Worksheet 1, nomeie a coluna C19 como Ps(A∩B∩C), ou seja, a probabilidade dos três pedidos serem de representantes diferentes. Como os três eventos ocorrem em sequência e não há reposição do pedido retirado, os eventos são dependentes, caracterizando a regra geral da multiplicação. Faça o cálculo da probabilidade pela Eq. (78), Figuras 131 e 140.

$$Ps(A \cap B \cap C) = \frac{150}{700} \cdot \frac{250}{699} \cdot \frac{300}{698} = 0,0329$$

	C11	C12	C13	C14	C15	C16	C17	C18	C19
	P(BUAUC)	P(AUBUC)	P(AUAeUBeUCe)	Aj	Aej	P(Aej\Aj)	P(CnCnC)	P(AnBnC)	Ps(AnBnC)
1	1,0000	0,1586	0,3043	200	67	0,2680	0,0787	0,0328	0,0329
2									

Figura 140 – Cálculo de Ps(A∩B∩C), sem reposição

4.2.5.11 – Considere que ocorreram os seguintes pedidos inadequados: 48 do representante A, 29 do B e 34 do C. Escolhem-se ao acaso três pedidos da população, um após o outro, sem reposição, e observam-se os pedidos. Qual é a probabilidade de que os dois primeiros sejam do representante B com erro e o último seja do representante A?

Na planilha Worksheet 1, nomeie a coluna C20 como Ps(Be∩Be∩A), ou seja, a probabilidade dos dois primeiros pedidos serem do representante B com erro e o último do representante A. Como os três eventos ocorrem em sequência e não há reposição do pedido retirado, os eventos são dependentes, caracterizando a regra especial da multiplicação. Faça o cálculo da probabilidade pela Eq. (78), Figuras 133 e 141.

$$Ps(Be \cap Be \cap A) = \frac{29}{700} \cdot \frac{28}{699} \cdot \frac{150}{698} = 0,0004$$

CAPÍTULO 4 - PROBABILIDADES / **151**

↓	C13	C14	C15	C16	C17	C18	C19	C20
	P(AUAeUBeUCe)	Aj	Aej	P(Aej\Aj)	P(CnCnC)	P(AnBnC)	Ps(AnBnC)	Ps(BenBenA)
1	0,3043	200	67	0,2680	0,0787	0,0328	0,0329	0,0004
2								

Figura 141 – Cálculo de Ps(Be∩Be∩A), sem reposição

4.2.5.12 – Os dados históricos da área comercial registram que os pedidos dos representantes que apresentam erros são 7,3% do representante A, 3,8% do B e 4,6% do C. Da população de 700 processamentos, qual é a probabilidade do processamento apresentar erro?

A Figura 142 representa a situação dos pedidos processados pelos representantes.

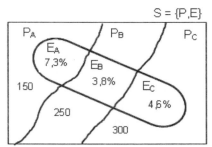

Figura 142 – Diagrama de Venn dos processamentos (P) e erros (E)

Na Figura 143, mostram-se os valores de cada evento em termos de probabilidade utilizando a Eq. (67) e convertendo a porcentagem em probabilidade.

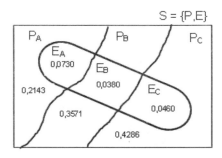

Figura 143 – Diagrama de Venn – Probabilidades dos eventos P e E

A situação dos eventos pode também ser representada pelo diagrama de árvore, conforme a Figura 144.

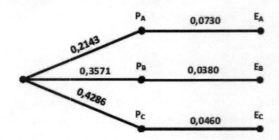

Figura 144 – Diagrama de árvore – Probabilidades dos eventos P e E

Na planilha Worksheet 1, nomeie as colunas C21 a C30 como P_A, P_B, P_C, E_A, E_B, E_C, $P(E_A \cap P_A)$, $P(E_B \cap P_B)$, $P(E_C \cap P_C)$ e $\Sigma P(E_j \cap P_j) = SP(E_j \cap P_j)$, ou seja, a probabilidade de cada evento e a probabilidade de ocorrência do evento do processamento e do erro de processamento ao mesmo tempo. Assim, têm-se eventos sequenciais e dependentes, caracterizando a regra geral da multiplicação. Faça o cálculo da probabilidade pela Eq. (77), em seguida, faça o somatório das probabilidades desses eventos, obtendo a probabilidade de o processamento apresentar erro, Figura 145.

$P(E_A \cap P_A) = 0{,}2143 \cdot 0{,}0730 = 0{,}0156$

$P(E_B \cap P_B) = 0{,}3571 \cdot 0{,}0380 = 0{,}0136$

$P(E_C \cap P_C) = 0{,}4286 \cdot 0{,}0460 = 0{,}0197$

$\Sigma P(E_j \cap P_j) = 0{,}0156 + 0{,}0136 + 0{,}0197 = 0{,}0489$

	C20	C21	C22	C23	C24	C25	C26	C27	C28	C29	C30
	Ps(BenBenA)	PA	PB	PC	EA	EB	EC	P(EAnPA)	P(EBnPB)	P(ECnPC)	SP(EjnPj)
1	0,0004	0,2143	0,3571	0,4286	0,0730	0,0380	0,0460	0,0156	0,0136	0,0197	0,0489

Figura 145 – Cálculo de $\Sigma P(E_j \cap P_j)$

4.2.5.13 – Os dados históricos da área comercial registram que os pedidos dos representantes que apresentam erros são 7,3% do representante A, 3,8% do B e 4,6% do C. Da população de 700 processamentos, qual é a probabilidade de que o processamento tenha sido pedido pelo representante C, sabendo-se que apresentou erro?

Na planilha Worksheet 1, nomeie a coluna C31 como P(P_c\E), ou seja, a probabilidade do evento processamento do representante C ocorrer, sabendo que pode ocorrer erro no processamento, caracterizando a regra de Bayes, pois as probabilidades do representante C e do erro de processamento são conhecidas. Faça o cálculo da probabilidade pela Eq. (79), Figuras 144 e 146.

$$P(P_c \backslash E) = \frac{P(P_c).P(E \backslash P_c)}{\sum_{j=1}^{n} P(Pj).P(E \backslash Pj)} = \frac{0,0197}{0,0489} = 0,4029$$

Worksheet 1 ***	C25	C26	C27	C28	C29	C30	C31
	EB	EC	P(EAnPA)	P(EBnPB)	P(ECnPC)	SP(EjnPj)	P(PC\E)
1	0,0380	0,0460	0,0156	0,0136	0,0197	0,0489	0,4029

Figura 146 – Cálculo de P(Pc\E)

CAPÍTULO 5

DISTRIBUIÇÃO DE PROBABILIDADES

Neste capítulo, abordam-se as variáveis aleatórias e suas diferentes distribuições de probabilidades. Existem vários modelos de distribuição de probabilidades. As variáveis discretas podem ser modeladas por meio das distribuições de Bernoulli, uniforme, binomial, multinomial, geométrica, binomial negativa, hipergeométrica e de Poisson. As variáveis contínuas, por sua vez, podem ser modeladas pelas distribuições uniforme, normal, exponencial, Erlang e Gama, Weibull, lognormal e qui-quadrado.

Neste livro, estudam-se apenas as distribuições discretas de probabilidades binomial e de Poisson, e a distribuição contínua de probabilidade normal.

5.1 – Variáveis Aleatórias

Os tipos de variáveis qualitativa e quantitativa foram tratados no Capítulo 3, no item 3.1.2. Neste capítulo, trabalha-se apenas com as variáveis aleatórias quantitativas discretas e contínuas.

A variável é dita aleatória quando o acaso tem influência sobre seu resultado, ou seja, seu valor é obtido por meio de observações ou experimentos e cada valor está associado a certa probabilidade. Portanto, a variável aleatória é a descrição numérica do resultado de uma observação ou experimento.

O resultado de um experimento probabilístico pode ser uma contagem ou uma medida. O número de defeitos em uma peça ou a espessura de uma chapa são exemplos de variáveis aleatórias discreta e contínua, respectivamente. Essas contagens e medições são funções f(X) dos resultados desses experimentos, onde X é o número de defeitos ou X é a medida da espessura. Os resultados desses experimentos não podem ser previstos devido à sua variabilidade.

Assim, o termo variável aleatória pode ser explicado da seguinte forma: variável porque são possíveis diferentes resultados e aleatória porque não se conhece o resultado até realizar a observação ou o experimento.

Portanto, uma variável aleatória é uma função que associa um número real a cada resultado no espaço amostral de um experimento aleatório. Assim, a variável aleatória é representada por uma letra maiúscula, por exemplo, X, e o valor medido, após a realização do experimento, é representado por uma letra minúscula, por exemplo, x. No caso da medida da espessura da peça, X é a variável aleatória "medida da espessura" e x = 15 mm, o "valor medido" obtido no experimento.

Então, para entender a variável aleatória é necessário associar a cada valor medido (x) a sua probabilidade (f(X) = P(X)), obtendo, assim, a função distribuição de probabilidade, que é uma coleção de pares [x_1, P(X = x_1)].

Por exemplo, num lançamento de duas moedas, qual é o número de caras possível (C), Figura 147?

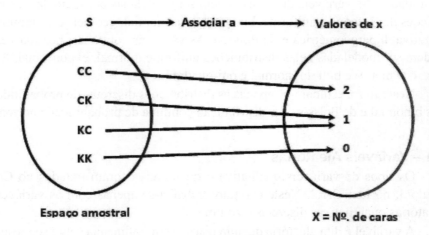

Figura 147 – Representação da variável aleatória

A probabilidade (P) de que a variável aleatória X assuma o valor de x é a função da probabilidade de X. Assim:

f (X) = P (X = x)
ΣP (X) = 1
0 ≤ P (X) ≤ 1

O modelo probabilístico de uma variável aleatória é uma forma específica de uma função de distribuição de probabilidade, que traduz o comportamento de X por meio de uma fórmula, tabela e gráfico.

A função distribuição de probabilidades pode receber outros nomes, tais como: função densidade de probabilidade (fdp), curva densidade de probabilidade (cdp), função probabilidade (fp) e função frequência (ff).

5.2 – Distribuição Discreta de Probabilidades – Distribuição Binomial

Os processos podem ser modelados por experimentos aleatórios. A distribuição das variáveis aleatórias de um desses processos pode ser analisada e o resultado pode ser usado em diferentes aplicações.

Num processo de fabricação, a realização de testes pode indicar que o item fabricado está com defeito ou não. Assim, pode-se assumir que há muitos experimentos probabilísticos para os quais os resultados podem ser classificados como sucesso ou fracasso. Portanto, esses experimentos podem ser chamados de experimentos binomiais.

A distribuição binomial é uma função de distribuição de probabilidades da variável aleatória X com n provas e probabilidade p de sucesso, e pode ser descrita por X ~ b (x; n, p), ou seja, a variável aleatória X tem distribuição binomial x; n, p.

A distribuição binomial tem como características:
- a variável aleatória X está relacionada ao número de ocorrências de um evento em n provas;
- a variável aleatória X pode assumir os valores de x = 0, 1, 2, 3, ... n, ou seja, pode ser finita e enumerável;
- o número de provas (n) é fixo;
- cada prova é independente e admite apenas dois resultados: sucesso (p) e fracasso (q), que são mutuamente excludentes;
- a probabilidade de sucesso é a mesma para cada prova;
- os parâmetros de uma distribuição binomial são n provas e a probabilidade p de sucesso.

A distribuição binomial tem aplicações, por exemplo, na definição de probabilidades para o número de pastilhas de freio com defeito, número de máquinas paradas, número de exames laboratoriais reprovados, número de eleitores que votaram, número de peças defeituosas produzidas por um tear, número de nascimentos num hospital.

5.2.1 – Cálculo da Probabilidade de se Obterem x Sucessos (p) em n Provas

Pode-se realizar o cálculo da probabilidade pelo diagrama de árvore, pela regra da multiplicação ou pela Eq. (80).

$$P(X=x) = f(X) = \frac{n!}{x!(n-x)!} \cdot p^x \cdot q^{n-x} \tag{80}$$

n → número de provas;
x → número específico de sucesso em n provas;
n–x → número de fracasso em n provas;
p → probabilidade de sucesso em n provas;
q → probabilidade de fracasso em n provas.

A probabilidade de sucesso (p) e fracasso (q) pode ser estabelecida pela Eq. (81).

$$p + q = 1 \tag{81}$$

5.2.2 – Cálculo das Medidas Resumo para a Distribuição Binomial

A média ou o valor esperado ou esperança matemática corresponde ao centro da distribuição de probabilidade da variável aleatória X, ou seja, é o número médio esperado da variável aleatória X e pode ser calculado pela Eq. (82).

$$\mu = E(X) = n \cdot p \tag{82}$$

O desvio padrão caracteriza a variabilidade ou a dispersão da distribuição de probabilidade da variável aleatória X em torno da média e pode ser calculado pela Eq. (83).

$$\sigma = \sqrt{n \cdot p \cdot q} = \sqrt{\mu \cdot q} \tag{83}$$

5.2.3 – Exemplo 9

Uma indústria têxtil classifica os lotes de fabricação de seus tecidos em classes A, B ou C. Sabe-se que a classificação de um lote de tecido não altera a classificação dos demais e que a probabilidade de classificação na classe A é a mesma para todos os lotes. Portanto, tem-se independência entre os lotes de fabricação. Seja X a variável aleatória que representa o número de lotes classificados na classe A. Dados de fabricações anteriores relatam que 45% dos lotes de fabricação são classificados na classe A. Entre os cinco próximos lotes de fabricação, calcule os itens 5.2.3.1 a 5.2.3.9.

5.2.3.1 – Calcule a probabilidade de que nenhum lote de fabricação seja classificado como classe A.

Com o MINITAB® aberto, selecione e copie os dados referentes ao enunciado do exemplo 9 e cole na janela Session. Salve para obter o arquivo Exemplo 9, Figura 148, conforme explicado no item 3.2.1.1.1.

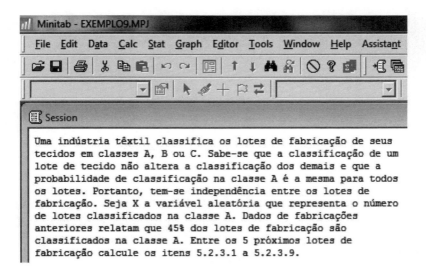

Figura 148 – Exemplo 9

Identifique os elementos do enunciado do problema. Os dados fornecidos no problema caracterizam uma distribuição binomial, uma vez que se tem:
- independência entre os lotes, ou seja a classificação de um lote como classe A não afeta a classificação dos demais;

- que o número de prova é fixo para qualquer prova, então, n = 5;
- que a variável aleatória X corresponde ao número de lotes classificados como classe A;
- que a probabilidade da variável aleatória X ocorrer é 45%, ou seja, a probabilidade de sucesso, então, p = 0,4500;
- que a probabilidade de fracasso, ou seja, de que o lote não seja classificado como classe A é q = 1- p, que é uma variação da Eq. (81). Tem-se daí, que q = 1- 0,4500, então, q = 0,5500.

A partir das informações levantadas e que se deseja conhecer a probabilidade de que nenhum lote seja classificado como classe A, ou seja, x = 0 em cinco provas, na planilha Worksheet 1, nomeie as colunas C1 a C5 como n, p, q, x1, P(X=x1). Preencha os valores de n, p, q e x1, Figura 149. Usa-se x = 0 igual a x1 = 0 para que o MINITAB® possa identificar os diferentes valores de x, como, por exemplo, x = 1.

	C1	C2	C3	C4	C5
	n	p	q	x1	P(X=x1)
1	5	0,45	0,55	0	
2					

Figura 149 – Preenchimento dos dados do exemplo 9

Com os dados identificados no MINITAB®, calcula-se a probabilidade utilizando os comandos Calc > Probability Distributions > Binomial, Figura 150. Abre-se a caixa Binomial Distribution (distribuição binomial), Figura 151. Marque o campo Probability (probabilidade) para calcular apenas a probabilidade de x1 = 0 e preencha os campos Number of trials (número de provas) com 5, Probability of success (probabilidade de sucesso) com 0,4500, Input column (entrar com a coluna) com o valor de x1, ou seja, C4 (x1) e em Optional storage (opção de armazenar o valor da probabilidade a ser calculada), com C5, dando um duplo clique em C4 e C5. Em seguida, clique em OK.

CAPÍTULO 5 - DISTRIBUIÇÃO DE PROBABILIDADES / 161

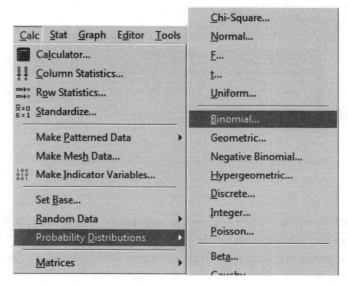

Figura 150 – Selecionando o cálculo da probabilidade binomial

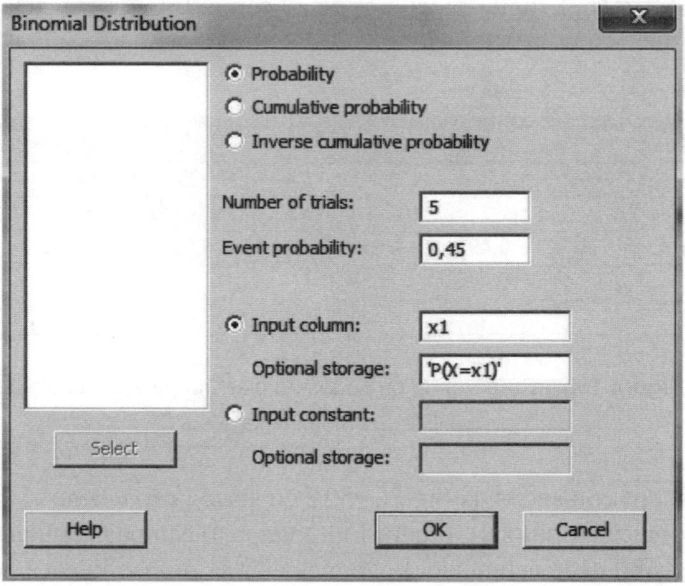

Figura 151 – Inserindo os dados para o cálculo da probabilidade binomial para x1 = 0

É apresentado na planilha Worksheet 1, na coluna C5, o valor da probabilidade de 0,0503 de que nenhum lote seja classificado como classe A, Figura 152.

	C1	C2	C3	C4	C5
	n	p	q	x1	P(X=x1)
1	5	0,45	0,55	0	0,0503
2					

Figura 152 – Cálculo da probabilidade binomial para x1 = 0

5.2.3.2 – Calcule a probabilidade de que, no máximo, dois lotes de fabricação sejam classificados como classe A.

Neste problema, deseja-se conhecer a probabilidade de que, no máximo, dois lotes sejam classificados como classe A, ou seja, P(X≤2), que corresponde aos valores de x = 0, 1 e 2 de forma acumulada (a soma dessas probabilidades).

Na planilha Worksheet 1, nomeie as colunas C6 e C7 como x2 e P(X<=2), e na coluna C6 (x2), digite os valores de x2 como 0, 1 e 2, em cada linha, Figura 153.

	C1	C2	C3	C4	C5	C6	C7
	n	p	q	x1	P(X=x1)	x2	P(X<=2)
1	5	0,45	0,55	0	0,0503	0	
2						1	
3						2	

Figura 153 – Preparando os dados na planilha para o cálculo da probabilidade binomial para X ≤ 2

Repita os comandos da Figura 150 e ao abrir a caixa Binomial Distribution (distribuição binomial), Figura 154, marque o campo Cumulative Probability (probabilidade acumulada) para calcular as probabilidades de X ≤ 2 e preencha os campos Number of trials (número de provas) com 5, Probability of success (probabilidade de sucesso) com 0,4500, Input column (entrar com a coluna) com os valores de x2, ou seja, C6 (x2) e em Optional storage (opção de armazenar o valor da probabilidade a ser calculada), com C7, dando um duplo clique em C6 e C7. Em seguida, clique em OK.

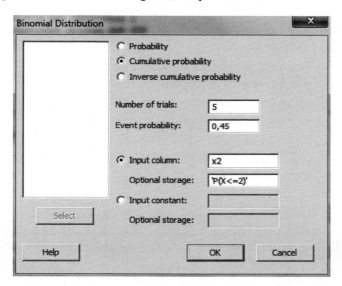

Figura 154 – Inserindo os dados para o cálculo da probabilidade binomial para X ≤ 2

São apresentados na planilha Worksheet 1, na coluna C7, os valores acumulados das probabilidades de 0, 1 e 2 lotes serem classificados como classe A, Figura 155. Assim, a probabilidade de que, no máximo, dois lotes sejam classificados com classe A é de 0,5931.

	C1	C2	C3	C4	C5	C6	C7
	n	p	q	x1	P(X=x1)	x2	P(X<=2)
1	5	0,45	0,55	0	0,0503	0	0,0503
2						1	0,2562
3						2	0,5931

Figura 155 – Cálculo da probabilidade binomial para x2 ≤ 2

5.2.3.3 – Calcule a probabilidade de que exatamente 0, 1, 2, 3, 4 e 5 lotes de fabricação sejam classificados como classe A.

Nesta situação, deseja-se conhecer a probabilidade da situação dos lotes de fabricação classificados como classe A quando se tem P(X=0), P(X=1), ..., P(X=5), ou seja, P(X = x).

Na planilha Worksheet 1, nomeie as colunas C8 e C9 como x e P(X=x), repita os comandos da Figura 150 e ao surgir a caixa Binomial Distribution (distribuição binomial), marque os mesmos campos da Figura 151, mas em Input column (entrar com a coluna), preencha com os valores de x, ou seja, C8 (x) e em Optional storage (armazenagem opcional do valor da probabilidade a ser calculada), com C9, dando um duplo clique em C8 e C9. Em seguida, clique em OK.

Aparecem na planilha Worksheet 1, na coluna C9, os valores das probabilidades de cada valor de x (0, 1, 2, 3, 4 e 5) lotes classificados como classe A, Figura 156.

	C1	C2	C3	C4	C5	C6	C7	C8	C9
	n	p	q	x1	P(X=x1)	x2	P(X<=2)	x	P(X=x)
1	5	0,45	0,55	0	0,0503	0	0,0503	0	0,0503
2						1	0,2562	1	0,2059
3						2	0,5931	2	0,3369
4								3	0,2757
5								4	0,1128
6								5	0,0185

Figura 156 – Cálculo da probabilidade binomial para P(X=x)

5.2.3.4 – Calcule a probabilidade de forma cumulativa para que todos os lotes de fabricação sejam classificados como classe A.

Neste problema, deseja-se conhecer a probabilidade acumulada para que os lotes de fabricação sejam classificados como classe A, ou seja, P(X≤5), o que corresponde aos valores de x3 = 0, 1, 2, 3, 4 e 5, e à soma dessas probabilidades, ou seja, a função distribuição cumulativa.

Na planilha Worksheet 1 nomeie as colunas C10 e C11 como x3 e P(X<=5), e na coluna C10 (x3), digite os valores de x3 como 0, 1, 2, 3, 4 e 5 em cada linha, Figura 157.

CAPÍTULO 5 - DISTRIBUIÇÃO DE PROBABILIDADES / **165**

	C1	C2	C3	C4	C5	C6	C7	C8	C9	C10	C11
	n	p	q	x1	P(X=x1)	x2	P(X<=2)	x	P(X=x)	x3	P(X<=5)
1	5	0,45	0,55	0	0,0503	0	0,0503	0	0,0503	0	
2						1	0,2562	1	0,2059	1	
3						2	0,5931	2	0,3369	2	
4								3	0,2757	3	
5								4	0,1128	4	
6								5	0,0185	5	

Figura 157 – Preparando os dados na planilha para o cálculo
da probabilidade binomial acumulada para x3 ≤ 5

Repita os comandos da Figura 150 e ao surgir a caixa Binomial Distribution (distribuição Binomial), marque os mesmos campos da Figura 154, mas em Input column (entrar com a coluna), preencha com os valores de x3, ou seja, C10 (x3) e em Optional storage (opção de armazenar o valor da probabilidade a ser calculada), com C11, dando um duplo clique em C10 e C11. Em seguida, clique em OK.

São apresentados na planilha Worksheet 1, na coluna C11, os valores das probabilidades acumuladas de cada valor de x3 (0, 1, 2, 3, 4 e 5) lotes classificados como classe A, Figura 158.

	C4	C5	C6	C7	C8	C9	C10	C11
	x1	P(X=x1)	x2	P(X<=2)	x	P(X=x)	x3	P(X<=5)
1	0	0,0503	0	0,0503	0	0,0503	0	0,0503
2			1	0,2562	1	0,2059	1	0,2562
3			2	0,5931	2	0,3369	2	0,5931
4					3	0,2757	3	0,8688
5					4	0,1128	4	0,9815
6					5	0,0185	5	1,0000

Figura 158 – Cálculo da probabilidade binomial para P(X≤5)

Assim, a probabilidade total, ou seja, a soma de todas as probabilidades acumuladas, P(X≤5), é 1,0000. A partir deste cálculo, podem-se obter as probabilidades de P(X≤0) = 0,0503, P(X≤1) = 0,2562, P(X≤2) = 0,5931, P(X≤3) = 0,8688, P(X≤4) = 0,9815 e P(X≤5) = 1,0000.

5.2.3.5 – Calcule a probabilidade de que, pelo menos, um lote de fabricação seja classificado como classe A.

Neste problema, deseja-se conhecer a probabilidade de que, pelo menos, um lote de fabricação seja classificado como classe A, ou seja, P(X≥1), o que corresponde à soma das probabilidades dos valores de x = 1, 2, 3, 4 e 5. Essa probabilidade pode ser calculada da seguinte forma: P(X≥1) = 1 − P(X=0), uma vez que o MINITAB® não faz o cálculo direto de P(X≥1).

Na planilha Worksheet 1, nomeie a coluna C12 como P(X>=1), Figura 159. Uma vez que o MINITAB® não contempla o cálculo dessa probabilidade, deve-se usar a função calculadora do MINITAB® clicando nos comandos Cal > Calculator, como demonstrado no item 3.2.2.1.3, Figura 160, pela Eq. (84).

$$P(X \geq 1) = 1 - P(X = 0) \tag{84}$$

C4	C5	C6	C7	C8	C9	C10	C11	C12
x1	P(X=x1)	x2	P(X<=2)	x	P(X=x)	x3	P(X<=5)	P(X>=1)
0	0,0503	0	0,0503	0	0,0503	0	0,0503	
		1	0,2562	1	0,2059	1	0,2562	
		2	0,5931	2	0,3369	2	0,5931	
				3	0,2757	3	0,8688	
				4	0,1128	4	0,9815	
				5	0,0185	5	1,0000	

Figura 159 – Preparando os dados na planilha para o cálculo da probabilidade Binomial para P(X≥1)

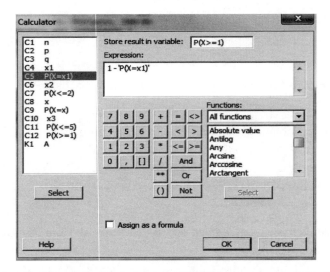

Figura 160 – Calculando a probabilidade binomial para P(X≥1)

CAPÍTULO 5 - DISTRIBUIÇÃO DE PROBABILIDADES / **167**

É apresentado na planilha Worksheet 1, na coluna C12, o valor da probabilidade de P(X≥1) lotes classificados como classe A, Figura 161.

Worksheet 1 ***									
↓	C4	C5	C6	C7	C8	C9	C10	C11	C12
	x1	P(X=x1)	x2	P(X<=2)	x	P(X=x)	x3	P(X<=5)	P(X>=1)
1	0	0,0503	0	0,0503	0	0,0503	0	0,0503	0,9497
2			1	0,2562	1	0,2059	1	0,2562	
3			2	0,5931	2	0,3369	2	0,5931	
4					3	0,2757	3	0,8688	
5					4	0,1128	4	0,9815	
6					5	0,0185	5	1,0000	

Figura 161 – Cálculo da probabilidade binomial para X≥1

5.2.3.6 – Calcule a probabilidade de que exatamente dois lotes de fabricação sejam classificados como classe A.

Como cada valor da probabilidade de x foi calculado no item 5.2.3.3, Figura 156, a probabilidade de x = 2 pode ser verificada na coluna C9, na linha 3, e corresponde a P(X=2) = 0,3369. Pode-se calcular também a probabilidade do valor de x = 2, conforme descrito no item 5.2.3.1.

5.2.3.7 – Represente a distribuição de probabilidade para os cinco lotes de fabricação por meio de tabela.

Nos itens anteriores, os cálculos das probabilidades foram realizados utilizando a fórmula da probabilidade binomial. Neste item, representa-se a distribuição da probabilidade por meio de tabela. A tabela pode ser construída para diversos valores de n, x e p. Para exemplificar a construção dessa tabela, faz-se apenas para um valor de n e p, e os valores de x variando de 0 a 5.

Para abrir uma nova planilha, siga as instruções no item 3.2.2.1.1 usando os comandos File > New. Abre-se uma nova planilha, Worksheet 2. Nomeie as colunas C1 a C4 como n, x, P(X=x) e p, preenchendo os valores de n = 5, x = 0, 1, 2, 3, 4 e 5, e p = 0,4500. Calcule a probabilidade cumulativa, como demonstrado no item 5.2.3.2, Figura 162.

Figura 162 – Cálculo da probabilidade binomial cumulativa para P(X=x)

	C1	C2	C3	C4
	n	x	P(X=x)	p
1	5	0	0,0503	0,4500
2		1	0,2562	
3		2	0,5931	
4		3	0,8688	
5		4	0,9815	
6		5	1,0000	

Transfira os dados para uma planilha do Excel e formate a tabela, nomeando-a como Tabela 8 – Distribuição Binomial cumulativa de lote classe A.

Tabela 8 – Distribuição Binomial cumulativa de lote classe A

n	x	P(X=x)	p
5	0	0,0503	0,4500
	1	0,2562	
	2	0,5931	
	3	0,8688	
	4	0,9815	
	5	1,0000	

5.2.3.8 – Represente a distribuição de probabilidade para os cinco lotes de fabricação por meio de gráfico.

A representação da distribuição de probabilidades utilizando um gráfico pode ser realizada para uma distribuição cumulativa ou não. Faz-se aqui o gráfico para a distribuição de probabilidade. Clique na planilha Worksheet 1. Utilize os comandos Graph > Bar Chart e será aberta a caixa Bar Charts (gráfico de barras), Figura 163. No campo Bars represent (representação das barras), altere para A function of a variable (uma função de uma variável), escolha em One Y (uma variável Y), Simple (simples) e clique em OK.

CAPÍTULO 5 - DISTRIBUIÇÃO DE PROBABILIDADES / **169**

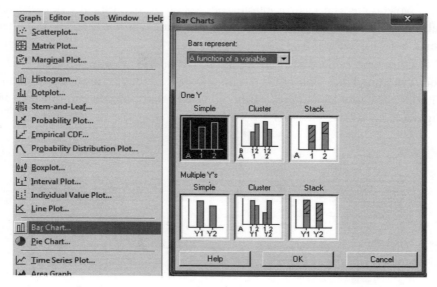

Figura 163 – Escolhendo o gráfico de barras para a distribuição binomial

Será exibida a caixa Bar Chart – A function of a variable One Y, Simple. No campo Function (função), mantenha Mean (média). No campo Graph variables (variáveis do gráfico), escolha a variável para o eixo y, clicando em C9, P(X=x). No campo Categorial variable (variável categórica), escolha a variável para o eixo x, clicando em C8, Figura 164.

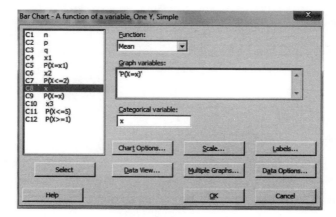

Figura 164 – Preparando o gráfico de barras para a distribuição binomial

Nos botões Bar Chart Options (opções do gráfico de barras), Scale (escala), Multiple Graphs (gráficos múltiplos) e Data Options (opções de dados), deixe o default do MINITAB®.

Clique no botão Labels (rótulos) e será aberta a caixa Bar Chart – Labels. Na guia Titles/Footnotes (títulos/notas de rodapé), preencha o campo Title (título) com Distribuição Binomial de Probabilidades e clique em OK, Figura 165.

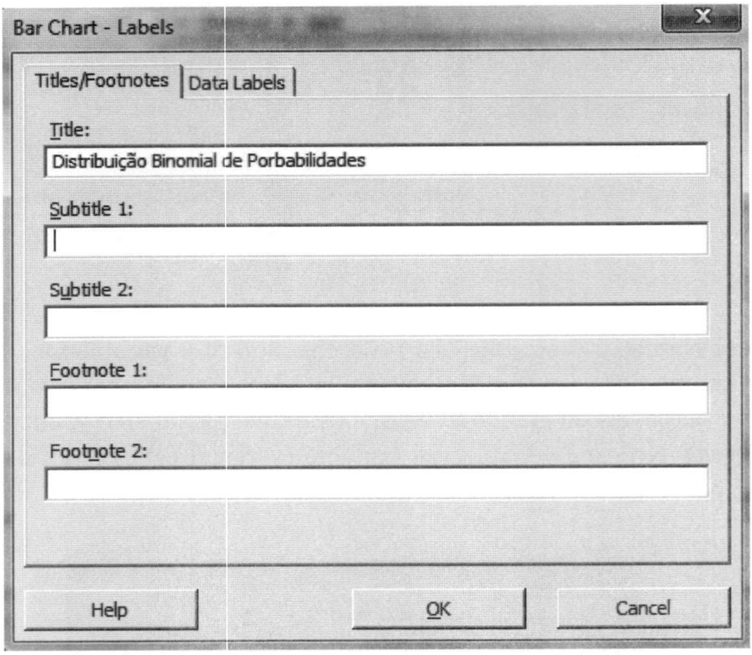

Figura 165 – Nominando o gráfico de barras para a distribuição binomial

Clique no botão Data View (visão dos dados) e será exibida a caixa Bar Chart – Data View. Em Data display (mostrar os dados), marque o campo Project lines (linhas projetadas) e clique em OK. Clique novamente em OK e será mostrado, então, o gráfico de barras, Figura 166.

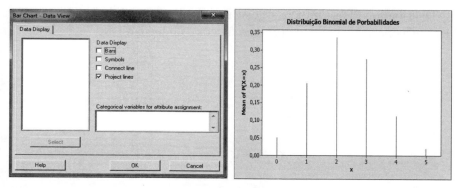

Figura 166 – Ajustes no gráfico de barras da distribuição binomial de probabilidades

Faça os ajustes no gráfico de barras, Figura 166, seguindo as orientações dos itens 3.3.5.4.4 e 3.3.5.4.6. Após os ajustes, o gráfico de barra estará concluído, Gráfico 18.

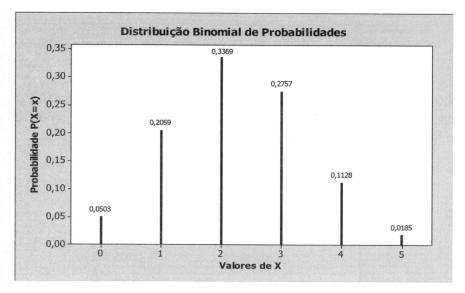

Gráfico 18 – Gráfico de barras da distribuição binomial de probabilidades

Pode-se fazer a representação da distribuição de probabilidades por meio dos parâmetros n e p da distribuição binomial de probabilidades, utilizando os comandos Graph>Probability Distribution Plot e será aberta a caixa Probability Distribution Plots (gráficos de distribuição de probabilidades), Figura 167. Marque a opção View Single (gráfico único) e clique em OK.

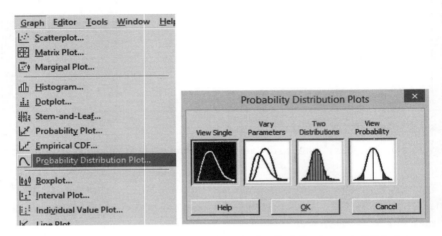

Figura 167 – Selecionando o gráfico de distribuição de probabilidades

Será exibida a caixa Probability Distribution Plots – View Single, Figura 168. No campo Distribution selecione Binomial. No campo Parameter 1 (parâmetro 1) digite o número de provas (n) igual a 5 e no campo Parameter 2 (parâmetro 2) digite a probabilidade de sucesso em n provas (p) igual a 0,4500, esses dados estão disponíveis na Figura 149. Em Options (Opções) deixe no default do MINITAB® e clique em OK.

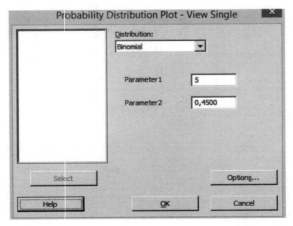

Figura 168 – Introduzindo os parâmetros para a distribuição binomial

CAPÍTULO 5 - DISTRIBUIÇÃO DE PROBABILIDADES / **173**

Faça os ajustes no gráfico, conforme realizado no Gráfico 18, para concluir e obter o gráfico de distribuição binomial, Gráfico 19.

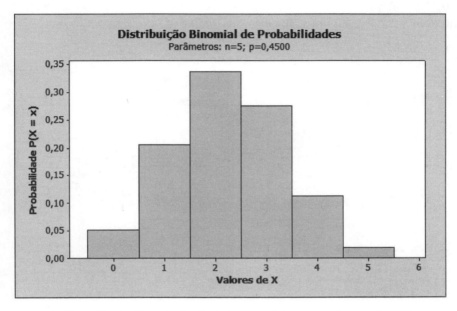

Gráfico 19 - Gráfico de distribuição binomial com n = 5 e p = 0,4500

5.2.3.9 – Calcule a média e o desvio padrão para a distribuição de probabilidades

Na planilha Worksheet 1, nomeie as colunas C13 e C14 como Média e Desvio padrão, Figura 169.

	C6	C7	C8	C9	C10	C11	C12	C13	C14
	x2	P(X<=2)	x	P(X=x)	x3	P(X<=5)	P(X>=1)	Média	Desvio padrão
1	0	0,0503	0	0,0503	0	0,0503	0,9497		
2	1	0,2562	1	0,2059	1	0,2562			
3	2	0,5931	2	0,3369	2	0,5931			
4			3	0,2757	3	0,8688			
5			4	0,1128	4	0,9815			
6			5	0,0185	5	1,0000			

Figura 169 – Preparando os dados na planilha para o cálculo da média e do desvio padrão para a distribuição binomial

Como o MINITAB® não contempla o cálculo da média e do desvio padrão para a distribuição de probabilidade, deve-se usar a função calculadora do MINITAB® clicando nos comandos Cal > Calculator, como demonstrado no item 3.2.2.1.3, Figura 170, pelas Eqs. (82) e (83).

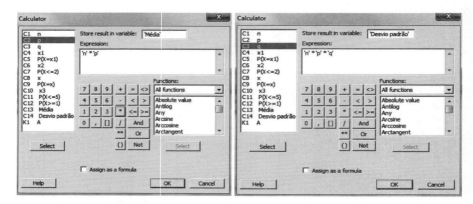

Figura 170 – Calculando a média e o desvio padrão para a distribuição binomial

São mostrados na planilha Worksheet 1, nas colunas C13 e C14, os valores da média e do desvio padrão da distribuição de probabilidades dos lotes classificados como classe A, Figura 171.

	C6	C7	C8	C9	C10	C11	C12	C13	C14
	x2	P(X<=2)	x	P(X=x)	x3	P(X<=5)	P(X>=1)	Média	Desvio padrão
1	0	0,0503	0	0,0503	0	0,0503	0,9497	2,25	1,24
2	1	0,2562	1	0,2059	1	0,2562			
3	2	0,5931	2	0,3369	2	0,5931			
4			3	0,2757	3	0,8688			
5			4	0,1128	4	0,9815			
6			5	0,0185	5	1,0000			

Figura 171 – Cálculo da média do desvio padrão da distribuição de probabilidade

5.3 – Distribuição Discreta de Probabilidades – Distribuição de Poisson

Num experimento binomial, interessa descobrir a probabilidade de sucesso em um dado número de provas. Considere que, em vez disso, queira-se a probabilidade de que um número de ocorrência aconteça dentro de um dado intervalo de tempo ou espaço. Para isso, aplica-se a distribuição de Poisson.

Experimentos que geram valores numéricos da variável aleatória X, o número de resultados que ocorrem durante um dado intervalo de tempo ou em uma região específica são chamados de experimentos de Poisson. O intervalo de tempo dado pode ser um segundo, um minuto, um dia, um mês ou até um ano.

A distribuição de Poisson é uma função de distribuição de probabilidades da variável aleatória X quando se verifica a ocorrência de um evento num intervalo ou período, denominado taxa de ocorrência ou taxa média de ocorrência do evento. Essa distribuição de probabilidade pode ser descrita por X ~ Poisson (x; λ), ou seja, a variável aleatória X tem distribuição de Poisson x; λ.

A distribuição de Poisson tem como características:
- a variável aleatória X está relacionada ao número de ocorrências de um evento em um intervalo;
- a variável aleatória X pode assumir os valores de x = 0, 1, 2, 3, ..., ou seja, pode ser infinita e não enumerável;
- o intervalo pode ser tempo (h), distância (km), área (m^2), volume (cm^3), produção, temporada, colheita etc.;
- o número de provas (n) é fixo;
- as ocorrências são independentes, aleatórias e uniformemente distribuídas sobre o intervalo considerado;
- a probabilidade de o evento ocorrer é a mesma para cada intervalo;
- a probabilidade de mais de um evento ocorrer em um intervalo é zero;
- o parâmetro de uma distribuição de Poisson é a média (λ);
- a variável aleatória X mantém a mesma distribuição de Poisson se o intervalo de tempo é alterado, mas com o valor do parâmetro (λ) ajustado.

A distribuição de Poisson tem aplicações, por exemplo, na definição de probabilidades para o número de pastilhas de freio com defeito em um turno de trabalho, número de máquinas paradas no mês, número de exames laboratoriais errados por semana, número de carros que passam no pedágio por hora, número de parafusos por metro quadrado, número de bactérias por mililitro.

5.3.1 – Cálculo da Probabilidade do Evento Ocorrer x Vezes em um Intervalo

O cálculo da probabilidade de Poisson pode ser efetuado pela Eq. (85).

$$P(X=x) = f(X) = \frac{e^{-\lambda} \cdot \lambda^x}{x!} \tag{85}$$

e → número irracional com valor aproximadamente igual a 2,7182818;
λ → taxa média de ocorrência;
x → número de vezes que o evento ocorreu em um intervalo.

5.3.2 – Cálculo das Medidas Resumo para a Distribuição de Poisson

A taxa média de ocorrência do evento, valor esperado ou esperança matemática pode ser calculada pela Eq. (86).

$$\lambda = \mu = E(X) = n \cdot p \tag{86}$$

O desvio padrão ou a dispersão da distribuição de probabilidade da variável aleatória X em torno da média para a distribuição de Poisson pode ser calculado pela Eq. (87).

$$\sigma = \sqrt{n \cdot p} = \sqrt{\lambda} \tag{87}$$

5.3.3 – Exemplo 10

Em um processo de fabricação de vidros, diariamente, defeitos como bolhas e porosidades ocorrem ocasionalmente, gerando uma peça com defeito que o cliente não aceita. Sabe-se que, em média, 6 de cada 1000 peças de vidro produzidas têm uma ou mais bolhas.

5.3.3.1 – Determine a probabilidade de que em 1000 peças produzidas ocorram 10 peças com bolhas.

Com o MINITAB® aberto, selecione e copie os dados referentes ao enunciado do exemplo 10 e cole na janela Session. Salve para obter o arquivo Exemplo 10, Figura 172, conforme explicado no item 3.2.1.1.1.

CAPÍTULO 5 - DISTRIBUIÇÃO DE PROBABILIDADES / **177**

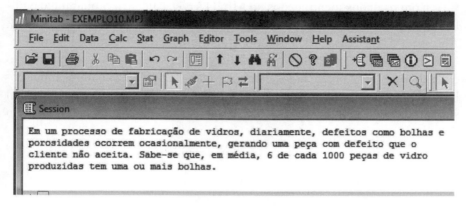

Figura 172 – Exemplo 10

Identifique os elementos do enunciado do problema. Os dados fornecidos no problema caracterizam uma distribuição de Poisson, uma vez que se tem:
- independência entre os intervalos de peças produzidas;
- o número de prova é fixo para qualquer prova;
- a variável aleatória X corresponde ao número de vezes em que ocorre peça com bolha num determinado intervalo;
- a taxa média de ocorrência de peça com bolha é de $\lambda = 6$ peças/1000 peças produzidas.

A partir das informações levantadas e que se deseja conhecer a probabilidade de que ocorram 10 peças com bolhas com uma taxa média de 6 peças em cada 1000 produzidas, ou seja, x = 10 e $\lambda = 6$ peças/1000 peças produzidas, na planilha Worksheet 1, nomeie as colunas C1 a C4 como n1, L1 para representar (λ), x1 para x = 10, P(X=x1). Preencha os valores de n1 = 1000, L1 = 6 e x1 = 10, Figura 173.

	C1	C2	C3	C4	C5
	n1	L1	x1	P(X=x1)	
1	1000	6	10		

Figura 173 – Preenchimento dos dados do exemplo 10

Com os dados identificados no MINITAB®, calcule a probabilidade utilizando os comandos Calc > Probability Distributions > Poisson, Figura 174. Abre-se a caixa Poisson Distribution (distribuição de Poisson), Figura 175. Marque o campo Probability (probabilidade) para calcular apenas probabilidade de x1 = 10 e preencha os campos Mean (taxa média) com 6, Input column (entrar com a coluna) com o valor de x1, ou seja, C3 (x1) e em Optional storage (opção de armazenar o valor da probabilidade a ser calculada), com C4, dando um duplo clique em C3 e C4. Em seguida, clique em OK.

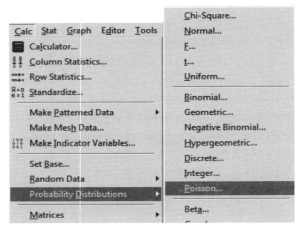

Figura 174 – Selecionando o cálculo da probabilidade de Poisson

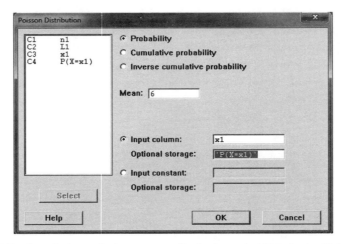

Figura 175 – Inserindo os dados para o cálculo da probabilidade de Poisson para x1 = 10

CAPÍTULO 5 - DISTRIBUIÇÃO DE PROBABILIDADES / **179**

É apresentado na planilha Worksheet 1, na coluna C4, o valor da probabilidade de 0,0413 de que 10 peças com bolhas ocorram em cada 1000 peças produzidas, Figura 176.

	C1	C2	C3	C4	C5
	n1	L1	x1	P(X=x1)	
1	1000	6	10	0,0413	
2					

Figura 176 – Cálculo da probabilidade de Poisson para x1 = 10

5.3.3.2 – Determine a probabilidade de que em 1000 peças produzidas, ocorram, no máximo, 12 peças com bolhas.

Neste problema, deseja-se conhecer a probabilidade de que ocorram, no máximo, 12 peças com bolhas, ou seja, P(X≤12), o que corresponde aos valores de x = 0, 1, 2, ..., 12 de forma acumulada (a soma dessas probabilidades).

Na planilha Worksheet 1, nomeie as colunas C5 e C6 como x2 e P(X<=12), e na coluna C5 (x2), digite os valores de x2 como 0, 1, 2, ..., 12 em cada linha, Figura 177.

	C1	C2	C3	C4	C5	C6
	n1	L1	x1	P(X=x1)	x2	P(X<=12)
6					5	
7					6	
8					7	
9					8	
10					9	
11					10	
12					11	
13					12	

Figura 177 – Preparando os dados na planilha para o cálculo da probabilidade de Poisson para x ≤ 12

Repita os comandos da Figura 174 e ao abrir a caixa Poisson Distribution (distribuição de Poisson), Figura 178, marque o campo Cumulative Probability (probabilidade acumulada) para calcular as probabilidades de x2 ≤ 12. Preencha os campos Mean (taxa média) com 6, Input column (entrar com a coluna) com os valores de x2, ou seja, C5 (x2) e em Optional storage (opção de armazenar o valor da probabilidade a ser calculada), com C6, dando um duplo clique em C5 e C6. Em seguida, clique em OK.

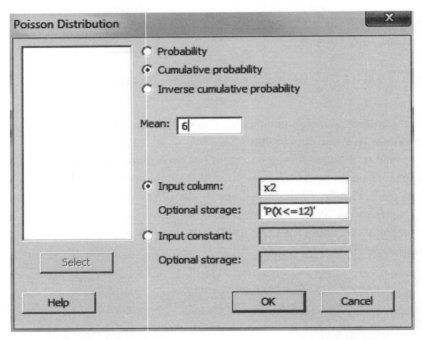

Figura 178 – Inserindo os dados para o cálculo da probabilidade de Poisson para x2≤12

São apresentados na planilha Worksheet 1, na coluna C6, os valores acumulados das probabilidades de 0, 1, 2, ..., 12 peças com bolhas, Figura 179. Assim, a probabilidade de que, no máximo, 12 peças com bolhas ocorram é de 0,9912.

CAPÍTULO 5 - DISTRIBUIÇÃO DE PROBABILIDADES / **181**

Worksheet 1 ***	C1	C2	C3	C4	C5	C6
	n1	L1	x1	P(X=x1)	x2	P(X<=12)
1	1000	6	10	0,0413	0	0,0025
2					1	0,0174
3					2	0,0620
4					3	0,1512
5					4	0,2851
6					5	0,4457
7					6	0,6063
8					7	0,7440
9					8	0,8472
10					9	0,9161
11					10	0,9574
12					11	0,9799
13					12	0,9912

Figura 179 – Cálculo da probabilidade de Poisson para x≤12

5.3.3.3 – Determine a probabilidade de que exatamente 0, 1, 2, 3, 4, 5, 6, 7, 8, 9 e 10 peças apresentem bolhas.

Nesta situação, deseja-se conhecer a probabilidade de ocorrer peças com bolhas em 1000 peças produzidas quando se tem P(X=0), P(X=1), P(X=2), ..., P(X=10), ou seja, P(X = x).

Na planilha Worksheet 1, nomeie as colunas C7 e C8 como x e P(X=x) e repita os comandos da Figura 174. Ao abrir a caixa Poisson Distribution (distribuição de Poisson), marque os mesmos campos da Figura 175, mas em Input column (entrar com a coluna), preencha com os valores de x, ou seja, C7 (x) e em Optional storage (opção de armazenar o valor da probabilidade a ser calculada), com C8, dando um duplo clique em C7 e C8. Em seguida, clique em OK.

São apresentados na planilha Worksheet 1, na coluna C8, os valores das probabilidades de cada valor de x (0, 1, 2, ..., 10) peças com bolhas, Figura 180.

↓	C1	C2	C3	C4	C5	C6	C7	C8
	n1	L1	x1	P(X=x1)	x2	P(X<=12)	x	P(X=x)
1	1000	6	10	0,0413	0	0,0025	0	0,0025
2					1	0,0174	1	0,0149
3					2	0,0620	2	0,0446
4					3	0,1512	3	0,0892
5					4	0,2851	4	0,1339
6					5	0,4457	5	0,1606
7					6	0,6063	6	0,1606
8					7	0,7440	7	0,1377
9					8	0,8472	8	0,1033
10					9	0,9161	9	0,0688
11					10	0,9574	10	0,0413

Figura 180 – Cálculo da probabilidade de Poisson para P(X=x)

5.3.3.4 – Calcule a probabilidade, de forma cumulativa, de que entre 12 e 24 peças em 1000 peças produzidas apresentem bolhas.

Neste problema, deseja-se conhecer a probabilidade de que ocorram peças com bolhas em uma faixa de 12 a 24 peças, ou seja, P(12≤X≤24), o que corresponde aos valores de x = 12, 13, 14, 15, ..., 24 e a soma dessas probabilidades, e não uma função de distribuição cumulativa. A probabilidade de P(12≤X≤24) peças com bolhas é igual à probabilidade de P(X≤24) - P(X≤11) = P(12≤X≤24).

Na planilha Worksheet 1, nomeie as colunas C9 e C10 como x3 e P(X<=11) e na coluna C9 (x3), digite o valor de x3 como 11. Depois, nomeie as colunas C11 e C12 como x4 e P(X<=24), e na coluna C11 (x4), digite o valor de x4 como 24 para, então, nomear a coluna C13 como P(12<=X<=24), Figura 180. Uma vez que o MINITAB® não contempla o cálculo dessa probabilidade, deve-se calcular P(X≤11) e P(X≤24) repetindo os comandos da Figura 174 e, depois, usar a função calculadora do MINITAB® clicando nos comandos Cal > Calculator, como demonstrado no item 3.2.2.1.3, Figura 181, pela Eq. (80) ajustada.

$$P(12 \leq X \leq 24) = P(X \leq 24) - P(X \leq 11) \qquad (80)$$

CAPÍTULO 5 - DISTRIBUIÇÃO DE PROBABILIDADES / **183**

↓	C6	C7	C8	C9	C10	C11	C12	C13
	P(X<=12)	x	P(X=x)	x3	P(X<=11)	x4	P(X<=24)	P(12<=X<=24)
1	0,0025	0	0,0025	11	0,9799	24	1,0000	
2	0,0174	1	0,0149					
3	0,0620	2	0,0446					
4	0,1512	3	0,0892					
5	0,2851	4	0,1339					

Figura 181 – Preparando os dados na planilha para o cálculo da probabilidade de Poisson para P(12≤X≤24)

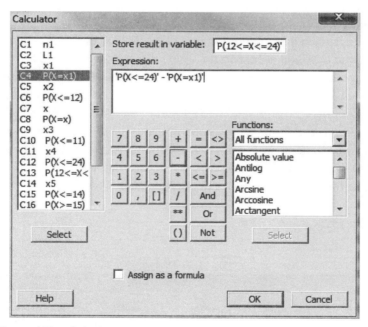

Figura 182 – Calculando a probabilidade de Poisson para P(12≤X≤24)

É mostrado na planilha Worksheet 1, na coluna C13, o valor da probabilidade de haver entre 12 e 24 peças com bolhas, ou seja, P(12≤X≤24) = 0,0201, Figura 183.

	C6	C7	C8	C9	C10	C11	C12	C13
	P(X<=12)	x	P(X=x)	x3	P(X<=11)	x4	P(X<=24)	P(12<=X<=24)
1	0,0025	0	0,0025	11	0,9799	24	1,0000	0,0201
2	0,0174	1	0,0149					
3	0,0620	2	0,0446					
4	0,1512	3	0,0892					

Figura 183 – Cálculo da probabilidade de Poisson para P(12≤X≤24)

5.3.3.5 – Calcule a probabilidade de que em 1000 peças produzidas ocorram pelo menos 15 peças com bolhas.

Neste problema, deseja-se conhecer a probabilidade de que, pelo menos, 15 peças com bolhas ocorram, ou seja, P(X≥15), o que corresponde à soma das probabilidades dos valores de x = 15, 16, 17, ..., 1000. Essa probabilidade pode ser calculada da seguinte forma: P(X≥15) = 1 – P(X<15) = 1 – P(X≤14), uma vez que o MINITAB® não faz o cálculo direto de P(X≥15).

Na planilha Worksheet 1, nomeie as colunas C14 e C15 como x5 e P(X<=14) e digite na coluna C14 (x5) o valor de x5 como 14 para, depois, nomear a coluna C16 como P(X≥15), Figura 184. Uma vez que o MINITAB® não contempla o cálculo dessa probabilidade, deve-se calcular P(X≤14) repetindo os comandos da Figura 174 e, depois, usar a função calculadora do MINITAB® clicando nos comandos Cal > Calculator, como demonstrado no item 3.2.2.1.3, Figura 185, pela Eq. (84) ajustada.

$$P(X \geq 15) = 1 - P(X \leq 14) \tag{84}$$

	C6	C7	C8	C9	C10	C11	C12	C13	C14	C15	C16
	P(X<=12)	x	P(X=x)	x3	P(X<=11)	x4	P(X<=24)	P(12<=X<=24)	x5	P(X<=14)	P(X>=15)
1	0,0025	0	0,0025	11	0,9799	24	1,0000	0,0201	14	0,9986	
2	0,0174	1	0,0149								
3	0,0620	2	0,0446								

Figura 184 – Preparando os dados na planilha para o cálculo da probabilidade de Poisson para P(X≥15)

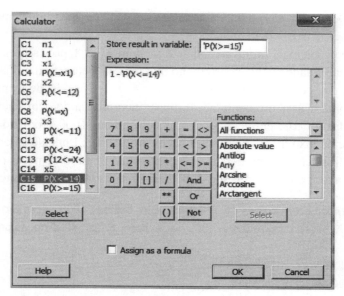

Figura 185 – Calculando a probabilidade de Poisson para x≥15

É mostrado na planilha Worksheet 1, na coluna C16, o valor da probabilidade de P(X≥15) = 0,0014 peças com bolhas, Figura 186.

↓	C6	C7	C8	C9	C10	C11	C12	C13	C14	C15	C16
	P(X<=12)	x	P(X=x)	x3	P(X<=11)	x4	P(X<=24)	P(12<=X<=24)	x5	P(X<=14)	P(X>=15)
1	0,0025	0	0,0025	11	0,9799	24	1,0000	0,0201	14	0,9986	0,0014
2	0,0174	1	0,0149								
3	0,0620	2	0,0446								

Figura 186 – Cálculo da probabilidade de Poisson para P(X≥15)

5.3.3.6 – Calcule a probabilidade de que exatamente em quatro peças ocorram bolhas após terem sido produzidas 1000 peças.

Como cada valor da probabilidade de x foi calculado no item 5.3.3.3, Figura 180, a probabilidade de x = 4 pode ser verificada na coluna C8, na linha 5, e corresponde a P(X=4) = 0,1339. Pode-se calcular também a probabilidade do valor de x = 4, conforme descrito no item 5.3.3.1.

5.3.3.7 – Determine a probabilidade de que em 4000 peças produzidas ocorram, no máximo, 12 peças com bolhas.

Este problema é muito semelhante ao item 5.3.3.2, pois se deseja conhecer a probabilidade de que ocorram, no máximo, 12 peças com bolhas, ou seja, P(X≤12), que corresponde aos valores de x = 0, 1, 2, ..., 12 de forma acumulada (a soma dessas probabilidades), mas a taxa média de ocorrência mudou. Antes, a taxa média era de λ = 6 peças com bolhas/1000 produzidas. Agora, precisa-se da taxa média para 4000 peças produzidas. Pode-se calcular a taxa média multiplicando o numerador e o denominador por 4000 peças produzidas e conservando, no denominador, 4000 peças produzidas, da seguinte forma:

$$\lambda = \frac{6 \text{ peças com bolhas}}{1000 \text{ peças produzidas}} = \frac{6 \text{ peças com bolhas} \cdot 4000 \text{ peças produzidas}}{1000 \text{ peças produzidas} \cdot 4000 \text{ peças produzidas}}$$

$$\lambda = \frac{24 \text{ peças com bolhas}}{4000 \text{ peças produzidas}}$$

Na planilha Worksheet 1, nomeie as colunas C17 e C18 como x6 e P(x<=12)*, e na coluna C17 (x6), digite os valores de x como 0, 1, 2, ..., 12 em cada linha, Figura 187.

	C12	C13	C14	C15	C16	C17	C18
	P(X<=24)	P(12<=X<=24)	x5	P(X<=14)	P(X>=15)	x6	P(X<=12)*
1	1,0000	0,0201	14	0,9986	0,0014	0	
2						1	
3						2	
4						3	
5						4	
6						5	
7						6	

Figura 187 – Preparando os dados na planilha para o cálculo da probabilidade de Poisson para P(X≤12) com λ = 24 peças com bolhas/4000 produzidas

Repita os comandos da Figura 174 e ao abrir a caixa Poisson Distribution (distribuição de Poisson), Figura 188, marque o campo Cumulative Probability (probabilidade acumulada) para calcular as probabilidades de P(X≤12). Preencha os campos Mean (taxa média) com 24, Input (entrar com a coluna) com os valores de x6, ou seja, C17 (x6) e em Optional storage (opção de armazenar o valor da probabilidade a ser calculada), com C18 dando um duplo clique em C17 e C18. Em seguida, clique em OK, Figura 188.

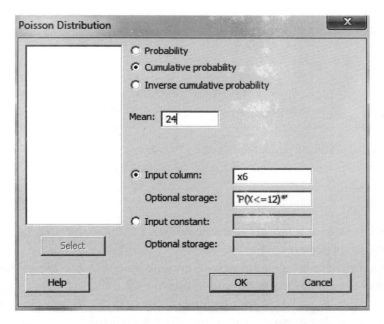

Figura 188 – Inserindo os dados para o cálculo da probabilidade de Poisson para P(X≤12) com λ = 24 peças com bolhas/4000 produzidas

São mostrados na planilha Worksheet 1, na coluna C18, os valores acumulados das probabilidades de 0, 1, 2, ..., 12 peças com bolhas, Figura 189. Assim, a probabilidade de que, no máximo, 12 peças com bolhas ocorram é de 0,0054.

↓	C12	C13	C14	C15	C16	C17	C18
	P(X<=24)	P(12<=X<=24)	x5	P(X<=14)	P(X>=15)	x6	P(X<=12)*
1	1,0000	0,0201	14	0,9986	0,0014	0	0,0000
2						1	0,0000
3						2	0,0000
4						3	0,0000
5						4	0,0000
6						5	0,0000
7						6	0,0000
8						7	0,0000
9						8	0,0002
10						9	0,0004
11						10	0,0011
12						11	0,0025
13						12	0,0054

Figura 189 – Cálculo da probabilidade de Poisson para P(X≤12) com λ = 24 peças com bolhas/4000 produzidas

5.3.3.8 – Determine a probabilidade de que em 2000 peças produzidas ocorram exatamente 10 peças com bolhas.

Este problema é muito semelhante ao item 5.3.3.1, pois, deseja-se conhecer a probabilidade de que ocorram exatamente 10 peças com bolhas, ou seja, P(X=10), mas a taxa média de ocorrência mudou. Como no item 5.3.3.7, é preciso refazer o cálculo da taxa média para 2000 peças produzidas.

$$\lambda = \frac{6 \text{ peças com bolhas}}{1000 \text{ peças produzidas}} = \frac{6 \text{ peças com bolhas} \cdot 2000 \text{ peças produzidas}}{1000 \text{ peças produzidas} \cdot 2000 \text{ peças produzidas}}$$

$$\lambda = \frac{12 \text{ peças com bolhas}}{2000 \text{ peças produzidas}}$$

Na planilha Worksheet 1, nomeie as colunas C19 e C20 como x7 e P(X=10)*, e na coluna C17 (x7), digite os valores de X7 como 10, Figura 190.

C12	C13	C14	C15	C16	C17	C18	C19	C20
P(X<=24)	P(12<=X<=24)	x5	P(X<=14)	P(X>=15)	x6	P(X<=12)*	x7	P(X=10)*
1,0000	0,0201	14	0,9986	0,0014	0	0,0000	10	
					1	0,0000		
					2	0,0000		
					3	0,0000		

Figura 190 – Preparando os dados na planilha para o cálculo da probabilidade de Poisson para P(X=10) com λ = 12 peças com bolhas/2000 produzidas

Repita os comandos da Figura 174 e ao abrir a caixa Poisson Distribution (distribuição de Poisson), Figura 191, marque o campo Probability (probabilidade) para calcular as probabilidades de x = 12. Preencha os campos Mean (taxa média) com 12, Input column (entrar com a coluna) com o valor de x7, ou seja, C19 (x7) e em Optional storage (opção de armazenar o valor da probabilidade a ser calculada), com C20 dando um duplo clique em C19 e C20. Em seguida, clique em OK. Figura 191.

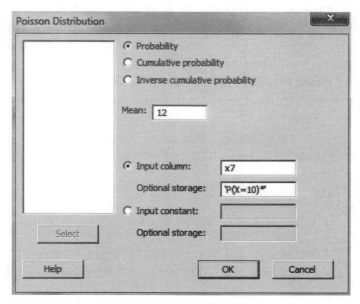

Figura 191 – Inserindo os dados para o cálculo da probabilidade de Poisson para P(X=10) com λ = 12 peças com bolhas/2000 produzidas

É apresentado na planilha Worksheet 1, na coluna C20, o valor da probabilidade de haver exatamente 10 peças com bolhas, Figura 192. Assim, a probabilidade de que ocorram exatamente 10 peças com bolhas é de 0,1048.

	C12	C13	C14	C15	C16	C17	C18	C19	C20
	P(X<=24)	P(12<=X<=24)	x5	P(X<=14)	P(X>=15)	x6	P(X<=12)*	x7	P(X=10)*
1	1,0000	0,0201	14	0,9986	0,0014	0	0,0000	10	0,1048
2						1	0,0000		
3						2	0,0000		

Figura 192 – Cálculo da probabilidade de Poisson para P(X=10) com λ = 12 peças com bolhas/2000 produzidas

5.3.3.9 – Represente a distribuição de probabilidade para até 12 peças com bolhas em 500 peças produzidas por meio de tabela.

Nos itens anteriores, os cálculos das probabilidades foram realizados utilizando a fórmula da probabilidade de Poisson. Neste item, representa-se a distribuição da probabilidade por meio de tabela. A tabela pode ser construída para diversos valores de x e λ. Para exemplificar a construção dessa tabela, faz-se apenas para um λ e os valores de x variando de 0 a 12.

Como a quantidade de peças produzida é diferente de todos os itens anteriores, deve-se calcular o valor da taxa média de ocorrência da seguinte forma:

$$\lambda = \frac{6 \text{ peças com bolhas}}{1000 \text{ peças produzidas}} = \frac{6 \text{ peças com bolhas} \cdot 500 \text{ peças produzidas}}{1000 \text{ peças produzidas} \cdot 500 \text{ peças produzidas}}$$

$$\lambda = \frac{3 \text{ peças com bolhas}}{500 \text{ peças produzidas}}$$

Para abrir uma nova planilha, siga as instruções contidas no item 3.2.2.1.1 usando os comandos File > New. Abre-se uma nova planilha, Worksheet 2. Nomeie as colunas C1 a C3 como λ (L), x e P(X=x), preenchendo os valores de λ = 3, x = 0, 1, 2, ..., 12. Calcule a probabilidade cumulativa, conforme demonstrado no item 5.3.3.2, Figura 193.

Worksheet 2 ***		
	C1	C2	C3
	L	x	P(X=x)
1	3	0	0,0498
2		1	0,1991
3		2	0,4232
4		3	0,6472
5		4	0,8153
6		5	0,9161
7		6	0,9665
8		7	0,9881
9		8	0,9962
10		9	0,9989
11		10	0,9997
12		11	0,9999
13		12	1,0000

Figura 193 – Cálculo da probabilidade de Poisson cumulativa para P(X=x)

Transfira os dados para uma planilha do Excel e formate a tabela, nomeando-a como Tabela 9 – Distribuição de Poisson cumulativa de peças com bolhas.

Tabela 9 – Distribuição de Poisson cumulativa de peças com bolhas

λ	x	P(X=x)
3	0	0,0498
	1	0,1991
	2	0,4232
	3	0,6472
	4	0,8153
	5	0,9161
	6	0,9665
	7	0,9881
	8	0,9962
	9	0,9989
	10	0,9997
	11	0,9999
	12	1,0000

5.3.3.10 – Represente a distribuição de probabilidade para as 20 peças com bolhas em 1000 peças produzidas por meio de gráfico.

A representação da distribuição de probabilidades utilizando um gráfico pode ser realizada para uma distribuição cumulativa ou não. Faz-se aqui o gráfico para a distribuição de probabilidade. Clique na planilha Worksheet 2 e siga as orientações do item 5.3.3.3 para calcular as probabilidades de Poisson não acumuladas de 0 a 20 peças com bolhas para a taxa média de 6 peças com bolhas/1000 produzidas e represente nas colunas C4 e C5, Figura 194.

	C1 L	C2 x	C3 P(X=x)	C4 x8	C5 P(X=x8)
1	3	0	0,0498	0	0,0025
2		1	0,1991	1	0,0149
3		2	0,4232	2	0,0446
4		3	0,6472	3	0,0892
5		4	0,8153	4	0,1339
6		5	0,9161	5	0,1606
7		6	0,9665	6	0,1606
8		7	0,9881	7	0,1377
9		8	0,9962	8	0,1033
10		9	0,9989	9	0,0688
11		10	0,9997	10	0,0413
12		11	0,9999	11	0,0225
13		12	1,0000	12	0,0113
14				13	0,0052
15				14	0,0022
16				15	0,0009
17				16	0,0003
18				17	0,0001
19				18	0,0000
20				19	0,0000
21				20	0,0000

Figura 194 – Cálculo da distribuição de Poisson de probabilidades para as 20 peças com bolhas

Utilize os comandos Graph > Bar Chart e será exibida a caixa Bar Charts (gráficos de barras), Figura 195. No campo Bars represent (representação das barras), altere para A function of a variable (uma função de uma variável) e escolha em One Y (uma variável Y), Simple (simples) e clique em OK.

CAPÍTULO 5 - DISTRIBUIÇÃO DE PROBABILIDADES / **193**

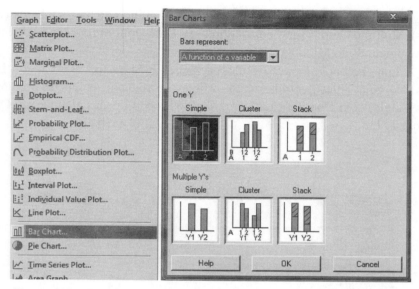

Figura 195 – Escolhendo o gráfico de barras para a distribuição de Poisson

Será aberta a caixa Bar Chart – A function of a variable One Y, Simple (gráfico de barras – uma função de uma variável Y, simples). No campo Function (função), mantenha Mean (média). No campo Graph variables (variáveis do gráfico), escolha a variável para o eixo y clicando em C5, P(X=x8). No campo Categorical variable (variável categórica), escolha a variável para o eixo x clicando em C4, Figura 196.

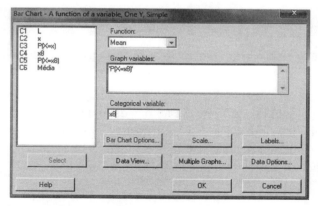

Figura 196 – Preparando o gráfico de barras para a distribuição de Poisson

Nos botões Bar Chart Options (opções do gráfico de barras), Scale (escala), Multiple Graphs (gráficos múltiplos) e Data Options (opções de dados), deixe o default do MINITAB®.

Clique no botão Labels (rótulos) e será exibida a caixa Bar Chart – Labels. Na guia Titles/Footnotes (títulos/notas de rodapé), preencha o campo Title (título) com Distribuição de Poisson de Probabilidades e clique em OK, Figura 197.

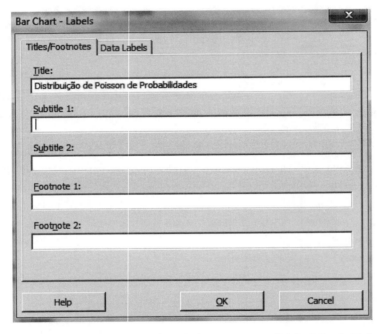

Figura 197 – Nominando o gráfico de barras para a distribuição de Poisson

Clique no botão Data View (visão dos dados) e será aberta a caixa Bar Chart – Data View. Em Data display (mostrar os dados), marque o campo Project lines (linhas projetadas) e clique em OK. Clique novamente em OK e, então, o gráfico de barras será mostrado, Figura 198.

CAPÍTULO 5 - DISTRIBUIÇÃO DE PROBABILIDADES / **195**

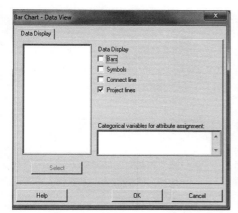 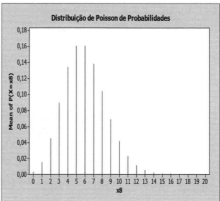

Figura 198 – Ajustes no gráfico de barras da distribuição de Poisson de probabilidades

Faça os ajustes no gráfico de barras, Figura 196, seguindo as orientações dos itens 3.3.5.4.4 e 3.3.5.4.6. Após os ajustes, o gráfico de barra estará concluído, Gráfico 20.

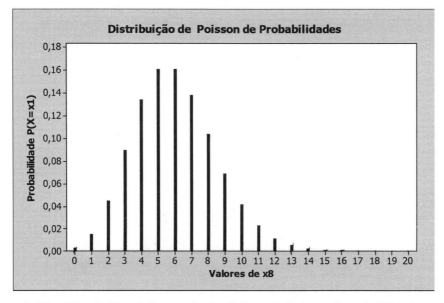

Gráfico 20 – Gráfico de barras da distribuição de Poisson de probabilidades

5.3.3.11 – Calcule a média e o desvio padrão para a distribuição de probabilidades do item 5.3.3.1.

Na planilha Worksheet 2, nomeie as colunas C6 e C7 como Média e Desvio padrão, Figura 199. O valor da média é a taxa média e foi fornecida no enunciado do problema λ = 6,00 peças com bolhas/1000 produzidas.

↓	C1	C2	C3	C4	C5	C6	C7
	L	x	P(X=x)	x8	P(X=x8)	Média	Desvio-Padrão
1	3	0	0,0498	0	0,0025	6,00	
2		1	0,1991	1	0,0149		
3		2	0,4232	2	0,0446		
4		3	0,6472	3	0,0892		
5		4	0,8153	4	0,1339		

Figura 199 – Preparando os dados na planilha para o cálculo do desvio padrão para a distribuição de Poisson

Como o MINITAB® não contempla o cálculo do desvio padrão para a distribuição de probabilidade, deve-se usar a função calculadora do MINITAB® clicando nos comandos Cal > Calculator, como demonstrado no item 3.2.2.1.3, Figura 200, pela Eq. (87).

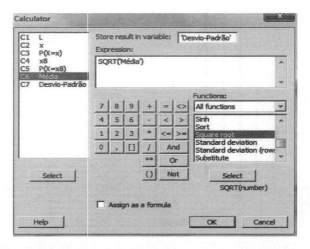

Figura 200 – Calculando o desvio padrão para a distribuição de Poisson

É mostrado na planilha Worksheet 2, na coluna C7, o valor do desvio padrão da distribuição de probabilidades para Poisson das peças com bolhas, Figura 201.

	C1	C2	C3	C4	C5	C6	C7
	L	x	P(X=x)	x8	P(X=x8)	Média	Desvio-Padrão
1	3	0	0,0498	0	0,0025	6,00	2,45
2		1	0,1991	1	0,0149		
3		2	0,4232	2	0,0446		
4		3	0,6472	3	0,0892		

Figura 201 – Cálculo do desvio padrão para a distribuição de Poisson

5.4 – Distribuição Contínua de Probabilidades – Distribuição Normal

Nos dois itens anteriores, descreveu-se a distribuição de probabilidades para uma variável aleatória quantitativa discreta. Neste item, descreve-se a distribuição de probabilidades para uma variável aleatória quantitativa contínua. Uma variável aleatória contínua pode assumir qualquer valor dentro de um intervalo.

A escolha por estudar apenas a distribuição normal de probabilidade para as variáveis aleatórias quantitativas contínuas deve-se a essa distribuição contínua de probabilidade ser o modelo mais utilizado na estatística. Quando um experimento aleatório é repetido por um número grande de vezes, a variável aleatória tende a ter uma distribuição normal.

O estudo da distribuição normal de probabilidade iniciou-se com Abraham De Moivre por volta de 1733, pelo Teorema Central do Limite, que será descrito no próximo capítulo, e em torno de 1830, com Johann Carl Friedrich Gauss, que desenvolveu a distribuição normal também conhecida por curva normal, curva gaussiana ou simplesmente curva de Gauss.

Com esse modelo de distribuição de probabilidade, podem-se descrever diversos fenômenos que ocorrem na indústria, meteorologia, Medicina, negócios, pesquisas e natureza, como, por exemplo, a velocidade de um processamento, dureza de um material, resistência de uma peça, durabilidade de um item, pressão sanguínea de uma pessoa, avaliação do desempenho de um processo.

A distribuição normal é uma função da distribuição de probabilidades da variável aleatória X que depende de dois parâmetros: média da população (μ) e o desvio padrão (σ), e pode ser descrita por X ~ N (x; μ, σ), ou seja, a variável aleatória X tem distribuição normal x; μ, σ.

A distribuição normal tem como características:
- a probabilidade da variável aleatória X está associada a intervalos ou regiões de medição devido à variabilidade das medidas;
- a variável aleatória X é infinita e incontável, ou seja, os valores que a variável aleatória X pode assumir podem ser pensados como um continuum;
- o histograma é uma aproximação da função densidade de probabilidade e é substituído por uma curva contínua, Gráfico 21;

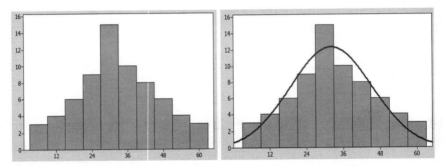

Gráfico 21 – Histograma e curva contínua normal

- a área total sob a curva normal é igual a 1, ou seja, a sua probabilidade de ocorrência, P(X) = 1, Gráfico 22;

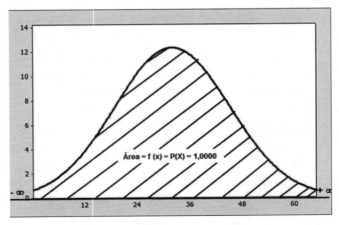

Gráfico 22 – Área sob a curva normal

- a curva normal tem forma de sino, é simétrica em relação ao eixo vertical que corresponde à média μ e assintótica (- ∞, + ∞) em relação ao eixo horizontal, Gráfico 23;

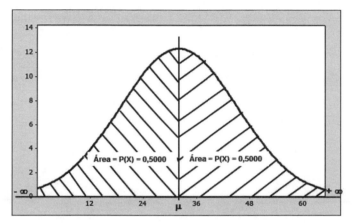

Gráfico 23 – A curva normal é simétrica e assintótica

- a área entre dois pontos da curva normal é a probabilidade da variável aleatória X ocorrer neste intervalo, Gráfico 24;

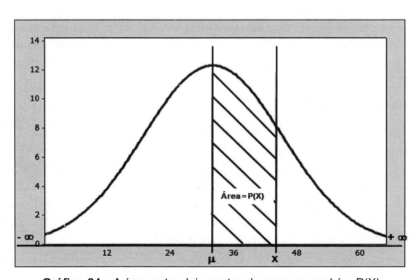

Gráfico 24 – A área entre dois pontos da curva normal é a P(X)

- a distribuição normal é uma família de curvas em função da média e do desvio padrão, Gráfico 25;

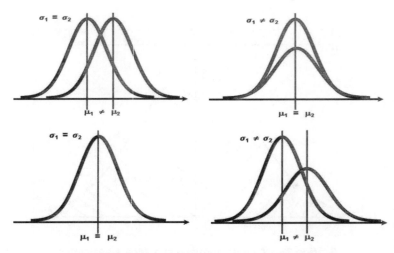

Gráfico 25 – Família de curvas normais

- a média μ determina a posição (localização) da linha de simetria da curva normal;
- a moda ocorre em $x = \mu$ e é o ponto máximo da curva normal;
- a probabilidade de a variável aleatória X ocorrer dentro de um determinado intervalo é em função do número do desvio padrão entre a média e o valor de x, Gráfico 26;

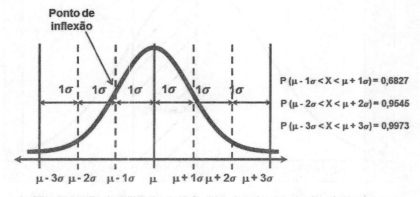

Gráfico 26 – Probabilidades em função do número do desvio padrão

- os pontos da curva normal, onde a curva muda de crescente para decrescente, são denominados de pontos de inflexão e correspondem, por exemplo, às posições de $\mu - 1\sigma$ e $\mu + 1\sigma$, Gráfico 26;
- para um mesmo intervalo, quanto maior o valor de σ entre a média e o valor de x, maior é o valor do desvio padrão, ou seja, maior é a dispersão dos valores de x em torno da média e menor a probabilidade, Gráfico 27;
- para um mesmo intervalo, quanto maior o número de σ entre a média e o valor de x, ou seja, a quantidade de σ, menor é o valor do desvio padrão, isto é, menor é a dispersão dos valores de x em torno da média e maior a probabilidade, Gráfico 27.

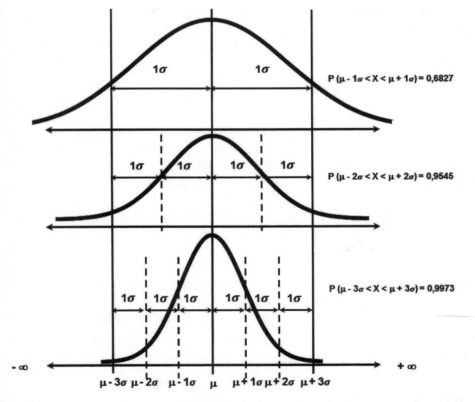

Gráfico 27 – Probabilidades em função do valor do desvio padrão para um mesmo intervalo

5.4.1 – Cálculo da Probabilidade para as Funções Densidades de Probabilidade Normal

As funções densidades de probabilidade normal (curva normal) apresentam curvas características simétricas, em forma de sino, mas com centros (médias) e dispersões (desvio padrão) diferentes e podem ser calculadas pela Eq. (88).

$$P(X=x)=f(x)=\frac{1}{\sigma.\sqrt{2\pi}}.e^{\frac{-(x-\mu)^2}{2.\sigma^2}} \qquad (88)$$

$\pi \rightarrow$ número irracional com valor aproximadamente igual a 3,1415927;
$\sigma \rightarrow$ desvio padrão da distribuição normal;
$e \rightarrow$ número irracional com valor aproximadamente igual a 2,7182818;
$x \rightarrow$ valor que a variável aleatória contínua pode assumir;
$\mu \rightarrow$ média da distribuição normal.

A distribuição normal é uma variável aleatória normal, com parâmetros μ, em que $-\infty < \mu < +\infty$ e $\sigma > 0$.

Em função da complexidade da Eq. (88), foi desenvolvida uma forma de determinar a probabilidade de uma distribuição contínua normal, convertendo a escala x pela escala Z, denominada escore Z.

5.4.1.1 – Distribuição Normal Padronizada

Com a mudança da escala x para Z, a distribuição normal passa a ser denominada distribuição de probabilidade normal padronizada com média (μ) zero e desvio padrão (σ) 1. Pode-se obter qualquer área (probabilidade) sob a curva normal padronizada pela Eq. (89).

$$Z = \frac{x-\mu}{\sigma} \qquad (89)$$

$Z \rightarrow$ número de desvio padrão σ a contar da média μ, escore Z;
$x \rightarrow$ valor que a variável aleatória contínua pode assumir;
$\mu \rightarrow$ média da distribuição normal;
$\sigma \rightarrow$ desvio padrão da população da distribuição normal.

Embora o escore Z possa ser negativo, a área sob a curva, ou seja, a probabilidade correspondente a essa área, não pode ser negativa.

5.4.1.2 – Tabela da Distribuição Normal Padronizada

Com a transformação da escala x em Z, pode-se determinar a probabilidade da variável aleatória x ocorrer dentro de um determinado intervalo entre μ (0) e o valor de x convertido em Z pela Eq. (89) e Tabela 10. Essa tabela representa um lado da curva normal, ou seja, de μ a + ∞ para os valores positivos de Z. Pode-se usar a tabela também de μ a - ∞ para os valores negativos de Z; basta considerar os valores da tabela como negativos.

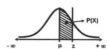

Tabela 10 – Distribuição Normal Padronizada

Z	0,00	0,01	0,02	0,03	0,04	0,05	0,06	0,07	0,08	0,09
0,0	0,0000	0,0040	0,0080	0,0120	0,0160	0,0199	0,0239	0,0279	0,0319	0,0359
0,1	0,0398	0,0438	0,0478	0,0517	0,0557	0,0596	0,0636	0,0675	0,0714	0,0753
0,2	0,0793	0,0832	0,0871	0,0910	0,0948	0,0987	0,1026	0,1064	0,1103	0,1141
0,3	0,1179	0,1217	0,1255	0,1293	0,1331	0,1368	0,1406	0,1443	0,1480	0,1517
0,4	0,1554	0,1591	0,1628	0,1664	0,1700	0,1736	0,1772	0,1808	0,1844	0,1879
0,5	0,1915	0,1950	0,1985	0,2019	0,2054	0,2088	0,2123	0,2157	0,2190	0,2224
0,6	0,2257	0,2291	0,2324	0,2357	0,2389	0,2422	0,2454	0,2486	0,2517	0,2549
0,7	0,2580	0,2611	0,2642	0,2673	0,2704	0,2734	0,2764	0,2794	0,2823	0,2852
0,8	0,2881	0,2910	0,2939	0,2967	0,2995	0,3023	0,3051	0,3078	0,3106	0,3133
0,9	0,3159	0,3186	0,3212	0,3238	0,3264	0,3289	0,3315	0,3340	0,3365	0,3389
1,0	0,3413	0,3438	0,3461	0,3485	0,3508	0,3531	0,3554	0,3577	0,3599	0,3621
1,1	0,3643	0,3665	0,3686	0,3708	0,3729	0,3749	0,3770	0,3790	0,3810	0,3830
1,2	0,3849	0,3869	0,3888	0,3907	0,3925	0,3944	0,3962	0,3980	0,3997	0,4015
1,3	0,4032	0,4049	0,4066	0,4082	0,4099	0,4115	0,4131	0,4147	0,4162	0,4177
1,4	0,4192	0,4207	0,4222	0,4236	0,4251	0,4265	0,4279	0,4292	0,4306	0,4319
1,5	0,4332	0,4345	0,4357	0,4370	0,4382	0,4394	0,4406	0,4418	0,4429	0,4441
1,6	0,4452	0,4463	0,4474	0,4484	0,4495	0,4505	0,4515	0,4525	0,4535	0,4545
1,7	0,4554	0,4564	0,4573	0,4582	0,4591	0,4599	0,4608	0,4616	0,4625	0,4633
1,8	0,4641	0,4649	0,4656	0,4664	0,4671	0,4678	0,4686	0,4693	0,4699	0,4706
1,9	0,4713	0,4719	0,4726	0,4732	0,4738	0,4744	0,4750	0,4756	0,4761	0,4767
2,0	0,4772	0,4778	0,4783	0,4788	0,4793	0,4798	0,4803	0,4808	0,4812	0,4817
2,1	0,4821	0,4826	0,4830	0,4834	0,4838	0,4842	0,4846	0,4850	0,4854	0,4857
2,2	0,4861	0,4864	0,4868	0,4871	0,4875	0,4878	0,4881	0,4884	0,4887	0,4890
2,3	0,4893	0,4896	0,4898	0,4901	0,4904	0,4906	0,4909	0,4911	0,4913	0,4916
2,4	0,4918	0,4920	0,4922	0,4925	0,4927	0,4929	0,4931	0,4932	0,4934	0,4936
2,5	0,4938	0,4940	0,4941	0,4943	0,4945	0,4946	0,4948	0,4949	0,4951	0,4952
2,6	0,4953	0,4955	0,4956	0,4957	0,4959	0,4960	0,4961	0,4962	0,4963	0,4964
2,7	0,4965	0,4966	0,4967	0,4968	0,4969	0,4970	0,4971	0,4972	0,4973	0,4974
2,8	0,4974	0,4975	0,4976	0,4977	0,4977	0,4978	0,4979	0,4979	0,4980	0,4981
2,9	0,4981	0,4982	0,4982	0,4983	0,4984	0,4984	0,4985	0,4985	0,4986	0,4986
3,0	0,4987	0,4987	0,4987	0,4988	0,4988	0,4989	0,4989	0,4989	0,4990	0,4990
3,1	0,4990	0,4991	0,4991	0,4991	0,4992	0,4992	0,4992	0,4992	0,4993	0,4993
3,2	0,4993	0,4993	0,4994	0,4994	0,4994	0,4994	0,4994	0,4995	0,4995	0,4995
3,3	0,4995	0,4995	0,4995	0,4996	0,4996	0,4996	0,4996	0,4996	0,4996	0,4997
3,4	0,4997	0,4997	0,4997	0,4997	0,4997	0,4997	0,4997	0,4997	0,4997	0,4998
3,5	0,4998	0,4998	0,4998	0,4998	0,4998	0,4998	0,4998	0,4998	0,4998	0,4998
3,6	0,4998	0,4998	0,4999	0,4999	0,4999	0,4999	0,4999	0,4999	0,4999	0,4999
3,7	0,4999	0,4999	0,4999	0,4999	0,4999	0,4999	0,4999	0,4999	0,4999	0,4999
3,8	0,4999	0,4999	0,4999	0,4999	0,4999	0,4999	0,4999	0,4999	0,4999	0,4999
3,9	0,5000	0,5000	0,5000	0,5000	0,5000	0,5000	0,5000	0,5000	0,5000	0,5000

Com o objetivo de facilitar o entendimento do cálculo da distribuição normal padronizada, aplicando a Eq. (89) e a Tabela 10, considere as seguintes situações:

a) Calcule Z e a probabilidade para uma distribuição com N (38,0; 1,8), sabendo que $38,0 \leq x \leq 41,5$.

Fazendo a representação gráfica dessa situação, Gráfico 28, tem-se:

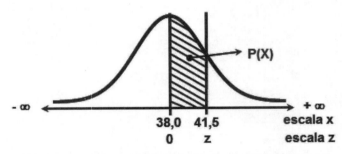

Gráfico 28 – Probabilidades de P(X=x) para $38,0 \leq x \leq 41,5$

$$Z_{41,5} = \frac{41,5 - 38,0}{1,8} = 1,94$$

Esse valor de Z corresponde ao intervalo de 38,0 a 41,5. Para obter o valor da probabilidade na Tabela 10, para Z = 1,94, deve-se ler a tabela da seguinte forma:
- Na primeira coluna da Tabela 10, coluna denominada Z, têm-se os valores para Z inteiro e décimo, neste exemplo, 1,9, Figura 202.
- Na primeira linha da Tabela 10, linha denominada Z, têm-se os valores para o centésimo de Z, neste exemplo, 0,04, Figura 202.

Z	0,00	0,01	0,02	0,03	0,04	0,05	0,06	0,07	0,08	0,09
0,0	0,0000	0,0040	0,0080	0,0120	0,0160	0,0199	0,0239	0,0279	0,0319	0,0359
0,1	0,0398	0,0438	0,0478	0,0517	0,0557	0,0596	0,0636	0,0675	0,0714	0,0753
1,9	0,4713	0,4719	0,4726	0,4732	0,4738	0,4744	0,4750	0,4756	0,4761	0,4767
2,0	0,4772	0,4778	0,4783	0,4788	0,4793	0,4798	0,4803	0,4808	0,4812	0,4817

Figura 202 – Obtendo o valor P(X=x) para Z = 1,94 na Tabela 10

Então, a probabilidade de P(38,0 ≤ x ≤ 41,5) = 0,4794.
Calcule Z e a probabilidade para uma distribuição com N (38,0; 1,8), sabendo que 34,5 ≤ x ≤ 38,0.
Fazendo a representação gráfica dessa situação, Gráfico 29, tem-se:

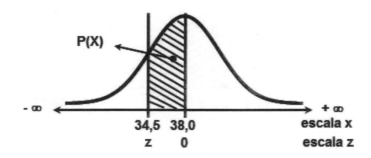

Gráfico 29 – Probabilidades de P(X=x) para 34,5 ≤ x ≤ 38,0

$$Z_{34,5} = \frac{34,5 - 38,0}{1,8} = -1,94$$

Esse valor de Z corresponde ao intervalo de 34,5 a 38,0. O valor de Z está negativo para indicar que a área sob a curva está à esquerda da média da distribuição. Para obter o valor da probabilidade na Tabela 10, para Z = - 1,94, siga as instruções do exemplo deste item, não considerando o sinal negativo de Z, Figura 203.

Z	0,00	0,01	0,02	0,03	0,04	0,05	0,06	0,07	0,08	0,09
0,0	0,0000	0,0040	0,0080	0,0120	0,0160	0,0199	0,0239	0,0279	0,0319	0,0359
0,1	0,0398	0,0438	0,0478	0,0517	0,0557	0,0596	0,0636	0,0675	0,0714	0,0753
1,9	0,4713	0,4719	0,4726	0,4732	0,4738	0,4744	0,4750	0,4756	0,4761	0,4767
2,0	0,4772	0,4778	0,4783	0,4788	0,4793	0,4798	0,4803	0,4808	0,4812	0,4817

Figura 203 – Obtendo o valor P(X=x) para Z = - 1,94 na Tabela 10

Então, a probabilidade de P(34,5 ≤ x ≤ 38,0) = 0,4738.

Calcule Z e a probabilidade para uma distribuição com N (38,0; 1,8), sabendo que 34,5 ≤ x ≤ 41,5.

Fazendo a representação gráfica desta situação, Gráfico 30, tem-se:

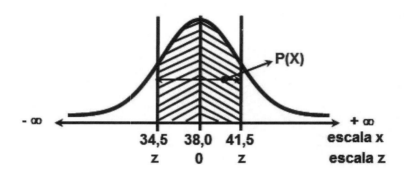

Gráfico 30 – Probabilidades de P(X=x) para 34,5 ≤ x ≤ 41,5

Como os valores de Z correspondem aos intervalos de 34,5 a 38,0 e 38,0 a 41,5, e foram calculados nas letras a e b deste item, basta somar as probabilidades desses intervalos para obter P(34,5 ≤ x ≤ 41,5):

P (34,5≤x≤41,5) = P (34,5≤x≤38,0) + P (38,0≤x≤41,5)
P (34,5≤x≤41,5) = 0,4738 + 0,4738
P (34,5≤x≤41,5) =0,9476

5.4.2 – Exemplo 11

Uma fundição de ferro fundido cinzento, fabricante de tambor de freio para caminhões, é frequentemente solicitada por seus clientes a produzir um tambor de freio, segundo a norma alemã DIN 1691, com as características de um ferro fundido cinzento GG20, com dureza na faixa de 170 a 210 HB. Os testes realizados em corpos de prova apresentam uma média de 184 HB e um desvio padrão de 9 HB.

5.4.2.1 – Calcule a probabilidade de a dureza ser menor que 170 HB.

Com o MINITAB® aberto, selecione e copie os dados referentes ao enunciado do exemplo 11 e cole na janela Session. Salve para obter o arquivo Exemplo 11, Figura 204, conforme explicado no item 3.2.1.1.1.

CAPÍTULO 5 - DISTRIBUIÇÃO DE PROBABILIDADES / **207**

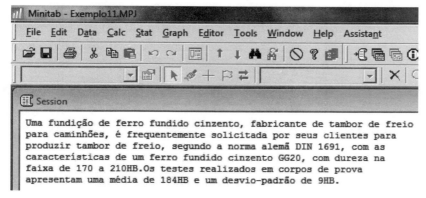

Figura 204 – Exemplo 11

Identifique os elementos do enunciado do problema. Os dados fornecidos no problema caracterizam uma probabilidade de distribuição normal, uma vez que se tem:

- uma variável aleatória X contínua, a dureza do tambor de freio;
- a probabilidade da variável aleatória X associada a intervalos de medição;
- o desvio padrão da distribuição de 9 HB;
- a média da distribuição de 184 HB.

A partir das informações levantadas, deseja-se conhecer a probabilidade de a dureza ser menor que 170 HB, P(x < 170 HB), Gráfico 31. Na planilha Worksheet 1, nomeie as colunas C1 a C2 como média e desvio padrão para representar μ e σ, respectivamente, e C3 e C4 como x < 170 e P(x < 170). Preencha os valores da média = 184, desvio padrão = 9 e x < 170 = 170, Figura 205.

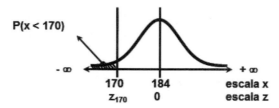

Gráfico 31 – Distribuição normal de probabilidade para o valor da dureza para P(x<170)

	C1	C2	C3	C4
	média	desvio-padrão	x<170	P(x<170)
1	184	9	170	
2				

Figura 205 – Preenchimento dos dados do exemplo 11

Com os dados identificados no MINITAB®, calcula-se a probabilidade utilizando os comandos Calc > Probability Distributions > Normal, Figura 206. Abre-se a caixa Normal Distribution (distribuição normal), Figura 207. Marque o campo Cumulative probability (probabilidade cumulativa) para calcular a probabilidade de x < 170 e preencha os campos Mean (média) com 184, Standard deviation (desvio padrão) com 9, Input column (entrar com a coluna) com o valor de x < 170, ou seja, C3 e em Optional storage (opção de armazenar o valor da probabilidade a ser calculada), com C4 dando um duplo clique em C3 e C4. Em seguida, clique em OK.

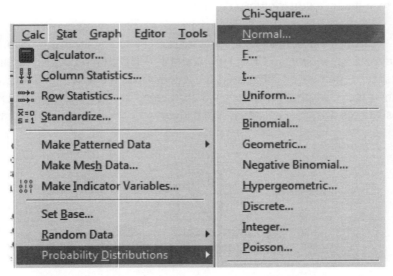

Figura 206 – Selecionando o cálculo da probabilidade normal

CAPÍTULO 5 - DISTRIBUIÇÃO DE PROBABILIDADES / **209**

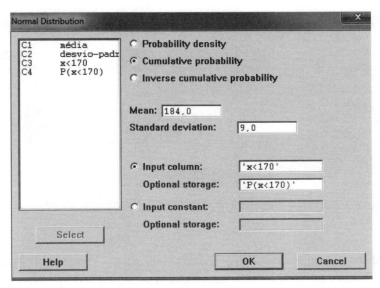

Figura 207 – Inserindo os dados para o cálculo da probabilidade normal para x<170

Aparecem na planilha Worksheet 1, na coluna C4, os valores acumulados da probabilidade de x < 170, Figura 208. Assim, a probabilidade de a dureza ser menor que 170 HB é de 0,0599.

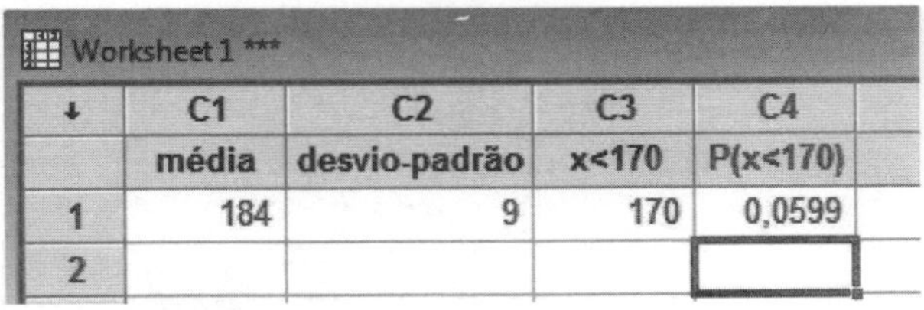

Figura 208 – Cálculo da probabilidade normal para x<170

5.4.2.1.1 – Faça a representação gráfica da distribuição normal de probabilidade para x<170.

Construa o gráfico de probabilidade utilizando os comandos Graph > Probability Distributions Plot, Figura 209. Abre-se a caixa Probability Distributions Plots (gráficos de distribuição de probabilidade). Selecione o gráfico View Probability (mostrar a área de probabilidade) e clique em OK, Figura 209.

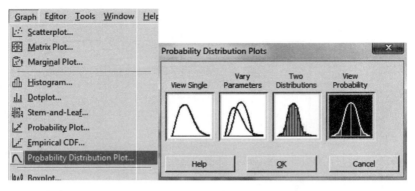

Figura 209 – Selecionando o tipo de gráfico de distribuição de probabilidade

Aparece a caixa Probability Distributions Plot – View Probability, Figura 210, No campo Distribution (distribuição), escolha Normal e preencha os campos Mean (média) com 184 e Standard deviation (desvio padrão) com 9. Em seguida, clique na aba Shaded Area (área sombreada). Surge o campo Define Shaded Area By (defina a área sombreada por). Marque X Value (valor de x) para calcular o valor da probabilidade da área sombreada e escolha Left Tail (cauda à esquerda) para obter a área sombreada da probabilidade de P(x<170). Preencha o campo X value com 170. Em seguida, clique em OK.

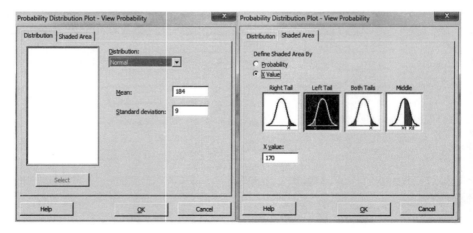

Figura 210 – Inserindo os dados para a construção do gráfico de distribuição de probabilidade para x<170

O gráfico da distribuição normal de probabilidade para a média de 184 HB, desvio padrão de 9 HB e com o valor da probabilidade de P(x<170) = 0,0599 é apresentado. Faça os ajustes necessários dando um duplo clique nas palavras, área sombreada e escala, de forma semelhante ao explicado no item 3.3.5.4, e o gráfico ficará conforme o Gráfico 32.

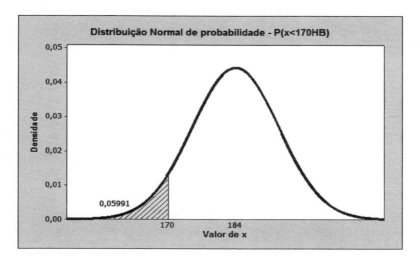

Gráfico 32 – Gráfico da distribuição normal de probabilidade para P(x<170)

5.4.2.2 – Calcule a probabilidade de a dureza ser maior que 210 HB.

Nesta situação, deseja-se conhecer a probabilidade de a dureza ser maior que 210 HB, ou seja, P(x > 210HB), Gráfico 33. Essa probabilidade pode ser calculada da seguinte forma: P(x>210) = 1 – P(x≤210), uma vez que o MINITAB® não faz o cálculo direto de P(x>210).

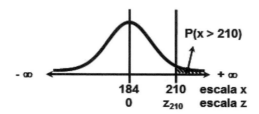

Gráfico 33 – Distribuição normal de probabilidade para o valor da dureza para P(x>210)

Na planilha Worksheet 1, nomeie as colunas C5 a C7 como x<=210, P(x<=210) e P(x>210), respectivamente, e digite na coluna C5 (x>=210) o valor de x como 210, Figura 211.

↓	C1	C2	C3	C4	C5	C6	C7
	média	desvio-padrão	x<170	P(x<170)	x<=210	P(x<=210)	P(x>210)
1	184	9	170	0,0599	210		

Figura 211 – Preparando os dados na planilha para o cálculo da probabilidade normal para x≤210

Uma vez que o MINITAB® não contempla o cálculo dessa probabilidade, deve-se calcular a P(x<=210) repetindo os comandos da Figura 206. Uma vez aberta a caixa Normal Distribution (distribuição normal), preencha os campos em Input column (entrar com a coluna) com o valor de x<=210, ou seja, C5 e em Optional storage (opção de armazenar o valor da probabilidade a ser calculada), com C6 dando um duplo clique em C5 e C6. Em seguida, clique em OK para obter a probabilidade acumulada na coluna C6, Figura 212. Use, então, a função calculadora do MINITAB® clicando nos comandos Cal > Calculator, como demonstrado no item 3.2.2.1.3, Figura 213, pela Eq. (84) ajustada.

$$P(x>210) = 1 - P(x \leq 210) \tag{84}$$

↓	C1	C2	C3	C4	C5	C6	C7
	média	desvio-padrão	x<170	P(x<170)	x<=210	P(x<=210)	P(x>210)
1	184	9	170	0,0599	210	0,9981	

Figura 212 – Cálculo da probabilidade normal para x≤210

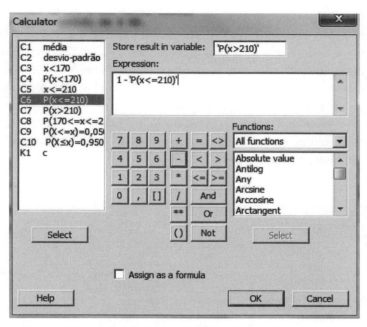

Figura 213 – Calculando a probabilidade normal para x>210

É mostrado na planilha Worksheet 1, na coluna C7, o valor da probabilidade de P(x>210) = 0,0019, ou seja, a probabilidade de se ter um tambor de freio com dureza acima de 210 HB é de 0,19% dos tambores de freio produzidos, Figura 214.

↓	C1	C2	C3	C4	C5	C6	C7
	média	desvio-padrão	x<170	P(x<170)	x<=210	P(x<=210)	P(x>210)
1	184	9	170	0,0599	210	0,9981	0,0019

Figura 214 – Cálculo da probabilidade normal para x>210

5.4.2.2.1 – Faça a representação gráfica da distribuição normal de probabilidade para x>210.

Construa o gráfico de probabilidade utilizando os comandos Graph > Probability Distributions Plot, conforme o item 5.4.2.1.1. No campo Distribution (distribuição), mantenha os mesmos dados. Na aba Shaded Area (área sombreada), no campo Define Shaded Area By (defina a área sombreada por), marque X Value (valor de x) para calcular o valor da probabilidade da área sombreada e escolha Right Tail (cauda à direita) para obter a área sombreada da probabilidade de P(x>210). Preencha o campo X value com 210, Figura 215. Em seguida, clique em OK.

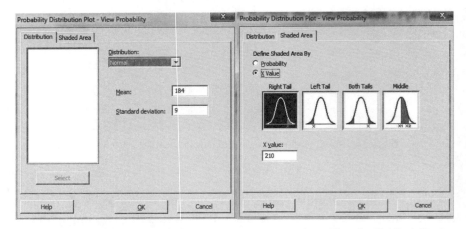

Figura 215 – Inserindo os dados para a construção do gráfico de distribuição de probabilidade para x>210

O gráfico da distribuição normal de probabilidade para a média de 184 HB, desvio padrão de 9 HB e com o valor da probabilidade de P(x>210) = 0,0019 é apresentado. Faça os ajustes necessários dando um duplo clique nas palavras, área sombreada e escala, de forma semelhante ao explicado no item 3.3.5.4, e o gráfico ficará conforme o Gráfico 34.

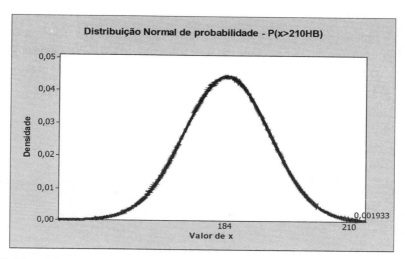

Gráfico 34 – Gráfico da distribuição normal de probabilidade para P(x>210)

5.4.2.3 – Calcule a probabilidade de a dureza estar entre 170 a 210 HB.

Neste problema, deseja-se conhecer a probabilidade de P(170 ≤ x ≤ 210), Gráfico 35, ou seja, P(170 ≤ x ≤ 184) mais a probabilidade de P(184 ≤ x ≤ 210). A dureza de 184 HB refere-se ao ponto médio da dureza e corresponde ao ponto zero na escala Z. O MINITAB® não calcula a probabilidade de intervalos, mas calcula as probabilidades acumuladas de P(x ≤ 170) e P(x ≤ 210). Assim, a probabilidade de P(170 ≤ x ≤ 210) = P(x ≤ 210) − P(x ≤ 170).

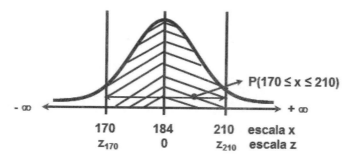

Gráfico 35 – Distribuição normal de probabilidade para o valor da dureza para P(170≤x≤210)

Na planilha Worksheet 1, nomeie a coluna C8 como P(170<= x<=210), Figura 216, e use os dados obtidos no item 5.4.2.1, na coluna C4, P(x<=170), e no item 5.4.2.2, na coluna C6, P(x<=210). Usa-se a função calculadora do MINITAB® clicando nos comandos Cal > Calculator, como demonstrado no item 3.2.2.1.3, Figura 217, pela Eq. (84) ajustada.

$$P(170 \leq x \leq 210) = P(x \leq 210) - P(x \leq 170) \tag{84}$$

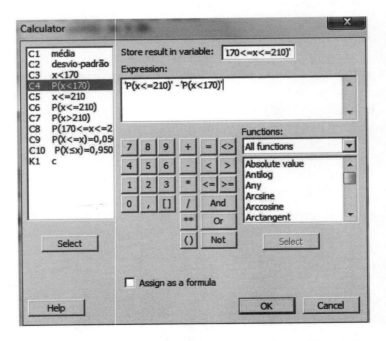

Figura 216 – Preparando os dados na planilha para o cálculo da probabilidade normal de 170≤x≤210

Figura 217 – Calculando a probabilidade normal de 170≤x≤210

É mostrado na planilha Worksheet 1, na coluna C8, o valor da probabilidade de haver um tambor de freio com dureza entre 170 e 210 HB, ou seja, a probabilidade de P(170 ≤ x ≤ 210) = 0,9382, Figura 218. Assim, têm-se 93,82% de tambores de freio fundido com probabilidade de dureza entre 170 a 210 HB.

	C1	C2	C3	C4	C5	C6	C7	C8
	média	desvio-padrão	x<170	P(x<170)	x<=210	P(x<=210)	P(x>210)	P(170<=x<=210)
1	184	9	170	0,0599	210	0,9981	0,0019	0,9382
2								

Figura 218 – Cálculo da probabilidade normal de 170≤x≤210

5.4.2.3.1 – Faça a representação gráfica da distribuição normal de probabilidade para 170HB≤x≤210HB.

Construa o gráfico de probabilidade utilizando os comandos Graph > Probability Distributions Plot, conforme o item 5.4.2.1.1. No campo Distribution (distribuição), mantenha os mesmos dados. Na aba Shaded Area (área sombreada), no campo Define Shaded Area By (defina a área sombreada por), marque X Value (valor de x) para calcular o valor da probabilidade da área sombreada e escolha Middle (entre dois pontos) para obter a área sombreada da probabilidade de P(170≤x≤210). Preencha os campos X value 1 com 170 e X value 2 com 210, Figura 219. Em seguida, clique em OK.

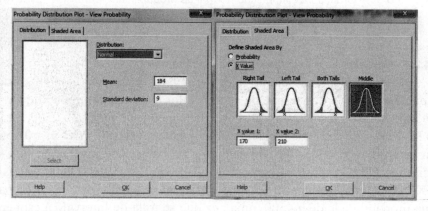

Figura 219 – Inserindo os dados para a construção do gráfico de distribuição de probabilidade para 170≤x≤210

O gráfico da distribuição normal de probabilidade para a média de 184 HB, desvio padrão de 9 HB e com o valor da probabilidade de P(170≤x≤210) = 0,9382 é apresentado. Faça os ajustes necessários dando um duplo clique nas palavras, área sombreada e escala, de forma semelhante ao explicado no item 3.3.5.4, e o gráfico ficará conforme o Gráfico 36.

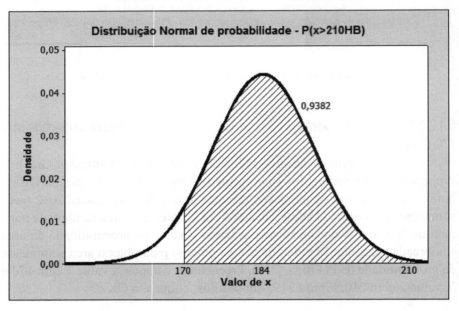

Gráfico 36 – Gráfico da distribuição normal de probabilidade para P(170≤x≤210)

5.4.2.4 – Que dureza é excedida por 95% dos testes?

Neste problema, deseja-se conhecer o valor da dureza do tambor que é superado por 95% dos testes, ou seja, o valor associado à probabilidade de 0,9500, que é o mesmo que a probabilidade menor ou igual a 0,0500, Gráfico 37. Então, deseja-se calcular a probabilidade inversa de P(X>x) = 0,9500. No entanto, o MINITAB® não calcula a probabilidade inversa de P(X>x) e sim, de P(X≤x). Portanto, a probabilidade de P(X>x) = 0,9500 é igual a P(X<=x) = 0,0500 e a partir da Tabela 10, tem-se o valor de Z = - 1,65 para uma probabilidade de 0,4500, uma vez que se trata do intervalo à esquerda da média.

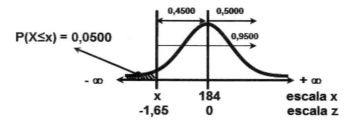

Gráfico 37 – Distribuição normal de probabilidade para o valor da dureza para P(X≤x)=0,0500

Na planilha Worksheet 1, nomeie a coluna C9 como P(X<=x) = 0,0500, Figura 220. Repetem-se os comandos da Figura 204. Surge a caixa Normal Distribution (distribuição normal), Figura 221. Marque o campo Inverse cumulative probability (probabilidade cumulativa inversa) para calcular a probabilidade de P(X≤x) = 0,0500 e preencha os campos Mean (média) com 184, Standard deviation (desvio padrão) com 9 e em Input constant (entre com a constante), digite o valor da probabilidade de P(X≤x) = 0,0500. Em seguida, clique em OK.

	C1	C2	C3	C4	C5	C6	C7	C8	C9
	média	desvio-padrão	x<170	P(x<170)	x<=210	P(x<=210)	P(x>210)	P(170<=x<=210)	P(X<=x)=0,0500
1	184	9	170	0,0599	210	0,9981	0,0019	0,9382	

Figura 220 – Preparando os dados na planilha para o cálculo do valor da dureza para P(X≤x)=0,0500

Figura 221 – Calculando o valor da dureza para P(X≤x)=0,0500

É mostrado na Session, Figura 222, o valor da dureza do tambor de freio que é excedido por 95% dos testes. Digite o valor da dureza de 169,20 HB, com duas casas decimais, na planilha Worksheet 1, na coluna C9, Figura 222.

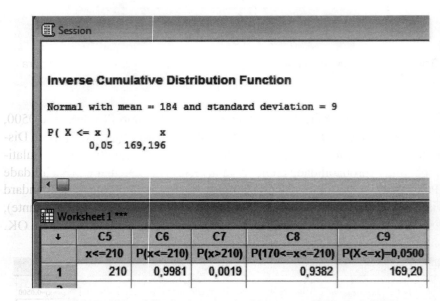

Figura 222 – Cálculo do valor da dureza para P(X≤x)=0,0500

5.4.2.4.1 – Faça a representação gráfica da distribuição normal de probabilidade para a dureza ser excedida por 95% dos testes.

Construa o gráfico de probabilidade utilizando os comandos Graph > Probability Distributions Plot, conforme o item 5.4.2.1.1. No campo Distribution (distribuição), mantenha os mesmos dados. Na aba Shaded Area (área sombreada), no campo Define Shaded Area By (defina a área sombreada por), marque Probability (probabilidade) para calcular o valor da dureza que é excedida por 95% dos testes e escolha Left Tail (cauda à esquerda) para obter a área sombreada da probabilidade de P = 0,0500. Preencha o campo Probability com 0,0500, Figura 223. Em seguida, clique em OK.

CAPÍTULO 5 - DISTRIBUIÇÃO DE PROBABILIDADES / **221**

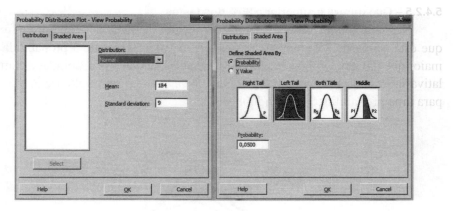

Figura 223 – Inserindo os dados para a construção do gráfico de distribuição de probabilidade para a dureza que é excedida por 95% dos testes

O gráfico da distribuição normal de probabilidade para a média de 184 HB, desvio padrão de 9 HB e com o valor da probabilidade de P = 0,0500 é apresentado para uma dureza de 169,20 HB. Faça os ajustes necessários dando um duplo clique nas palavras, área sombreada e escala, de forma semelhante ao explicado no item 3.3.5.4, e o gráfico ficará conforme o Gráfico 38.

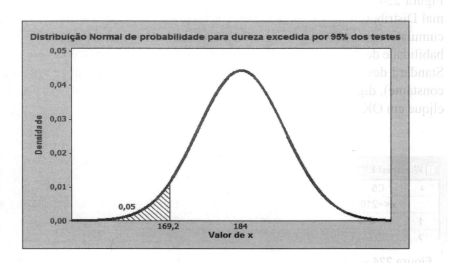

Gráfico 38 – Gráfico da distribuição normal de probabilidade para a dureza que é excedida por 95% dos testes

5.4.2.5 – Que dureza é superior a 95% dos testes?

Neste problema, deseja-se conhecer o valor da dureza do tambor de freio que está acima de 95% dos testes, ou seja, o valor associado à probabilidade maior que 0,9500, Gráfico 39. Assim, deseja-se calcular a probabilidade cumulativa inversa de P(X≤x) = 0,9500. Na Tabela 10, tem-se o valor de Z = 1,65 para uma probabilidade de 0,4500.

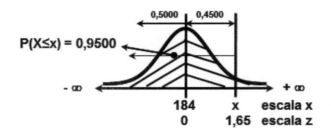

Gráfico 39 – Distribuição normal de probabilidade para o valor da dureza para P(X≤x)=0,9500

Na planilha Worksheet 1, nomeie a coluna C10 como P(X<=x) = 0,9500, Figura 224. Repetem-se os comandos da Figura 205. Abre-se a caixa Normal Distribution (distribuição normal), Figura 225. Marque o campo Inverse cumulative probability (probabilidade cumulativa inversa) para calcular a probabilidade de P(X≤x) = 0,9500 e preencha os campos Mean (média) com 184, Standard deviation (desvio padrão) com 9 e em Input constant (entre com a constante), digite o valor da probabilidade de P(X≤x) = 0,9500. Em seguida, clique em OK.

	C5	C6	C7	C8	C9	C10
	x<=210	P(x<=210)	P(x>210)	P(170<=x<=210)	P(X<=x)=0,0500	P(X<=x)=0,9500
1	210	0,9981	0,0019	0,9382	169,20	
2						

Figura 224 – Preparando os dados na planilha para o cálculo do valor da dureza para P(X≤x)=0,9500

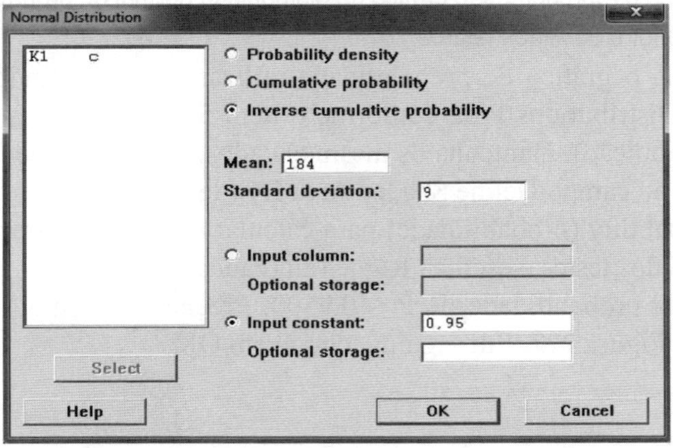

CAPÍTULO 5 - DISTRIBUIÇÃO DE PROBABILIDADES

Figura 225 – Calculando o valor da dureza para P(X≤x)=0,9500

É apresentado na Session, Figura 226, o valor da dureza do tambor de freio que é superior a 95% dos testes. Digite o valor da dureza de 198,80 HB, com duas casas decimais, na planilha Worksheet 1, na coluna C10, Figura 226. Pode-se armazenar o valor de P(X≤x) = 0,9500 diretamente na coluna C10, dando um duplo clique em C10 com o campo Optional storage (opção de armazenar o valor da probabilidade a ser calculada) ativado.

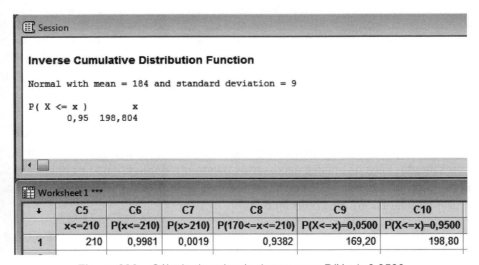

Figura 226 – Cálculo do valor da dureza para P(X≤x)=0,9500

5.4.2.5.1 – Faça a representação gráfica da distribuição normal de probabilidade para a dureza superior a 95% dos testes.

Construa o gráfico de probabilidade utilizando os comandos Graph > Probability Distributions Plot, conforme o item 5.4.2.1.1. No campo Distribution (distribuição), mantenha os mesmos dados. Na aba Shaded Area (área sombreada), no campo Define Shaded Area By (defina a área sombreada por), marque Probability (probabilidade) para calcular o valor da dureza que é superior a 95% dos testes e escolha Right Tail (cauda à direita) para obter a área sombreada da probabilidade de P ≤ 0,9500. Preencha o campo Probability com 0,9500, Figura 227. Em seguida, clique em OK.

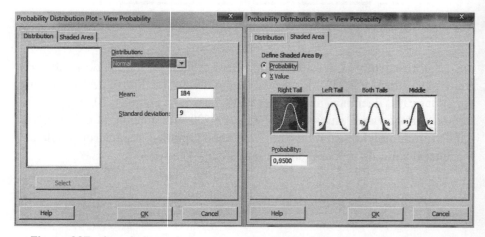

Figura 227 – Inserindo os dados para a construção do gráfico de distribuição de probabilidade para a dureza que é superior a 95% dos testes

O gráfico da distribuição normal de probabilidade para a média de 184 HB, desvio padrão de 9 HB e com o valor da probabilidade de P = 0,9500 é apresentado. Faça os ajustes necessários dando um duplo clique nas palavras, área sombreada e escala, de forma semelhante ao explicado no item 3.3.5.4, e o gráfico ficará conforme o Gráfico 40.

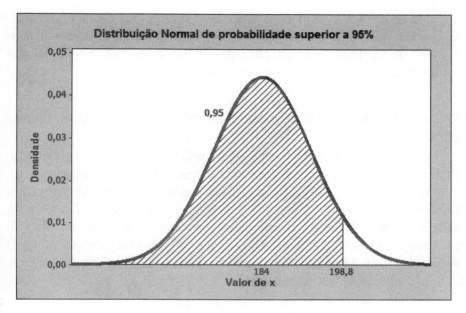

Gráfico 40 – Gráfico da distribuição normal de probabilidade para a dureza que é superior a 95% dos testes

5.4.2.6 – Determine a probabilidade da dureza não ultrapassar 210 HB.

Neste problema, deseja-se conhecer o valor da probabilidade em que a dureza do tambor de freio é menor ou igual a 210 HB, ou seja, a probabilidade de P(x ≤ 210HB), Gráfico 41. Assim, deseja-se calcular a probabilidade cumulativa inversa de P(x ≤ 210HB).

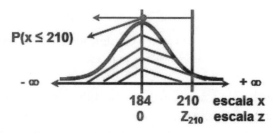

Gráfico 41 – Distribuição normal de probabilidade para o valor da dureza para P(x≤210)

No item 5.4.2.2, na planilha Worksheet 1, na coluna C6 da Figura 212, tem-se essa probabilidade calculada. Então, a probabilidade da dureza do tambor de freio não ultrapassar 210 HB é de 0,9981, ou seja, 99,81% dos tambores de freio apresentam dureza menor ou igual a 210 HB.

5.4.2.6.1 – Faça a representação gráfica da distribuição normal de probabilidade para x≤210.

Construa o gráfico de probabilidade utilizando os comandos Graph > Probability Distributions Plot, conforme o item 5.4.2.1.1. No campo Distribution (distribuição), mantenha os mesmos dados. Na aba Shaded Area (área sombreada), no campo Define Shaded Area By (defina a área sombreada por), marque X Value (valor de x) para calcular o valor da probabilidade da área sombreada e escolha Left Tail (cauda à esquerda) para obter a área sombreada da probabilidade de P(x≤210). Preencha o campo X value com 210, Figura 228. Em seguida, clique em OK.

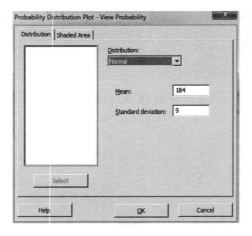

Figura 228 – Inserindo os dados para a construção do gráfico de distribuição de probabilidade para x≤210

O gráfico da distribuição normal de probabilidade para a média de 184 HB, desvio padrão de 9 HB e com o valor da probabilidade de P(x≤210) = 0,9981 é apresentado. Faça os ajustes necessários dando um duplo clique nas palavras, área sombreada e escala, de forma semelhante ao explicado no item 3.3.5.4, e o gráfico ficará conforme o Gráfico 42.

CAPÍTULO 5 - DISTRIBUIÇÃO DE PROBABILIDADES / **227**

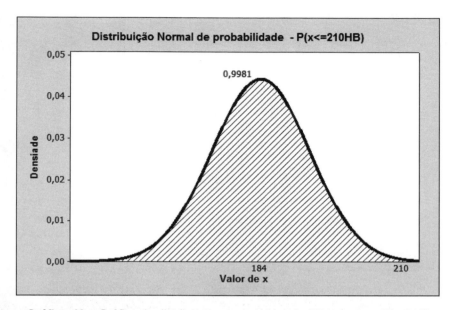

Gráfico 42 – Gráfico da distribuição normal de probabilidade para P(x≤210)

CAPÍTULO 6

INFERÊNCIA ESTATÍSTICA

A inferência estatística pode ser dividida em duas partes: estimação de parâmetros e teste de hipóteses. A análise da regressão linear será estudada no Capítulo 7.

Neste capítulo, abordam-se a distribuição amostral, teorema central do limite, conceitos de estimação, estimação de parâmetros e teste de hipóteses.

Neste livro, o uso da inferência estatística, aplicando a estimação de parâmetros e o teste de hipóteses, refere-se a uma única amostra.

A inferência estatística permite a tomada de decisão sobre uma população a partir de informações obtidas de uma amostra aleatória oriunda dessa população, Figura 229.

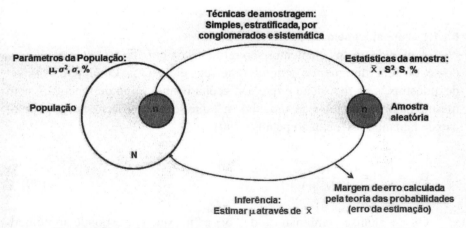

Figura 229 – Inferência estatística a partir de uma amostra aleatória

6.1 – Distribuição Amostral e o Teorema Central do Limite

No Capítulo 3, estudou-se a estatística descritiva, que trata da coleta, organização, apresentação e caracterização de um conjunto de dados de modo a descrever suas características. No item medidas estatísticas, estudaram-se as estatísticas – média ($\overline{X}$), variância (S^2), desvio padrão (S) e coeficiente de variação (CV) – de uma amostra aleatória que representa uma população. Neste item, estuda-se a relação entre a média da população (μ) e as médias das amostras ($\overline{X}$) obtidas dessa população.

Relembrando o conceito de população e amostra, pode-se dizer que a população consiste na totalidade dos elementos em que se está interessado e a amostra consiste em um subconjunto dessa população. Cada elemento em uma população corresponde a um valor de uma variável aleatória X, com distribuição de probabilidade f(x). Assim, a média de uma variável aleatória ou de uma distribuição de probabilidade refere-se também à média da população em estudo. Para isso, precisam-se obter amostras que sejam representativas dessa população.

Com o objetivo de eliminar a tendenciosidade, deve-se escolher uma amostra aleatória e independente pelas técnicas de amostragem estudadas no Capítulo 3, no item 3.2.

6.1.1– Cálculo do Número de Amostras Possíveis

Existem dois tipos de amostras que podem ser retiradas de uma população: amostras sem reposição e amostras com reposição.

6.1.1.1 – Amostras sem reposição

À medida que os elementos são retirados da população, esta vai alterando-se, ou seja, diminuindo o número de seus elementos. O número possível de amostras, sem reposição e que não aceita nenhum tipo de repetição, nem mesmo na ordem inversa de tamanho "n", que se pode colher de uma população de tamanho "N", é dado pela Eq. (90).

$$C_{N,n} = \binom{N}{n} = \frac{N!}{n!(N-n)!} \tag{90}$$

$C_{N,n} \rightarrow$ análise combinatória de "N" a "n", que corresponde ao número possível de amostras sem reposição.

6.1.1.2 – Amostras com reposição

A população não tem seu tamanho alterado à medida que os elementos são retirados, pois cada elemento amostrado é devolvido à população, tendo, desta maneira, a mesma probabilidade de ser novamente retirado. O número possível de amostras, com reposição e que aceita todo tipo de repetição, de tamanho "n", que se pode colher de uma população de tamanho "N", é dado pela Eq. (91).

$$A_{N,n} = N^n \tag{91}$$

$A_{N,n} \rightarrow$ arranjo de "N" a "n", que corresponde ao número possível de amostras com reposição.

6.1.2 – Distribuição da Média Amostral

Distribuição amostral é a distribuição de probabilidade de uma estatística da amostra, que é formada quando amostras de tamanho "n" são repetidamente retiradas de uma população. Então, se a estatística da amostra é a sua média, tem-se uma distribuição das médias das amostras. Essa distribuição da média amostral ($\overline{X}$) descreve a variabilidade das médias amostrais em torno da média populacional (μ).

Considere que uma amostra aleatória de tamanho "n" seja retirada de uma população com distribuição normal com média $\mu_{\overline{x}}$ e desvio padrão σ. Conclui-se, que a média da amostra ($\overline{X}$), Eq. (92), tem uma distribuição normal com média $\mu_{\overline{x}}$, Eq. (93) e desvio padrão $\sigma_{\overline{x}}$, Eq. (94):

$$\overline{X} = \frac{X_1 + X_2 + X_3 + \ldots + X_n}{n} \tag{92}$$

$$\mu_{\overline{x}} = \frac{\mu_1 + \mu_2 + \mu_3 + \ldots + \mu_n}{n} = \mu \tag{93}$$

$$\sigma_{\overline{x}} = \frac{\sigma_1 + \sigma_2 + \sigma_3 + \ldots + \sigma_n}{\sqrt{n}} = \frac{\sigma}{\sqrt{n}} = S_{\overline{x}} \tag{94}$$

Na prática, não se têm todas as amostras possíveis para calcular a média e o desvio padrão da população, mas apenas uma única amostra para estimá-las. Assim, o desvio padrão da amostra (S) pode ser estimado pelo desvio padrão da população, Eq. (94), e é denominado erro padrão da média ($S_{\bar{x}}$), que corresponderia à estimativa da variabilidade das médias amostrais se um grande número de amostras fosse tomado. Então, pode-se afirmar que a estimativa será boa quanto maior for o tamanho da amostra (n) e quanto menor for a variabilidade dos dados. Assim, quanto menor o valor do erro padrão da média ($S_{\bar{x}}$), maior a chance da média da amostra estar próxima da média da população.

Se a amostra for oriunda de uma população, finita ou infinita, que tem sua distribuição de probabilidades desconhecida, a distribuição da média amostral da amostra ainda será aproximadamente normal, com média (μ) e desvio padrão (S), se o tamanho "n" da amostra for grande. Isso se refere ao famoso teorema central do limite, que pode ser demonstrado pela Figura 230, onde as distribuições de lançamentos de dados passa de uma distribuição uniforme para uma distribuição aproximadamente normal à medida que o tamanho da amostra aumenta, representado pelo número de dados lançados.

CAPÍTULO 6 - INFERÊNCIA ESTATÍSTICA / **233**

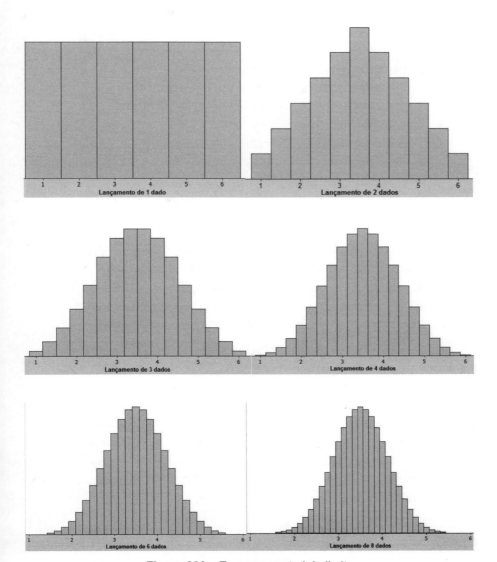

Figura 230 – Teorema central do limite

6.1.3 – Teorema Central do Limite

O teorema central do limite representa a essência da estimativa dos parâmetros populacionais. O teorema central do limite justifica a aplicação de métodos da curva normal a uma gama de problemas. Esse teorema envolve duas distribuições diferentes, ou seja, a distribuição da população original e a distribuição das médias amostrais.

Dado o exposto, pode-se concluir que:
- à medida que o tamanho da amostra aumenta, a distribuição das médias amostrais tende para uma distribuição normal;
- a média das médias amostrais $\overline{X}$ será a média populacional μ;
- o desvio padrão das médias amostrais (S) corresponde à variação das médias amostrais, é denominado erro padrão da média ($S_{\overline{x}}$) e pode ser calculado pela Eq. (95);

$$S_{\overline{x}} = \frac{\sigma}{\sqrt{n}} \qquad (95)$$

- para a amostra de tamanho $n \geq 30$, a distribuição das médias amostrais pode ser aproximada por uma distribuição normal;
- quanto maior "n", melhor a aproximação da distribuição normal;
- se a distribuição original for normal, então, as médias amostrais terão uma distribuição normal para qualquer tamanho amostral "n".

6.1.4 – Exemplo 12

O presente exemplo tem como objetivo demonstrar o conceito de distribuição amostral e o teorema central do limite. Seja a população de quatro embreagens e a variável aleatória X igual ao número de vezes em que a embreagem apresentou algum defeito grave. Uma embreagem teve dois defeitos graves, outra três, outra quatro e a última, cinco defeitos graves. Considere uma amostragem aleatória simples com tamanho n = 2 elementos, extraída com reposição.

6.1.4.1 – Represente o conjunto da população em termos da variável aleatória X.

O conjunto da população representa o espaço amostral da variável aleatória X número de defeitos graves da embreagem, Figura 231, e pode ser representado por:

X = { 2, 3, 4, 5 }

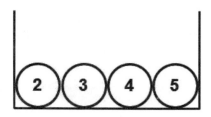

Figura 231 – Embreagens com defeitos graves

Desta forma, pode haver uma embreagem com dois defeitos graves, outra com três defeitos graves, e assim por diante.

6.1.4.2 – Calcule a probabilidade de cada elemento da população.

A probabilidade de cada elemento da população, ou seja, de cada embreagem com defeito grave, pode ser calculada pela Eq. (66), uma vez que os eventos do espaço amostral de X são equiprováveis.

$$P(A) = \frac{n(A)}{S} = P(2) = P(3) = P(4) = P(5) = \frac{1}{4}$$

Assim, a probabilidade de se ter uma embreagem com dois defeitos graves é a mesma de se ter uma embreagem com três, quatro ou cinco defeitos graves.

6.1.4.3 – Calcule a média e o desvio padrão de defeitos da população.

Com o MINITAB® aberto, selecione e copie os dados referentes ao enunciado do exemplo 12 e cole na janela Session, Figura 232. Na planilha Worksheet 1, Figura 233, nomeie a coluna C1 como Embreagem e digite os números de 1 a 4 nas linhas dessa coluna para se referir a cada embreagem. Nomeie a coluna C2 como X para se referir à variável aleatória número de defeitos graves e digite os valores correspondentes ao número de defeitos graves de cada embreagem, em cada linha dessa coluna. Nomeie as colunas C3 a C5 como população, Mp (média da população) e Dp (desvio padrão da população), e digite na primeira linha da coluna C4 o número 4, que representa o tamanho da população. Salve para obter o arquivo Exemplo 12, como explicado no item 3.2.1.1.1.

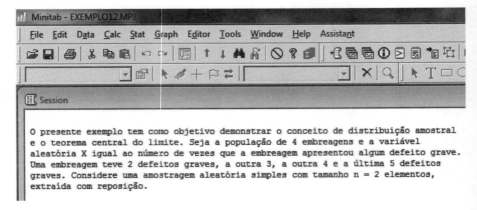

Figura 232 – Exemplo 12

↓	C1	C2	C3	C4	C5
	Embreagem	X	população	Mp	Dp
1	1	2	4		
2	2	3			
3	3	4			
4	4	5			

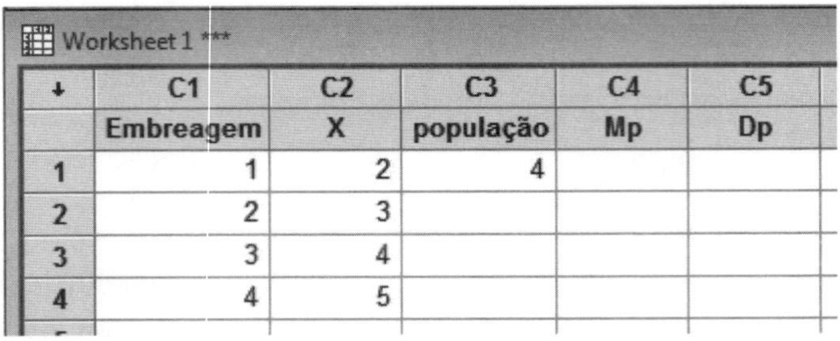

Figura 233 – Preparando para o cálculo de μ e σ defeitos graves da população de embreagens

Como o MINITAB® não disponibiliza fórmulas para o cálculo da média e do desvio padrão da população, utilize os comandos Calc > Calculator como demonstrado no item 3.3.5.2.3. A fórmula da média da amostra é a mesma da média da população, assim, pode-se utilizar a fórmula disponível no MINITAB®. Para o cálculo do desvio padrão da população, é preciso fazer uma adaptação na fórmula disponibilizada no MINITAB® para a amostra, como descrito na Eq. (96).

σ = STDEV('X')*SQRT('população'-1) / SQRT('população') (96)

A Figura 234 mostra as etapas dos cálculos até se obterem os valores da média e do desvio padrão da população.

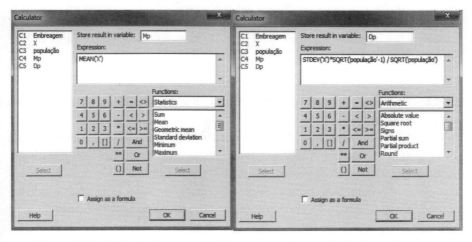

Figura 234 – Calculando μ e σ defeitos graves da população de embreagens

Os resultados aparecem na planilha Worksheet 1, nas colunas C4 e C5, Figura 235. Então, tem-se μ = 3,50 defeitos graves e σ = 1,12 defeitos graves.

↓	C1 Embreagem	C2 X	C3 população	C4 Mp	C5 Dp
1	1	2	4	3,50	1,12
2	2	3			
3	3	4			
4	4	5			

Figura 235 – Cálculo de μ e σ defeitos graves da população de embreagens

6.1.4.4 – Determine o número de amostras possíveis.

Como o MINITAB® não permite o cálculo de arranjo ($A_{N,n}$), o número de amostras possíveis para um tamanho de amostra n = 2 embreagens e uma população de tamanho N = 4 embreagens pode ser estabelecido pela Eq. (91), uma vez que ocorre a reposição da embreagem escolhida aleatoriamente.

$A_{N,n} = A_{4,2} = 4^2 = 16$ combinações

Assim, uma amostra de tamanho n = 2 retirada de uma população de tamanho N = 4 pode ser combinada de 16 maneiras diferentes, duas a duas embreagens.

6.1.4.5 – Represente por meio de uma tabela as possibilidades de formação dos elementos da amostra.

No Capítulo 4, no item 4.1.4, demonstrou-se como fazer a representação do espaço amostral por meio de tabela. Então, como se tem uma população formada de quatro elementos e uma amostra formada por dois elementos, podem-se ter 16 maneiras diferentes de obter essa amostra, como calculado no item anterior. A Tabela 11 apresenta as combinações possíveis da amostra.

Tabela 11 – Possibilidades de formação da amostra

1º Evento	2º Evento			
	2	3	4	5
2	2, 2	2, 3	2, 4	2, 5
3	3, 2	3, 3	3, 3	3, 5
4	4, 2	4, 3	4, 4	4, 5
5	5, 2	5, 3	5, 4	5, 5

6.1.4.6 – Calcule as respectivas médias amostrais ($\bar{X}$) de cada formação dos elementos, suas frequências e probabilidades.

Na planilha Worksheet 1, Figura 236, nomeie as colunas C6 a C10 como Amostras Possíveis, Xbarrai das amostras (média amostral da soma dos elementos que formam cada amostra = $\bar{X}i$), Xbarrai ($\bar{X}i$), fi (frequência absoluta simples de cada $\bar{X}i$) e P(Xbarrai) ou P($\bar{X}i$) As amostras possíveis foram obtidas pela Tabela 11. A média $\bar{X}i$ pode ser calculada por meio da Eq. (17), pela soma de cada elemento de cada amostra que possui a mesma soma. A frequência é obtida contando quantas amostras ocorrem com a mesma soma. E, por último, faça o cálculo da probabilidade de cada média amostral pela Eq. (67).

	C1	C2	C3	C4	C5	C6	C7	C8	C9	
	Embreagem	X	população	Mp	Dp	Amostras possíveis	Xbarrai das Amostras	Xbarrai	fi	P(
1	1	2	4	3,50	1,12					
2	2	3								
3	3	4								

Figura 236 – Preparando para o cálculo de $\bar{X}_i$ das amostras, $\bar{X}_i$, fi e $P(\bar{X}_i)$

Realize os cálculos com o auxílio de uma calculadora simples, do programa Excel ou dos comandos Calc > Calculator do MINITAB®. Após a digitação dos pares que se podem formar na coluna C6, a mesma transforma-se de dados numéricos em dados de texto (C6-T), Figura 238. Na coluna C7, calcule a média de cada amostra. Na coluna C8, digite a média das amostras com soma igual, conforme a coluna C6. Em C9, digite a frequência (fi) das amostras com soma igual e após a fi da amostra (5, 5), insira o número total de amostras (16) na linha 8, Figura 238. Os cálculos da coluna C10 podem ser realizados pela inserção de uma fórmula no MINITAB® clicando com o lado direito do mouse na linha 1 da coluna C10. São mostrados os comandos Formulas > Assign Formulas To Column. Clique em Assign Formulas To Column (Atribuir fórmula para a coluna) e será exibida a caixa Assign Formulas To C10 (P(Xbarrai)). No campo Expression (expressão), escreva a expressão fi/16, onde fi corresponde à frequência de cada média amostral e 16 ao número de amostras possíveis de serem formadas, Figura 237. A coluna C10, na planilha Worksheet1, fica destacada por uma cruz verde, Figura 238. Feitos os cálculos, obtêm-se os resultados, conforme a Figura 238.

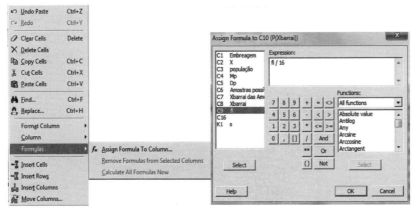

Figura 237 – Inserindo a fórmula para o cálculo de probabilidade $P(\bar{X}_i)$

240 / ESTATÍSTICA APLICADA COM O MINITAB®

	C1 Embreagem	C2 X	C3 população	C4 Mp	C5 Dp	C6-T Amostras possíveis	C7 Xbarrai das Amostras	C8 Xbarrai	C9 fi	C10 P(Xbarrai)
1	1	2	4	3,50	1,12	(2, 2)	2,0	2,0	1	0,0625
2	2	3				(2, 3); (3, 2)	2,5	2,5	2	0,1250
3	3	4				(2, 4); (3, 3); (4, 2)	2,5	3,0	3	0,1875
4	4	5				(2, 5); (3, 4); (4, 3); (5, 2)	3,0	3,5	4	0,2500
5						(3, 5); (4, 4); (5, 3)	3,0	4,0	3	0,1875
6						(4, 5); (5, 4)	3,0	4,5	2	0,1250
7						(5, 5)	3,5	5,0	1	0,0625
8							3,5		16	1,0000
9							3,5			
10							3,5			
11							4,0			
12							4,0			
13							4,0			
14							4,5			
15							4,5			
16							5,0			

Figura 238 – Resultados obtidos para $\bar{X}i$ das amostras, $\bar{X}i$, fi e P($\bar{X}i$)

6.1.4.7 – Represente o intervalo de variação das médias amostrais.

O intervalo de variação das médias amostrais é o mesmo da população, ou seja, $2,0 \leq \bar{X} \leq 5,0$ defeitos graves.

6.1.4.8 – Calcule a média das médias amostrais ($\bar{\bar{X}}$) e seu desvio padrão (S).

Na planilha Worksheet 1, Figura 239, clique nos comandos Stat > Basic Statistics > Store Descriptive Statistics e será aberta a caixa Store Descriptive Statistics (armazenar estatísticas descritivas). Selecione C7 no campo Variables (variáveis), deixe Options (opções) no default e clique em Statistics (estatísticas). Será exibida, então, a caixa Store Descriptive Statistics – Statistics, Figura 240. Selecione Mean (média) e Standard deviation (desvio padrão). Clique em OK e, depois, em OK novamente.

CAPÍTULO 6 - INFERÊNCIA ESTATÍSTICA / **241**

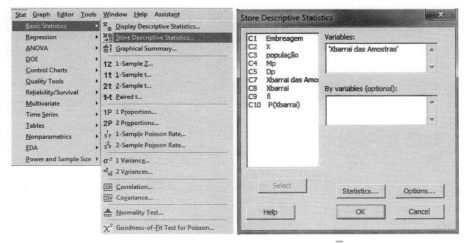

Figura 239 – Preparando para o cálculo de $\overline{\overline{X}}$ e S

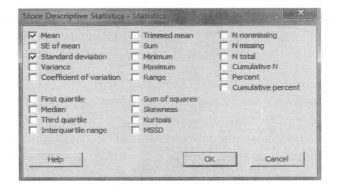

Figura 240 – Escolhendo as estatísticas $\overline{\overline{X}}$ e S para o cálculo

Serão mostrados, nas colunas C15 e C16, os valores da média das médias amostrais (Mean1) e o valor do desvio padrão amostral (StDev1). Selecione as colunas C11 a C14 e elimine-as, clicando com o botão direito do mouse e, em seguida, em Delete Cells (apagar células), Figura 241. Os dados das colunas C15 e C16 serão transportados para as colunas C11 e C12.

Worksheet 1 ***									
↓	C4	C5	C6-T	C7	C8	C9	C10	C11	C12
	Mp	Dp	Amostras possíveis	Xbarrai das Amostras	Xbarrai	fi	P(Xbarrai)	Mean1	StDev1
1	3,50	1,12	(2, 2)	2,0	2,0	1	0,0625	3,50	0,82
2			(2, 3); (3, 2)	2,5	2,5	2	0,1250		
3			(2, 4); (3, 3); (4, 2)	2,5	3,0	3	0,1875		
4			(2, 5); (3, 4); (4, 3); (5, 2)	3,0	3,5	4	0,2500		
5			(3, 5); (4, 4); (5, 3)	3,0	4,0	3	0,1875		
6			(4, 5); (5, 4)	3,0	4,5	2	0,1250		
7			(5, 5)	3,5	5,0	1	0,0625		
8				3,5		16	1,0000		
9				3,5					
10				3,5					
11				4,0					
12				4,0					
13				4,0					
14				4,5					
15				4,5					
16				5,0					

Figura 241 – Resultado das estatísticas $\overline{\overline{X}}$ (Mean1) e S (StDev1)

6.1.4.9 – Compare a média populacional (μ) com a média das médias amostrais ($\overline{\overline{X}}$).

A distribuição amostral possui a mesma média da distribuição da população, ou seja, $\mu = 3,50 = \overline{\overline{X}} = 3,50$ defeitos graves.

6.1.4.10 – Compare o desvio padrão populacional (σ) com o desvio padrão da distribuição das médias amostrais (S).

A distribuição amostral possui um menor desvio padrão que a distribuição da população, ou seja, apesar de a amostra e a população possuírem a mesma medida de posição (média), a amostra tem menor dispersão. Então, S = 0,82 < σ = 1,12 defeito grave.

6.1.4.11 – Represente graficamente a distribuição de probabilidades da população e a distribuição de probabilidades das médias amostrais.

No item 6.1.4.2, calcularam-se os valores das probabilidades de cada embreagem da população e verificou-se que as probabilidades são iguais, o que caracteriza uma distribuição uniforme de probabilidades. Então, na planilha Worksheet 1, nomeie a coluna C13 como P(X=x), Figura 243, e clique nos comandos Calc > Probability Distributions > Uniform. Abre-se a caixa Uniform Distribution (distribuição uniforme). Marque Probability density (densidade

CAPÍTULO 6 - INFERÊNCIA ESTATÍSTICA / **243**

da probabilidade) e digite 2 e 5 nos campos Lower endpoint (menor valor da distribuição) e Upper endpoint (maior valor da distribuição), respectivamente. Em Input column (entrar com a coluna), preencha com os valores que X pode assumir, selecionando a coluna C2, e em Optional storage (opção de armazenar), selecione a coluna C13. Em seguida, clique em OK, Figura 242.

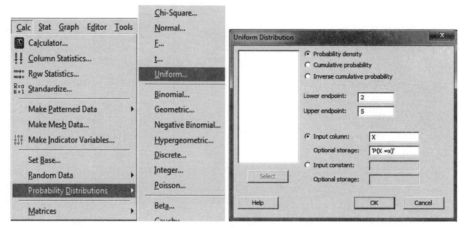

Figura 242 – Selecionando o cálculo da probabilidade uniforme e inserindo os dados para o cálculo

São mostrados na planilha Worksheet 1, na coluna C13, os valores da probabilidade de cada embreagem, Figura 243.

Figura 243 – Cálculo da probabilidade uniforme para as embreagens da população

As probabilidades das médias amostrais encontram-se calculadas na coluna C10, Figura 244.

Para fazer a representação gráfica das distribuições de probabilidades populacional e amostral, siga como demonstrado no item 5.2.3.8, Gráficos 43 e 44.

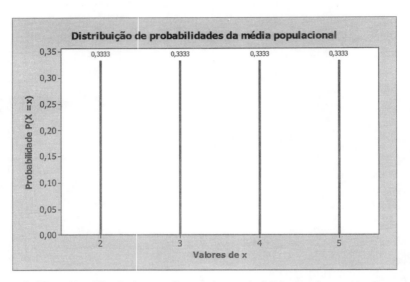

Gráfico 43 – Distribuição uniforme das probabilidades da população

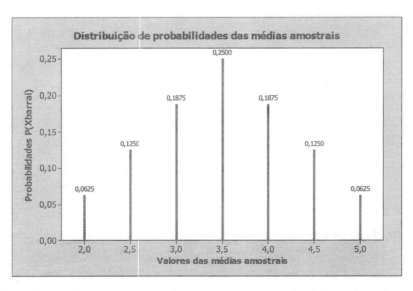

Gráfico 44 – Distribuição das probabilidades das médias amostrais tendendo para a distribuição normal

6.1.4.12 – Calcule o erro padrão da média ($S_{\bar{x}}$).
O erro padrão da média pode ser definido pela Eq. (95) e corresponde ao valor aproximado do desvio padrão amostral (S).

$$S_{\bar{x}} = \frac{\sigma}{\sqrt{n}} = \frac{1,12}{\sqrt{2}} = 0,79 \text{ defeito grave}$$

Esse valor é muito próximo daquele calculado no item 6.1.4.8, confirmando a menor dispersão da amostra em relação à população. Portanto, o desvio padrão amostral (S) pode ser estimado pelo erro padrão da média ($S_{\bar{x}}$) quando o tamanho da amostra aumenta.

6.1.4.13 – Faça a conclusão sobre os dados.
Pode-se concluir que:
Aumentando o tamanho da amostra "n" e retirando repetidas amostras de mesmo tamanho da população, com reposição:
- a média das médias amostrais ($\bar{\bar{x}}$) se aproxima da média populacional (μ);
- o erro padrão da média ($S_{\bar{x}}$) diminui;
- a distribuição das probabilidades da média amostral tende para a curva normal, pois o desvio padrão amostral é menor que o desvio padrão populacional, $S < \sigma$, ou seja, os dados encontram-se mais concentrados.

Assim:
- o conceito do Teorema Central do Limite (TCL) é caracterizado;
- quando $n \geq 30$ elementos, a distribuição da média amostral tende para a distribuição normal;
- se a distribuição da população tem distribuição normal, a distribuição da média amostral também é normal;
- quanto maior o tamanho da amostra "n", menor será o erro padrão amostral e mais próxima a média amostral estará da média populacional. Disso, decorre uma maior aproximação da distribuição das probabilidades da média amostral da curva normal.

6.2 – Estimação de Parâmetros

No item anterior, mostrou-se que o teorema central do limite fornece informações sobre a distribuição da média amostral ($\bar{X}$). A distribuição envolve a média da população (μ). Desta forma, o conhecimento da distribuição amostral permite extrair uma conclusão sobre a média populacional (μ). O mesmo raciocínio se aplica ao desvio padrão amostral S e ao desvio padrão populacional μ.

A estimação é um procedimento estatístico que permite prever, com certa probabilidade, ou seja, com certa margem de erro, o valor de um parâmetro populacional (μ, σ) desconhecido a partir de informações colhidas de amostras aleatórias. Então, estima-se μ e σ a partir de $\overline{X}$, S. Neste livro, estuda-se apenas a estimação de parâmetro para a média μ.

6.2.1 – Estimativa Pontual

A estimativa pontual ou especifica corresponde a um valor ou ponto único para aproximar um parâmetro populacional, por exemplo, a média populacional μ, pela média amostral $\overline{X}$, que é a estimativa menos tendenciosa de uma média populacional, conforme demonstrado no exemplo 12. Uma estatística é dita não tendenciosa se ela não subestima ou superestima o parâmetro populacional e apresenta variabilidade baixa. No entanto, não se espera que a média amostral estime, sem erro, a média populacional, mas que fique o mais próximo possível dela.

6.2.2 – Estimativa Intervalar

A estimativa intervalar refere-se a um intervalo de valores que tem a probabilidade de conter o verdadeiro valor do parâmetro populacional (μ). Esse intervalo é denominado intervalo de confiança (IC) e é estabelecido com o risco conhecido de conter um erro, ou seja, uma margem de erro.

A estimativa intervalar mostra o quão próximo a média amostral $\overline{X}$ está da média populacional μ, Figura 244. Assim, pode-se dizer que a estimativa intervalar indica a exatidão da estimativa pontual.

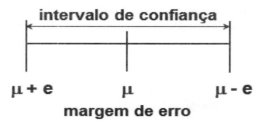

Figura 244 – Estimativa intervalar

6.2.3 – Nível de Confiança

O nível de confiança (NC) ou grau de confiança (GC) expressa a certeza de que o intervalo de confiança (IC) conterá o valor da verdadeira média populacional, ou seja, a probabilidade de μ estar dentro do IC estimado. O nível de confiança pode ser estabelecido pela Eq. (97).

$$N = 1 - \sigma \qquad (97)$$

NC → nível de confiança;
α → nível de significância.

6.2.3.1 – Nível de significância

O nível de significância (α) ou a probabilidade de cometer um erro de estimação corresponde à probabilidade de a média populacional estar fora do intervalo estimado. O Gráfico 45 representa, esquematicamente, o nível de confiança e o nível de significância da estimação do parâmetro populacional.

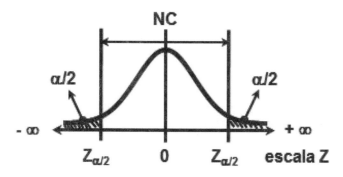

Gráfico 45 – Representação esquemática do intervalo de estimação

O nível de confiança e o nível de significância podem ser estabelecidos pela Tabela 12 utilizando o número de desvio padrão amostral ($Z_{\alpha/2}$) de cada lado da distribuição em relação ao valor médio.

Tabela 12 - Resumo da Tabela Z da Distribuição Normal

NC desejado (%)	α	$Z_{\alpha/2}$
80	0,2000	1,28
90	0,1000	1,65
95	0,0500	1,96
99	0,0100	2,58

6.2.4 – Cálculo do Intervalo de Confiança

O intervalo de confiança pode ser analisado como um conjunto de hipóteses aceitáveis.

6.2.4.1 – Estimativa da média populacional µ, quando o desvio padrão populacional σ é conhecido.

A estimativa de µ pode ser estabelecida pela Eq. (98), quando se tem uma distribuição normal para qualquer tamanho "n" da amostra ou quando se tem um tamanho da amostra n ≥ 30 elementos. Como visto pelo teorema central do limite, quando se tem uma amostra de tamanho n ≥ 30 elementos, mesmo que a distribuição original da variável aleatória não seja normal, ela pode ser aproximada por uma distribuição normal.

$$\mu = \bar{X} \pm \frac{Z \cdot \sigma}{\sqrt{n}} \qquad (98)$$

µ → média populacional;
$\bar{X}$ → média da distribuição amostral;
Z → número de desvio padrão em função do nível de confiança definido.
  O desvio padrão amostral (S) é estimado pelo erro padrão da média ($S_{\bar{x}}$), pela Eq. (95). Desta forma, Z corresponde ao número de erro padrão da média ($S_{\bar{x}}$);
σ → desvio padrão populacional;
n → tamanho da amostra.

Nesta estimativa, considera-se que o desvio padrão populacional é conhecido, o que, na prática, é um caso raro, mas quando se tem um tamanho de amostra n ≥ 30 elementos, o desvio padrão amostral (S) pode ser usado no lugar do desvio padrão populacional σ.

6.2.4.1.1 – Erro máximo da estimativa ou margem de erro

O erro máximo da estimativa corresponde à diferença entre a estimativa pontual $\bar{X}$ e o valor real do parâmetro populacional μ. Assim, a margem de erro pode ser calculada pela Eq. (99).

$$e = \pm \frac{Z.\sigma}{\sqrt{n}} \qquad (99)$$

e → erro máximo da estimativa ou tolerância de erro.

6.2.4.1.2 – Tamanho da amostra

A determinação do tamanho da amostra é de grande importância, pois as amostras grandes acarretam desperdício de tempo e dinheiro, enquanto as amostras muito pequenas podem levar a resultados imprecisos. O tamanho da amostra pode ser calculado pela Eq. (100) e devem-se arbitrar o erro máximo da estimativa e o nível de confiança.

$$n = \left(\frac{Z.\sigma}{e} \right)^2 \qquad (100)$$

6.2.4.2 – Estimativa da média populacional μ, quando o desvio padrão populacional é desconhecido e o tamanho da amostra é n < 30 elementos.

A estimativa da média populacional (μ) pode ser estabelecida quando se tem uma amostra de tamanho pequeno, ou seja, n < 30 elementos e o desvio padrão populacional (σ) é desconhecido, o que traduz uma situação mais comum na prática em função do custo, tempo e manuseio de uma amostra de tamanho grande. No entanto, para a realização deste cálculo, é necessário que a variável aleatória seja normalmente distribuída ou tenha uma distribuição aproximadamente normal. Neste caso, a estimativa da média populacional pode ser realizada pela Eq. (101), pois a variável aleatória contínua tem distribuição "t", é simétrica e a curva é mais achatada que a curva normal. Essa distribuição é denominada distribuição t de Student, como exemplificada pelo Gráfico 46, pois foi desenvolvida por William S. Gosset, que usou o pseudônimo Student para divulgar sua descoberta.

$$\mu = \bar{X} \pm \frac{t.S}{\sqrt{n}} \qquad (101)$$

μ → média populacional;
$\bar{X}$ → média da distribuição amostral;
t → é a distribuição de probabilidade de a média populacional μ estar dentro do intervalo de confiança. Corresponde ao número de erro padrão da média ($s_{\bar{x}}$) em função do nível de confiança definido, do nível de significância (α) e do grau de liberdade (GL). O erro padrão da média ($s_{\bar{x}}$) pode ser calculado pela Eq. (102);
S → desvio padrão amostral;
n → tamanho da amostra.

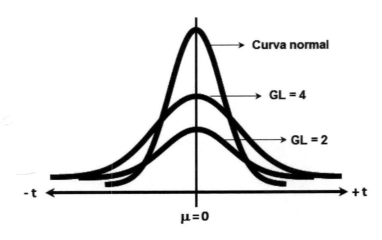

Gráfico 46 – Distribuição t de Student em função do grau de liberdade (GL)

$$S_{\bar{x}} = \frac{S}{\sqrt{n}} \qquad (102)$$

As caudas da curva na distribuição t são mais espessas, ou seja, têm maior probabilidade do que aquelas da distribuição normal padrão. Além disso, a distribuição t apresenta as seguintes características:
- tem forma de sino e a área sob a curva t é 1, ou seja, tem probabilidade 1;
- para cada tamanho de amostra n ou grau de liberdade, tem-se uma distribuição t. O grau de liberdade (GL) corresponde ao número de escolhas livres após o cálculo da média amostral $\overline{X}$. O GL pode ser calculado pela Eq. (103);

$$GL = n - 1 \tag{103}$$

- à medida que o tamanho da amostra n aproxima-se de 30 elementos, a distribuição t aproxima-se da distribuição normal padronizada Z;
- o valor de t é tabelado e depende do nível de significância (α) e do grau de liberdade (GL).

O Gráfico 47 esquematiza as distribuições t de Student. A Tabela 13 apresenta os valores de t para a distribuição bilateral (bicaudal) e a distribuição unilateral (unicaudal).

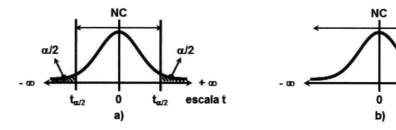

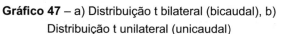

Gráfico 47 – a) Distribuição t bilateral (bicaudal), b) Distribuição t unilateral (unicaudal)

Tabela 13 – Distribuição t de Student

GL	unicaudal (α) 0,4000	0,3500	0,2000	0,1500	0,1000	0,0500	0,0250	0,0200	0,0150	0,0100	0,0050	0,0025
	bicaudal (α) 0,8000	0,7000	0,4000	0,3000	0,2000	0,1000	0,0500	0,0400	0,0300	0,0200	0,0100	0,0050
1	0,325	0,510	1,376	1,963	3,078	6,314	12,706	15,894	21,205	31,821	63,656	127,321
2	0,289	0,445	1,061	1,386	1,886	2,920	4,303	4,849	5,643	6,965	9,925	14,089
3	0,277	0,424	0,978	1,250	1,638	2,353	3,182	3,482	3,896	4,541	5,841	7,453
4	0,271	0,414	0,941	1,190	1,533	2,132	2,776	2,999	3,298	3,747	4,604	5,598
5	0,267	0,408	0,920	1,156	1,476	2,015	2,571	2,757	3,003	3,365	4,032	4,773
6	0,265	0,404	0,906	1,134	1,440	1,943	2,447	2,612	2,829	3,143	3,707	4,317
7	0,263	0,402	0,896	1,119	1,415	1,895	2,365	2,517	2,715	2,998	3,499	4,029
8	0,262	0,399	0,889	1,108	1,397	1,860	2,306	2,449	2,634	2,896	3,355	3,833
9	0,261	0,398	0,883	1,100	1,383	1,833	2,262	2,398	2,574	2,821	3,250	3,690
10	0,260	0,397	0,879	1,093	1,372	1,812	2,228	2,359	2,527	2,764	3,169	3,581
11	0,260	0,396	0,876	1,088	1,363	1,796	2,201	2,328	2,491	2,718	3,106	3,497
12	0,259	0,395	0,873	1,083	1,356	1,782	2,179	2,303	2,461	2,681	3,055	3,428
13	0,259	0,394	0,870	1,079	1,350	1,771	2,160	2,282	2,436	2,650	3,012	3,372
14	0,258	0,393	0,868	1,076	1,345	1,761	2,145	2,264	2,415	2,624	2,977	3,326
15	0,258	0,393	0,866	1,074	1,341	1,753	2,131	2,249	2,397	2,602	2,947	3,286
16	0,258	0,392	0,865	1,071	1,337	1,746	2,120	2,235	2,382	2,583	2,921	3,252
17	0,257	0,392	0,863	1,069	1,333	1,740	2,110	2,224	2,368	2,567	2,898	3,222
18	0,257	0,392	0,862	1,067	1,330	1,734	2,101	2,214	2,356	2,552	2,878	3,197
19	0,257	0,391	0,861	1,066	1,328	1,729	2,093	2,205	2,346	2,539	2,861	3,174
20	0,257	0,391	0,860	1,064	1,325	1,725	2,086	2,197	2,336	2,528	2,845	3,153
21	0,257	0,391	0,859	1,063	1,323	1,721	2,080	2,189	2,328	2,518	2,831	3,135
22	0,256	0,390	0,858	1,061	1,321	1,717	2,074	2,183	2,320	2,508	2,819	3,119
23	0,256	0,390	0,858	1,060	1,319	1,714	2,069	2,177	2,313	2,500	2,807	3,104
24	0,256	0,390	0,857	1,059	1,318	1,711	2,064	2,172	2,307	2,492	2,797	3,091
25	0,256	0,390	0,856	1,058	1,316	1,708	2,060	2,167	2,301	2,485	2,787	3,078
26	0,256	0,390	0,856	1,058	1,315	1,706	2,056	2,162	2,296	2,479	2,779	3,067
27	0,256	0,389	0,855	1,057	1,314	1,703	2,052	2,158	2,291	2,473	2,771	3,057
28	0,256	0,389	0,855	1,056	1,313	1,701	2,048	2,154	2,286	2,467	2,763	3,047
29	0,256	0,389	0,854	1,055	1,311	1,699	2,045	2,150	2,282	2,462	2,756	3,038
30	0,256	0,389	0,854	1,055	1,310	1,697	2,042	2,147	2,278	2,457	2,750	3,030
∞	0,253	0,385	0,842	1,037	1,282	1,646	1,962	2,056	2,173	2,330	2,581	2,807

Para a distribuição t de Student, podem-se calcular o erro máximo da estimativa e o tamanho da amostra pelas Eqs. (104) e (105), respectivamente.

$$e = \pm \frac{t \cdot S}{\sqrt{n}} \tag{104}$$

$$n = \left(\frac{t \cdot S}{e} \right)^2 \tag{105}$$

6.2.5 – Exemplo 13

Um fabricante de rolamentos possui dados históricos sobre a temperatura de aquecimento de seus rolamentos. Sabe-se que a temperatura média de aquecimento de 77 rolamentos, que foram testados num laboratório de controle, é de 54,30°C, que a amostragem da população segue uma distribuição normal e tem um desvio padrão populacional de 1,34°C.

6.2.5.1 – Construa o intervalo de confiança para a estimação da temperatura média da população, considerando um nível de confiança de 95%.

Com o MINITAB® aberto, selecione e copie os dados referentes ao enunciado do exemplo 13 e cole na janela Session. Salve para obter o arquivo Exemplo 13, Figura 245, como explicado no item 3.2.1.1.1.

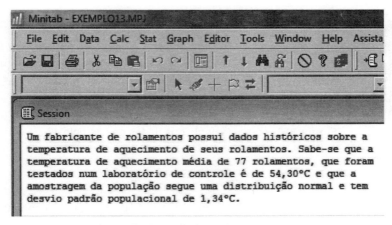

Figura 245 – Exemplo 13

Identifique os elementos do enunciado do problema. Os dados fornecidos caracterizam um problema de estimação de parâmetros, uma vez que é solicitado estabelecer o intervalo de confiança para estimar a temperatura média de aquecimento dos rolamentos da população para uma temperatura média de aquecimento da amostra de 54,30°C ($\overline{X}$) e um desvio padrão populacional (σ) de 1,34°C. Portanto, o desvio padrão da população é conhecido e a amostra segue uma distribuição normal.

A partir dessas informações, pode-se calcular o intervalo de confiança para fazer a estimativa da média populacional μ, quando o desvio padrão populacional σ é conhecido, pela Eq. (98). Tem-se um tamanho de amostra n = 77 rolamentos e distribuição normal, caracterizando uma distribuição normal padronizada Z, com um nível de confiança de 95% (0,9500). Consequentemente, tem-se α = 5% (0,0500) para o nível de significância, calculado pela Eq. (97).

Na planilha Worksheet 1, nomeie as colunas C1 a C6 como Xbarra ($\overline{X}$), NC1 (nível de confiança), L1 (nível de significância), Z1 (número de desvio padrão), Sigma1 (σ da população) e tamanho da amostra n1 para caracterizar os dados do item 6.2.5.1. Preencha os valores de Xbarra = 54,30, NC1 = 95, L1 = 5, Z1 = 1,96 (conforme a Tabela 12), Sigma1 = 1,34 e n1 = 77, Figura 246.

Worksheet 1 ***

↓	C1	C2	C3	C4	C5	C6
	Xbarra	NC1	L1	Z1	Sigma1	n1
1	54,30	95	5	1,96	1,34	77

Figura 246 – Levantamento dos dados do exemplo 13

Com os dados identificados no MINITAB®, calcule o intervalo de confiança utilizando os comandos Stat > Basic Statistics > 1-Sample Z, Figura 247. Abre-se a caixa 1-Sample Z (Test and Confidence Interval) (para uma amostra Z – Teste e intervalo de confiança), Figura 248. Marque o campo Summarized data (dados resumidos) e preencha os campos Sample size (tamanho da amostra) com 77, Mean (média amostral) com 54,30, Standard deviation (desvio padrão) com 1,34 e deixe os demais campos em branco.

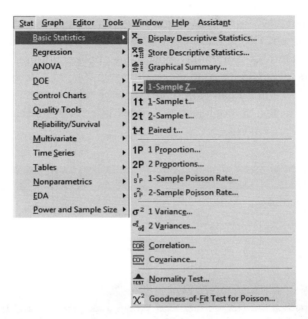

Figura 247 – Selecionando o cálculo do intervalo de confiança para uma amostra Z

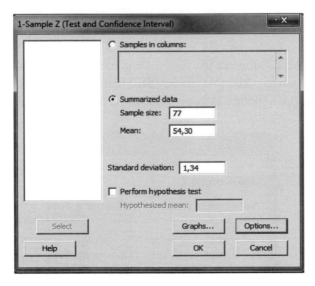

Figura 248 – Inserindo os dados para o cálculo do intervalo de confiança para uma amostra Z

Clique em Graphs (gráficos) e será aberta a caixa 1-Sample Z – Graphs (para uma amostra Z – gráficos), Figura 249. Deixe todos os campos desmarcados e clique em OK. Clique em Options (opções) e será exibida a caixa 1-Sample Z – Options (para uma amostra Z – opções), Figura 249. No campo Confidence level (nível de confiança), digite 95,0 e em Alternative (hipótese alternativa), deixe not equal (diferente), pois se trata de uma estimação bilateral, ou seja, deseja-se conhecer os limites inferior e superior da média da população. Clique em OK.

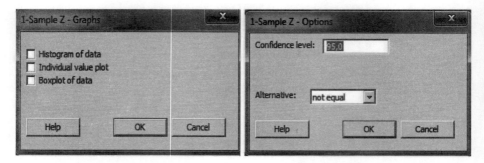

Figura 249 – Concluindo a inserção dos dados para o cálculo do intervalo de confiança para uma amostra Z

Clique novamente em OK e serão mostrados, na janela Session, os valores do tamanho da amostra (N) de 77 elementos, da média amostral (Mean) de 54,300°C, do erro padrão da média (SE Mean) de 0,153°C e o intervalo de confiança para 95% (95% CI) entre 54,001°C a 54,599°C, Figura 250.

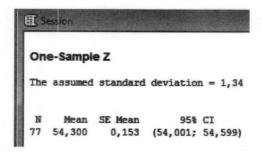

Figura 250 – Cálculo do intervalo de confiança da temperatura média de aquecimento com NC = 95%

Conclui-se que a temperatura média de aquecimento da população está dentro do intervalo de confiança de 54,001°C ≤ μ ≤ 54,599°C, com uma confiança ou certeza de 95%. Esse intervalo de confiança pode ser representado pelos Gráficos 48 e 49.

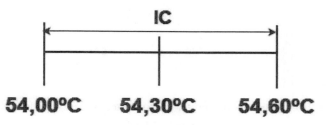

Gráfico 48 – Estimativa intervalar da temperatura média de aquecimento para NC = 95%

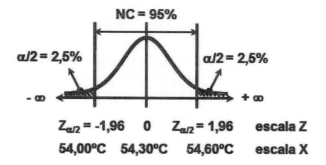

Gráfico 49 – Estimativa intervalar da distribuição da temperatura média de aquecimento nas escalas Z e X para NC = 95%

6.2.5.2 – Construa o intervalo de confiança para a estimação da temperatura média da população, considerando um nível de confiança de 80%.

Este problema é semelhante ao do item 6.2.5.1. A diferença está no valor do nível de confiança, que é de 80%. Siga as instruções do item 6.2.5.1 e calcule o intervalo de confiança. O nível de significância pode ser calculado pela Eq. (97) e corresponde a α = 20% ou α = 0,2000. Após utilizar os comandos e preencher os dados, conforme o item 6.2.5.1, o resultado é apresentado na janela Session, Figura 251.

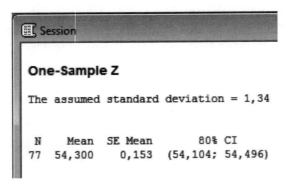

Figura 251 – Cálculo do intervalo de confiança da temperatura média de aquecimento com NC = 80%

São mostrados, então, os valores do tamanho da amostra (N) de 77 elementos, da média amostral (Mean) de 54,300°C, do erro padrão da média (SE Mean) de 0,153°C e o intervalo de confiança para 80% (80% CI) entre 54,104°C e 54,496°C, Figura 251.

Conclui-se que a temperatura média de aquecimento da população está dentro do intervalo de confiança de 54,104°C ≤ μ ≤ 54,496°C, com uma confiança de 80%. A partir da Tabela 12, tem-se que, para um nível de confiança de 80%, o valor de Z = 1,28. Esse intervalo de confiança pode ser representado pelos Gráficos 50 e 51.

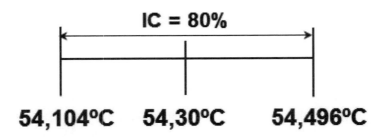

Gráfico 50 – Estimativa intervalar da temperatura média de aquecimento para NC = 80%

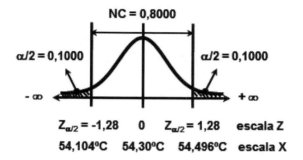

Gráfico 51 – Estimativa intervalar da distribuição da temperatura média de aquecimento nas escalas Z e X para NC = 80%

6.2.5.3 – Construa o intervalo de confiança para a estimação da temperatura média da população, considerando um nível de confiança de 99%.

Este problema é semelhante ao do item 6.2.5.1. A diferença está no valor do nível de confiança, que é de 99%. Siga as instruções do item 6.2.5.1 e calcule o intervalo de confiança. O nível de significância pode ser calculado pela Eq. (97) e corresponde a $\alpha = 1\%$ ou $\alpha = 0,0100$. Após utilizar os comandos e preencher os dados, o resultado é apresentado na janela Session, Figura 252.

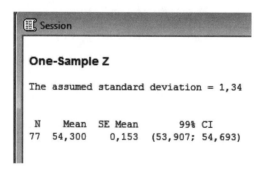

Figura 252 – Cálculo do intervalo de confiança da temperatura média de aquecimento com NC = 99%

São mostrados, então, os valores do tamanho da amostra (N) de 77 elementos, da média amostral (Mean) de 54,300°C, do erro padrão da média

(SE Mean) de 0,153°C e o intervalo de confiança para 99% (99% CI) entre 53,907°C e 54,693°C, Figura 252.

Conclui-se que a temperatura média de aquecimento da população está dentro do intervalo de confiança de 53,907°C $\leq \mu \leq$ 54,693°C com uma certeza ou confiança de 99%. A partir da Tabela 12, tem-se que, para um nível de confiança de 99%, o valor de Z = 2,58. Esse intervalo de confiança pode ser representado pelos Gráficos 52 e 53.

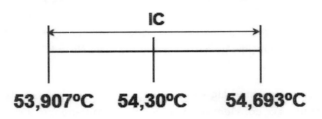

Gráfico 52 – Estimativa intervalar da temperatura média de aquecimento para NC = 99%

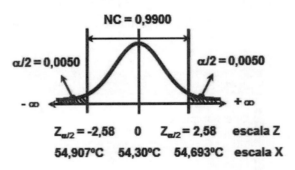

Gráfico 53 – Estimativa intervalar da distribuição da temperatura média de aquecimento nas escalas Z e X para NC = 99%

6.2.5.4 – Qual é o erro máximo provável associado à estimativa da temperatura média de aquecimento dos itens anteriores?

Deseja-se conhecer o erro máximo provável, considerando os dados de σ, n1 e NC, dos itens 6.2.5.1 a 6.2.5.3. Então, a partir dos comandos Stat > Power and Sample Size > Sample Size for Estimation, Figura 253, abre-se a caixa Sample Size for Estimation (tamanho da amostra para a estimação),

Figura 254. No campo Parameter (parâmetro), escolha Mean (Normal) (média com distribuição normal). Em Planning Value (valor de planejamento), no campo Standard Deviation (desvio padrão), digite o valor de 1,34, em seguida, faça a escolha para Estimate margins of error (estimar a margem de erro) e no campo Sample sizes (tamanhos da amostra), digite 77. Clique em Options (opções), Figura 254.

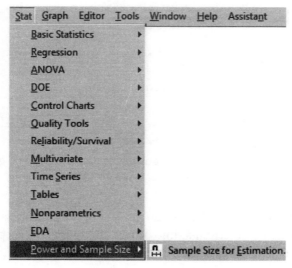

Figura 253 – Selecionando o cálculo do erro máximo provável do exemplo 13

Figura 254 – Inserindo os dados para o cálculo do erro máximo provável do exemplo 13

Abre-se a caixa Sample Size for Estimation – Options (tamanho da amostra para estimação – opções). Nos campos Confidence level (nível de confiança), entre com 80% e em Confidence interval (intervalo de confiança), escolha Two-sided (bilateral) e marque Assume population standard deviation is known (assumir que o desvio padrão da população é conhecido), Figura 255. Clique em OK.

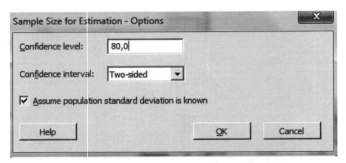

Figura 255 – Concluindo a inserção dos dados para o cálculo do erro máximo provável do exemplo 13

Clique novamente em OK e serão mostrados, na janela Session, os dados referentes ao cálculo do erro máximo provável, Figura 256. Repita esse passo para os níveis de confiança 95,0% e 99,0%.

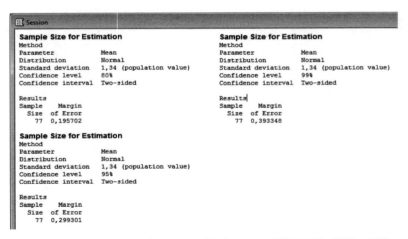

Figura 256 – Cálculo do erro máximo provável para os NCs 80%, 95% e 99% para o exemplo 13

Na janela Session, tem-se que o erro máximo é de 0,20°C, 0,30°C e 0,39°C para os respectivos níveis de confiança de 80,0%, 95,0% e 99,0%.

6.2.5.5 – Registre suas conclusões sobre os diferentes intervalos de confiança.

O Gráfico 54 representa, esquematicamente, os intervalos de confiança para os três níveis. Conclui-se que aumentando o nível de confiança, o intervalo de confiança aumenta, mas, em compensação, o erro máximo da estimativa aumenta para um mesmo tamanho de amostra (n = 77). Assim, tem-se uma certeza ainda maior de que o valor da temperatura média de aquecimento está dentro do intervalo de confiança.

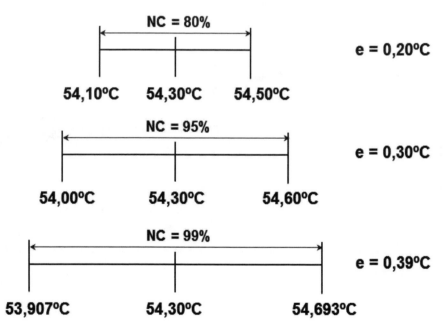

Gráfico 54 – Comparando os intervalos de confiança para as estimativas intervalares da temperatura média de aquecimento para os diferentes níveis de confiança: NCs 80%, 95%, e 99%

6.2.5.6 – Qual é a probabilidade de a verdadeira média exceder a 54,80°C?

Neste caso, deseja-se conhecer a probabilidade de a média da população (μ) ultrapassar o valor de 54,80°C, ou seja, saber o valor do nível de significância (α/2) referente ao limite superior de confiança. Os demais parâmetros são os mesmos do item 6.2.5.1.

Utilize os mesmos comandos para o cálculo do intervalo de confiança: Stat > Basic Statistics > 1-Sample Z, Figura 247. Na caixa 1-Sample Z (Test and Confidence Interval), conserve os mesmos dados para os campos Summarized data e preencha Sample size com 77, Mean com 54,30 e Standard deviation com 1,34. Marque o campo Perform hypothesis test (realizar teste de hipóteses) e digite no campo Hypothesized mean (média a ser testada), o valor 54,80. Clique em Options (opções) e deixe o campo Confidence level (nível de confiança) em branco. No campo Alternative (hipótese alternativa), escolha not equal (diferente), pois se deseja saber o valor da probabilidade (α), do intervalo de confiança para o processo bilateral, quando a média da população superar 54,80°C, Figura 257. Clique em OK.

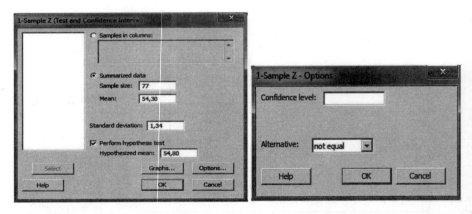

Figura 257 – Inserindo os dados para o cálculo da probabilidade de μ exceder a 54,80°C

Clique novamente em OK e serão mostrados, na janela Session, os valores do tamanho da amostra (N) de 77 elementos, da média amostral (Mean) de 54,300°C e do erro padrão da média (SE Mean) de 0,153°C. Será mostrado também que o valor do intervalo de confiança para 95% (95% CI) está entre 54,001°C e 54,599°C, que o valor de Z = - 3,27 e corresponde ao número de erro padrão da média ($S_{\bar{x}}$) em relação ao ponto central da distribuição, ou seja, a média da população (μ) de 54,30°C e os limites inferior e superior de confiança quando a verdadeira média ultrapassar 54,80°C. O valor de P = 0,001 corresponde à probabilidade α (nível de significância), ou seja, a probabilidade de a média estar fora do intervalo de confiança, Figura 258.

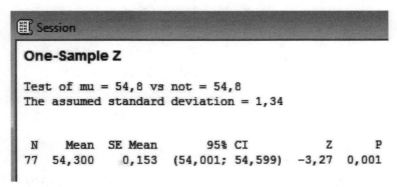

Figura 258 – Cálculo da probabilidade de μ exceder 54,80°C

O valor Z = - 3,27 corresponde ao número de erro padrão da média ($S_{\bar{x}}$) em relação ao ponto central da distribuição, ou seja, a média da população (μ) e o limite inferior de confiança. Esse valor se repete para a distância entre a média da população (μ) e o limite superior de confiança, mas com o valor positivo Z = 3,27.

O valor do limite superior de confiança é o valor testado e corresponde a 54,80°C, Gráfico 55. Assim, da Tabela 10, tem-se que a probabilidade para os valores da média da população entre 54,30°C e 54,80°C, para Z = 3,27, é igual a 0,4995, que é a mesma probabilidade para Z = - 3,27.

Portanto, a probabilidade de a média estar dentro do intervalo de confiança entre -3,27 e 3,27 desvios padrão é de 0,9990 (NC = 99,90%), Gráfico 55.

No entanto, o que se deseja saber é qual a probabilidade de a verdadeira média exceder 54,80°C. Pela Eq. (97), tem-se:

$$NC = 1 - α \Rightarrow α = 1 - NC = 1 - 0,9990 \Rightarrow α = 0,0010$$

Conclui-se, então, que α/2 = 0,0005 é a probabilidade de a temperatura média de aquecimento da população exceder 54,80°C. Esse intervalo de confiança pode ser representado pelo Gráfico 55.

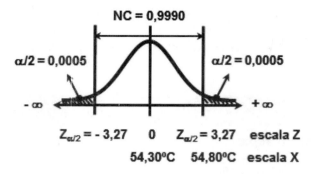

Gráfico 55 – Probabilidade de a temperatura média de aquecimento dos rolamentos nas escalas Z e X exceder 54,80°C

6.2.5.7 – Qual é a probabilidade de a verdadeira média ser inferior a 53,90°C?

Neste caso, deseja-se conhecer a probabilidade de a média da população (μ) ser menor que 53,90°C, ou seja, saber o valor do nível de significância ($\alpha/2$) referente ao limite inferior de confiança. Os demais parâmetros são os mesmos do item 6.2.5.1.

Utilize os mesmos comandos para o cálculo do intervalo de confiança: Stat > Basic Statistics > 1-Sample Z, Figura 247. Na caixa 1-Sample Z (Test and Confidence Interval), conserve os mesmos dados para os campos Summarized data e preencha Sample size com 77, Mean com 54,30 e Standard deviation com 1,34. Marque o campo Perform hypothesis test (realizar teste de hipóteses) e digite no campo Hypothesized mean (média a ser testada), o valor 53,90. Clique em Options e deixe o campo Confidence level (nível de confiança) em branco. No campo Alternative (hipótese alternativa), escolha not equal (diferente), pois se deseja saber o valor da probabilidade (α), do intervalo de confiança para o processo bilateral, quando a média da população for inferior a 53,90°C, Figura 259. Clique em OK.

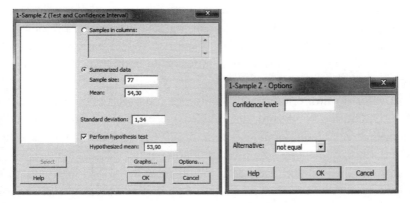

Figura 259 – Inserindo os dados para o cálculo da probabilidade de μ ser inferior a 53,90°C

Clique novamente em OK e serão mostrados, na janela Session, os valores do tamanho da amostra (N) de 77 elementos, da média amostral (Mean) de 54,300°C e do erro padrão da média (SE Mean) de 0,153°C. Será possível verificar ainda que o valor do intervalo de confiança para 95% (95% CI) está entre 54,001°C e 54,599°C. O valor de Z = 2,62 corresponde ao número de erro padrão da média ($S_{\bar{x}}$) em relação ao ponto central da distribuição, ou seja, a média da população (μ) de 54,30°C e os limites inferior e superior de confiança quando a verdadeira média for menor que 53,90°C. O valor de P = 0,009 corresponde à probabilidade α (nível de significância), ou seja, a probabilidade de a média estar fora do intervalo de confiança, Figura 260.

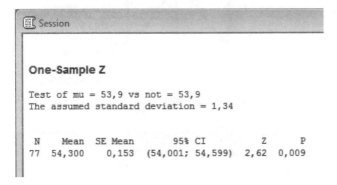

Figura 260 – Cálculo da probabilidade de μ ser inferior a 53,90°C

O valor Z = 2,62 corresponde ao número de erro padrão da média ($S_{\bar{x}}$) em relação ao ponto central da distribuição, ou seja, a média da população (μ) e o limite superior de confiança. Esse valor se repete para a distância entre a média da população (μ) e o limite inferior de confiança, mas com o valor negativo Z = - 2,62.

O valor do limite inferior de confiança é o valor testado e corresponde a 53,90°C, Gráfico 56. Assim, da Tabela 10, tem-se que a probabilidade para os valores da média da população entre 53,90°C e 54,30°C, para Z = - 2,62, é igual a 0,4956, que é a mesma probabilidade para Z = 2,62.

Portanto, a probabilidade de a média estar dentro do intervalo de confiança entre -2,62 e 2,62 desvios padrão é de 0,9912 (NC = 99,12%), Gráfico 55. O MINITAB®, por trabalhar com três casas decimais no cálculo de P, arredonda o valor de P = 0,0088 para P = 0,009, o que faz com que o nível de confiança seja de 99,10%.

No entanto, o que se deseja saber é a probabilidade de a verdadeira média ser inferior a 53,90°C. Pela Eq. (97), tem-se:

$$NC = 1 - \alpha \Rightarrow \alpha = 1 - NC = 1 - 0,9910 \Rightarrow 0,0090$$

Conclui-se, então, que α/2 = 0,0045 é a probabilidade de a temperatura média de aquecimento da população ser menor que 53,90°C. Esse intervalo de confiança pode ser representado pelo Gráfico 56.

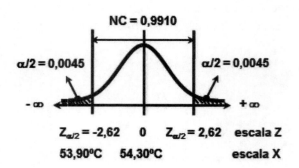

Gráfico 56 – Probabilidade de a temperatura média de aquecimento dos rolamentos nas escalas Z e X ser inferior a 53,90°C

6.2.5.8 – Calcule o tamanho da amostra, considerando um erro máximo de 0,20°C para o mesmo nível de confiança e desvio padrão do item 6.2.5.1.

Nesta situação, deseja-se conhecer o tamanho da amostra, considerando os dados de NC, α, σ do item 6.2.5.1 e estima-se uma margem de erro (erro máximo) de 0,20°C. A partir dos comandos Stat > Power and Sample Size > Sample Size for Estimation, Figura 261, abre-se a caixa Sample Size for Estimation (tamanho da amostra para a estimação), Figura 262. No campo Parameter (parâmetro), escolha Mean (Normal) (média com distribuição normal). Em Planning Value (valor de planejamento), no campo Standard Deviation (desvio padrão), digite o valor de 1,34 e, em seguida, faça a escolha para Estimate sample sizes (estimar os tamanhos da amostra). No campo Margins of error for confidence intervals (margens de erro para os intervalos de confiança), digite 0,20 e clique em Options (opções).

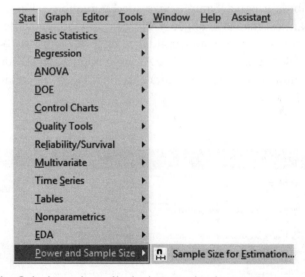

Figura 261 – Selecionando o cálculo do tamanho da amostra para a estimação

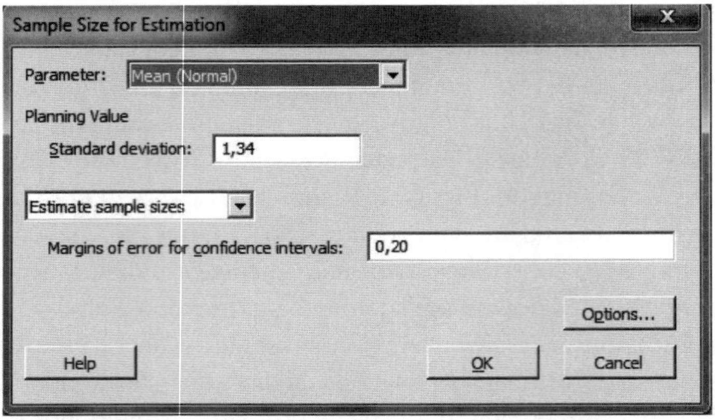

Figura 262 – Inserindo os dados para o cálculo do tamanho da amostra para
e = 0,20°C

Será exibida a caixa Sample Size for Estimation – Options (tamanho da amostra para estimação – opções). No campo Confidence level (nível de confiança), entre com 95% e em Confidence interval (intervalo de confiança), escolha Two-sided (bilateral). Marque Assume population standard deviation is known (assumir que o desvio padrão da população é conhecido), Figura 263, e clique em OK.

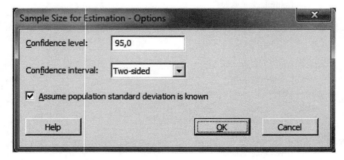

Figura 263 – Concluindo a inserção dos dados para o cálculo do tamanho da amostra para e = 0,20°C

Clique novamente em OK e serão mostrados, na janela Session, os dados referentes ao tamanho da amostra, Figura 264.

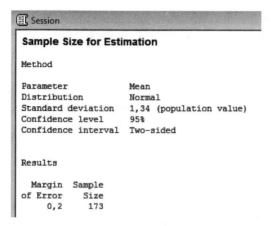

Figura 264 – Cálculo do tamanho da amostra para e = 0,20°C

Desta forma, para que se faça uma estimativa da temperatura média de aquecimento dos rolamentos, com um nível de confiança de 95% e uma margem de erro de 0,20°C, a amostra deve ser composta de 173 rolamentos.

6.2.5.9 – Estabeleça o limite inferior de confiança para a estimação da verdadeira média da população para o mesmo nível de confiança do item 6.2.5.1 e compare os resultados.

Neste caso, deseja-se saber apenas o valor do limite inferior de confiança da média da população. Refere-se, assim, a uma estimação de parâmetro unilateral à esquerda (unicaudal à esquerda), como representado no Gráfico 57.

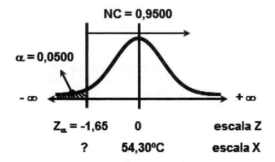

Gráfico 57 – Estimação unilateral à esquerda da temperatura média de aquecimento dos rolamentos nas escalas Z e X para NC = 95%

Utilize os mesmos comandos para o cálculo do intervalo de confiança Stat > Basic Statistics > 1-Sample Z, Figura 247. Na caixa 1-Sample Z (Test and Confidence Interval), conserve os mesmos dados para os campos Summarized data, Sample size com 77, Mean com 54,30 e Standard deviation com 1,34. Deixe os demais campos desmarcados e em branco. Clique em Options e digite no campo Confidence level (nível de confiança) 95,0. No campo Alternative (hipótese alternativa), escolha greater than (maior que), pois se deseja saber o valor do limite inferior da média da população para a estimação do parâmetro unilateral à esquerda, quando se tem um nível de confiança de 95%, Figura 265. Clique em OK.

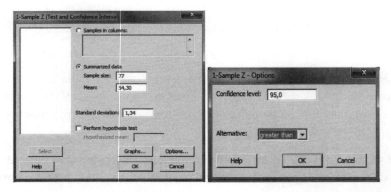

Figura 265 – Inserindo os dados para o cálculo do limite inferior de confiança para NC = 95%

Clique novamente em OK e serão apresentados, na janela Session, os valores do tamanho da amostra (N) de 77 elementos, da média amostral (Mean) de 54,300°C, do erro padrão da média (SE Mean) de 0,153°C e o limite inferior de confiança para 95% (95% Lower Bound) de 54,049°C, Figura 266.

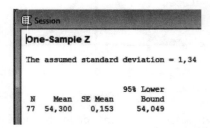

Figura 266 – Cálculo do limite inferior de confiança para NC = 95%

Nota 01 - Para o cálculo de uma estimação da média da população unilateral (unicaudal) no MINITAB®, deve-se usar "greater than" (maior que) apenas quando se deseja saber o que está acima do limite inferior de confiança. Caso contrário, quando se quer saber o que está abaixo do limite superior de confiança, deve-se usar "less than" (menor que), Gráfico 58.

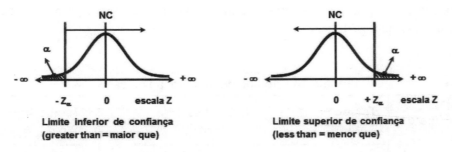

Gráfico 58 – Estimação do parâmetro unilateral à esquerda ou à direita

Comparando os valores dos limites inferiores de confiança de $\mu - e = 54,049°C$ para uma estimação unilateral, e $\mu - e = 54,001°C$ para uma estimação bilateral, percebe-se que o limite é maior para uma estimação unilateral.

Isso ocorre em razão de o nível de significância (α), para um nível de confiança de 95% para a estimação unilateral à esquerda, ser maior ($\alpha = 0,0500$) que para a estimação bilateral ($\alpha/2 = 0,0250$), Gráfico 59.

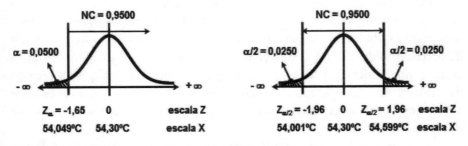

Gráfico 59 – Comparando a estimação de parâmetro unilateral à esquerda com a bilateral

6.2.6 – Exemplo 14

Um fabricante de cafeteira seleciona, aleatoriamente, 12 cafeteiras elétricas com potência de 550 watts, voltagem de 220 volts e capacidade para fazer 16 xícaras de café, com o objetivo de avaliar o tempo de preparação do café a partir do momento do acionamento do botão liga da cafeteira. Considere que a variável aleatória, o tempo de preparação do café, apresenta uma distribuição aproximadamente normal. Realize os itens 6.2.6.1 a 6.2.6.10, sabendo que as 12 cafeteiras apresentaram os seguintes tempos de preparação de café em minutos, Tabela 14:

Tabela 14 – Tempo de preparação do café

Teste1	Tempo1 (min)	Teste2	Tempo2 (min)	Teste3	Tempo3 (min)
1	8,15	5	8,05	9	7,90
2	7,98	6	8,19	10	8,30
3	8,00	7	8,20	11	8,15
4	7,86	8	8,08	12	7,76

6.2.6.1 – Determine o intervalo de confiança para a estimação do tempo médio de preparação do café, considerando um nível de confiança de 90%.

Identifique os elementos do enunciado do problema. Os dados fornecidos caracterizam um problema de estimação de parâmetros, uma vez que é solicitado estabelecer o intervalo de confiança para estimar o tempo médio de preparação do café. A população apresenta uma distribuição próxima da normal, mas o desvio padrão da população σ é desconhecido e o tamanho da amostra é de 12 cafeteiras. Portanto, tem-se uma amostra com menos de 30 elementos, caracterizando uma amostra que segue uma distribuição t de Student.

A partir dessas informações, pode-se calcular o intervalo de confiança para fazer a estimativa da média populacional μ, quando o desvio padrão po-

CAPÍTULO 6 - INFERÊNCIA ESTATÍSTICA / **275**

pulacional μ é desconhecido, pela Eq. (101), pois há um tamanho de amostra n = 12 cafeteiras e uma distribuição aproximadamente normal, caracterizando uma distribuição padronizada t Student com um nível de confiança de 90% (0,9000) e, consequentemente, α = 10% (0,1000), nível de significância, calculado pela Eq. (97). Além disso, o grau de liberdade corresponde a GL = 11, calculado pela Eq. (103), o que leva a t = ± 1,796, o valor obtido da Tabela 13 da seguinte forma:

- na primeira coluna da Tabela 13, denominada GL, onde se têm os valores do grau de liberdade, encontra-se o valor 11, Figura 267;
- na primeira linha da Tabela 13, denominada unicaudal (α), têm-se os valores do nível de significância para uma estimação unilateral à esquerda ou à direita, a qual não se aplica a este exemplo, Figura 267;
- na segunda linha da Tabela 13, denominada bicaudal (α), onde se têm os valores do nível de significância para uma estimação bilateral, que se aplica a este exemplo, encontra-se o valor 0,100, Figura 267;
- o valor de t corresponde ao cruzamento do valor do GL e de α, ou seja, 1,796.

GL	unicaudal (α)	0,2000	0,1500	0,1000	0,0500	0,0250	0,0200	0,0150	0,0100	0,0050	0,0025
	bicaudal (α)	0,4000	0,3000	0,2000	0,1000	0,0500	0,0400	0,0300	0,0200	0,0100	0,0050
1		1,376	1,963	3,078	6,314	12,706	15,894	21,205	31,821	63,656	127,321
2		1,061	1,386	1,886	2,920	4,303	4,849	5,643	6,965	9,925	14,089
3		0,978	1,250	1,638	2,353	3,182	3,482	3,896	4,541	5,841	7,453
10		0,879	1,093	1,372	1,812	2,228	2,359	2,527	2,764	3,169	3,581
11		0,876	1,088	1,363	1,796	2,201	2,328	2,491	2,718	3,106	3,497
12		0,873	1,083	1,356	1,782	2,179	2,303	2,461	2,681	3,055	3,428
13		0,870	1,079	1,350	1,771	2,160	2,282	2,436	2,650	3,012	3,372

Figura 267 – Obtendo o valor t = 1,796 para GL = 11 e α = 0,100, na Tabela 13

Com o MINITAB® aberto, selecione e copie os dados referentes ao enunciado do exemplo 14 e cole na janela Session. Salve para obter o arquivo Exemplo 14, Figura 268, conforme explicado no item 3.2.1.1.1.

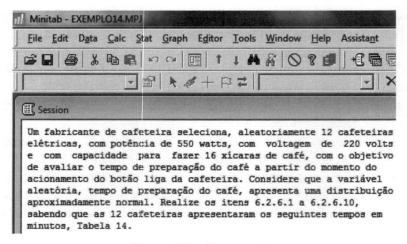

Figura 268 – Exemplo 14

Selecione e copie os campos que contêm os dados na Tabela 14 e cole na planilha Worksheet 1, Figura 269. Em seguida, nomeie as colunas C7 e C8 como Teste e Tempo (min), respectivamente.

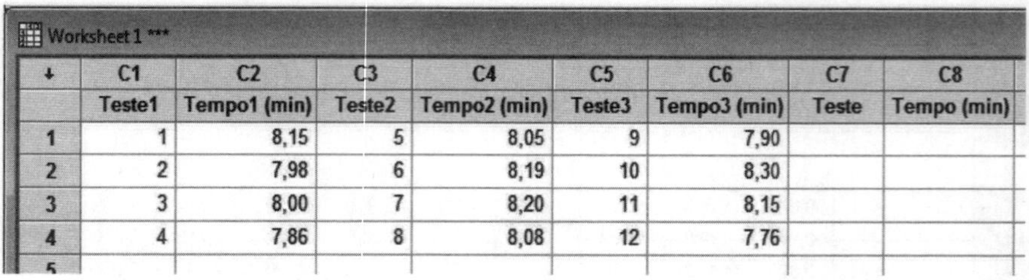

Figura 269 – Dados do tempo de preparação do café

Para realizar os cálculos do intervalo de confiança, é necessário empilhar os dados numa coluna. Pelos comandos Data > Stack > Blocks of Columns, abre-se a caixa Stack Blocks of Columns (empilhar blocos de colunas), Figura 269. No campo Stack two or more blocks of columns on top of each other (empilhar dois ou mais blocos de colunas um sobre o outro), selecione as colunas C1 e C2 no primeiro campo vazio, depois, faça o mesmo para as colunas C3 e C4, C5 e C6 nos campos vazios a seguir. Em Store stacked data in (armazenar os dados empilhados em), assinale o campo Columns of current worksheet (colunas da planilha atual) e no campo vazio, selecione as colunas C7 e C8 para armazenar os dados empilhados. Deixe o campo Store subscripts in (armazenar colunas nominadas em) em branco e assinale o campo Use variable names in subscript column (usar os nomes das variáveis nas colunas nominadas), Figura 270.

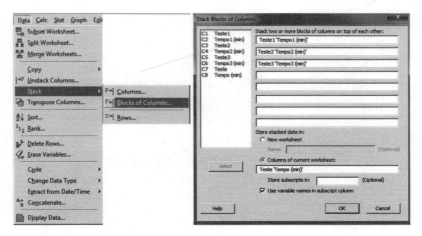

Figura 270 – Empilhar os dados do exemplo 14 em uma coluna

Clique em OK e serão mostradas, na planilha Worksheet 1, nas colunas C7 e C8, as colunas empilhadas, Figura 271.

	C1 Teste1	C2 Tempo1 (min)	C3 Teste2	C4 Tempo2 (min)	C5 Teste3	C6 Tempo3 (min)	C7 Teste	C8 Tempo (min)
1	1	8,15	5	8,05	9	7,90	1	8,15
2	2	7,98	6	8,19	10	8,30	2	7,98
3	3	8,00	7	8,20	11	8,15	3	8,00
4	4	7,86	8	8,08	12	7,76	4	7,86
5							5	8,05
6							6	8,19
7							7	8,20
8							8	8,08
9							9	7,90
10							10	8,30
11							11	8,15
12							12	7,76

Figura 271 – Dados empilhados em uma coluna

Com os dados identificados no MINITAB®, calcula-se o intervalo de confiança utilizando os comandos Stat > Basic Statistics > 1-Sample t, Figura 272. Abre-se a caixa 1-Sample t (Test and Confidence Interval) (para uma amostra t – Teste e intervalo de confiança), Figura 273. Marque o campo Samples in columns (amostras nas colunas) e selecione a coluna C8. Deixe os demais campos em branco.

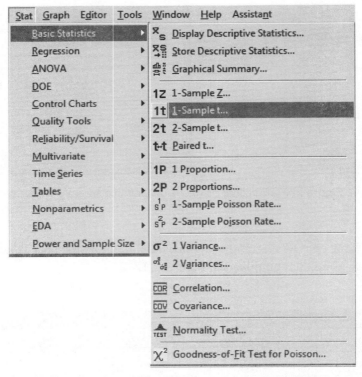

Figura 272 – Selecionando o cálculo do intervalo de confiança para uma amostra t

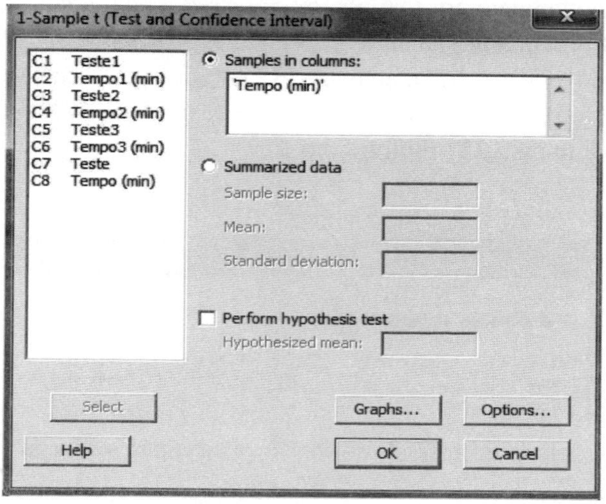

Figura 273 – Inserindo os dados para o cálculo do intervalo de confiança para uma amostra t

Clique em Graphs (gráficos) e abre-se a caixa 1-Sample t – Graphs (para uma amostra t – gráficos), Figura 274. Deixe todos os campos sem marcar e clique em OK. Clique em Options (opções) e será aberta a caixa 1-Sample t – Options (para uma amostra t – opções), Figura 274. No campo Confidence level (nível de confiança), digite 90,0 e em Alternative (hipótese alternativa), deixe not equal (diferente), pois se trata de uma estimação bilateral, ou seja, deseja-se conhecer os limites inferior e superior da média da população. Clique em OK.

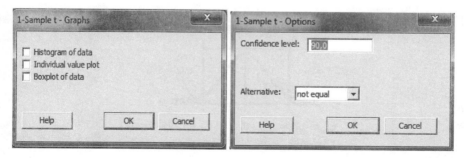

Figura 274 – Concluindo a inserção dos dados para o cálculo do intervalo de confiança para uma amostra t

Clique novamente em OK e serão mostrados, na janela Session, os seguintes dados: o tamanho da amostra (N) de 12, média da amostra (Mean) de 8,0517 min, desvio padrão da amostra (StDev) de 0,1583 min, erro padrão da média (SE Mean) de 0,0457 min e intervalo de confiança para 90% (90% CI) entre 7,9696 min e 8,1337 min, Figura 275.

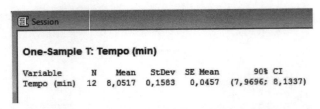

Figura 275 – Cálculo do intervalo de confiança do tempo médio de preparação do café NC = 90%

Conclui-se que o tempo médio de preparação de café da população está dentro do intervalo de confiança de 7,9696 min $\leq \mu \leq$ 8,1337 min, com uma confiança ou certeza de 90%. Esse intervalo de confiança pode ser representado pelos Gráficos 60 e 61.

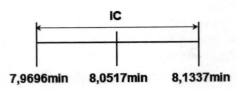

Gráfico 60 – Estimativa intervalar do tempo médio de preparação do café NC = 90%

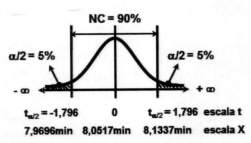

Gráfico 61 – Estimativa intervalar da distribuição do tempo médio de preparação do café nas escalas t e X para NC = 90%

6.2.6.2 – Determine o intervalo de confiança para a estimação do tempo médio de preparação do café, considerando um nível de confiança de 95%.

Este problema é semelhante ao do item 6.2.6.1. A diferença está no valor do nível de confiança, que é de 95%. Siga as instruções do item 6.2.6.1 e calcule o intervalo de confiança. O nível de significância pode ser calculado pela Eq. (97) e corresponde a α = 5% ou α = 0,0500. Como o tamanho da amostra é o mesmo, então, o grau de liberdade é GL = 11, calculado pela Eq. (102), o que leva a t = ± 2,201, pela Tabela 13. Após utilizar os comandos e preencher os dados, conforme o item 6.2.6.1, o resultado é apresentado na janela Session, Figura 276.

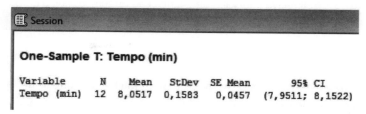

Figura 276 – Cálculo do intervalo de confiança do tempo médio de preparação do café NC = 95%

Serão mostrados, na janela Session, os seguintes dados: o tamanho da amostra (N) de 12, média da amostra (Mean) de 8,0517 min, desvio padrão da amostra (StDev) de 0,1583 min, erro padrão da média (SE Mean) de 0,0457 min e intervalo de confiança para 95% (95% CI) entre 7,9511 min e 8,1522 min, Figura 276.

Conclui-se que o tempo médio de preparação de café da população está dentro do intervalo de confiança de 7,9511 min ≤ μ ≤ 8,1522 min, com uma certeza de 95%. Esse intervalo de confiança pode ser representado pelos Gráficos 62 e 63.

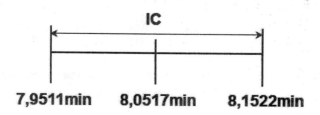

Gráfico 62 – Estimativa intervalar do tempo médio de preparação do café NC = 95%

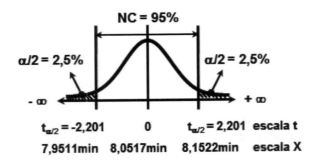

Gráfico 63 – Estimativa intervalar da distribuição do tempo médio de preparação do café nas escalas t e X para NC = 95%

6.2.6.3 – Determine o intervalo de confiança para a estimação do tempo médio de preparação do café, considerando um nível de confiança de 99%.

Este problema é semelhante ao do item 6.2.6.1. A diferença está no valor do nível de confiança, que é de 99%. Siga as instruções do item 6.2.6.1 e calcule o intervalo de confiança. O nível de significância pode ser calculado pela Eq. (97) e corresponde a $\alpha = 1\%$ ou $\alpha = 0,0100$. Como o tamanho da amostra é o mesmo, então, o grau de liberdade é GL = 11, calculado pela Eq. (102), o que leva a $t = \pm 3,106$, pela Tabela 13. Após utilizar os comandos e preencher os dados, conforme o item 6.2.6.1, o resultado é apresentado na janela Session, Figura 277.

Figura 277 – Cálculo do intervalo de confiança do tempo médio de preparação do café NC = 99%

Serão mostrados, na janela Session, os seguintes dados: o tamanho da amostra (N) de 12, média da amostra (Mean) de 8,0517 min, desvio padrão da amostra (StDev) de 0,1583 min, erro padrão da média (SE Mean) de 0,0457 min e intervalo de confiança para 99% (99% CI) entre 7,9098 min e 8,1936 min, Figura 277.

Conclui-se que o tempo médio de preparação do café da população está dentro do intervalo de confiança de 7,9098 min $\leq \mu \leq$ 8,1936 min, com uma certeza de 99%. Esse intervalo de confiança pode ser representado pelos Gráficos 64 e 65.

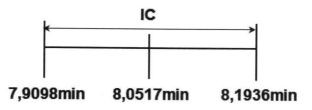

Gráfico 64 – Estimativa intervalar do tempo médio de preparação do café NC = 99%

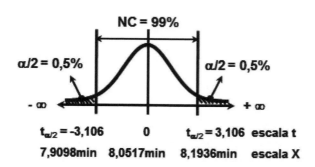

Gráfico 65 – Estimativa intervalar da distribuição do tempo médio de preparação do café nas escalas t e X para NC = 99%

6.2.6.4 – Qual é o erro máximo provável associado à estimativa do tempo médio de preparação do café dos itens anteriores?

Deseja-se conhecer o erro máximo provável, considerando os dados de σ, n1 e NC dos itens 6.2.6.1 a 6.2.6.3. Então, a partir dos comandos Stat > Power and Sample Size > Sample Size for Estimation, abre-se a caixa Sample Size for Estimation (tamanho da amostra para a estimação), Figura 278. No campo Parameter (parâmetro), escolha Mean (Normal) (média com distribuição normal). Em Planning Value (valor de planejamento), no campo Standard Deviation (desvio padrão), digite o valor de 0,1583 e, em seguida, faça a escolha para Estimate margins of error (estimar as margens de erro). No campo Sample sizes (tamanhos da amostra), digite 12 e clique em Options (opções), Figura 278.

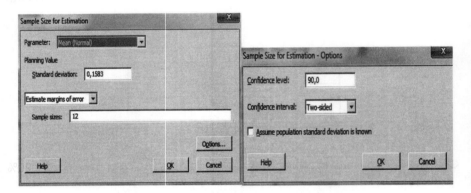

Figura 278 – Inserindo os dados para o cálculo do erro máximo provável do exemplo 14

Será exibida a caixa Sample Size for Estimation – Options (tamanho da amostra para estimação – opções). Nos campos Confidence level (nível de confiança), entre com 90,0% e em Confidence interval (intervalo de confiança), escolha Two-sided (bilateral) e deixe desmarcado Assume population standard deviation is known (assumir que o desvio padrão da população é conhecido), uma vez que o desvio padrão da população é desconhecido, Figura 278. Clique em OK.

Clique em OK novamente e serão mostrados, na janela Session, os dados referentes ao cálculo do erro máximo provável, Figura 279. Repita esses passos para os níveis de confiança 95,0% e 99,0%.

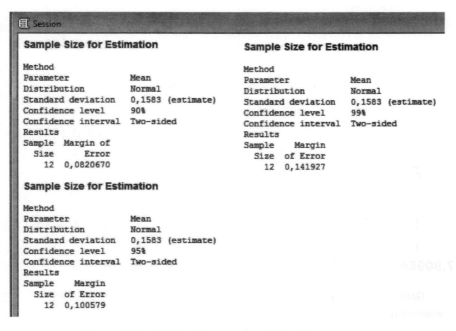

Figura 279 – Cálculo do erro provável máximo para os NCs 90%, 95% e 99% para o exemplo 14

Na janela Session, tem-se que o erro máximo é de 0,0821 min, 0,1006 min e 0,1419 min para os respectivos níveis de confiança de 90,0%, 95,0% e 99,0%.

6.2.6.5 – Registre suas conclusões sobre os diferentes intervalos de confiança.

O Gráfico 66 representa, esquematicamente, os intervalos de confiança para os três níveis. Conclui-se que, aumentando o nível de confiança, o intervalo de confiança aumenta, mas, em compensação, o erro máximo da estimativa aumenta para um mesmo tamanho de amostra (n = 12). Assim, tem-se uma certeza ainda maior de que o valor do tempo médio de preparação do café está dentro do intervalo de confiança.

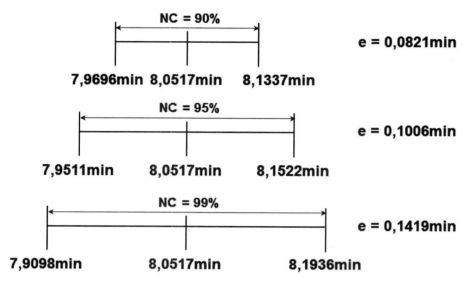

Gráfico 66 – Comparando os intervalos de confiança para as estimativas intervalares do tempo médio de preparação do café para os diferentes níveis de confiança: NC 90%, 95% e 99%

6.2.6.6 – Qual é a probabilidade de a verdadeira média exceder 8,20 min?

Neste caso, deseja-se conhecer a probabilidade de a média da população (μ) ultrapassar o valor de 8,20 min, ou seja, saber o valor do nível de significância ($\alpha/2$) referente ao limite superior de confiança. Os demais parâmetros são os mesmos do item 6.2.6.1.

Utilize os mesmos comandos para o cálculo do intervalo de confiança: Stat > Basic Statistics > 1-Sample t, Figura 272. Na caixa 1-Sample t (Test and Confidence Interval), conserve os mesmos dados para o campo Samples in columns. Marque o campo Perform hypothesis test (realizar teste de hipóteses) e digite no campo Hypothesized mean (média a ser testada), o valor 8,20. Clique em Options e deixe o campo Confidence level (nível de confiança) em branco. No campo Alternative (hipótese alternativa), escolha not equal (diferente), pois se deseja saber o valor da probabilidade (α), do intervalo de confiança para o processo bilateral, quando a média da população superar 8,20 min, Figura 280. Clique em OK.

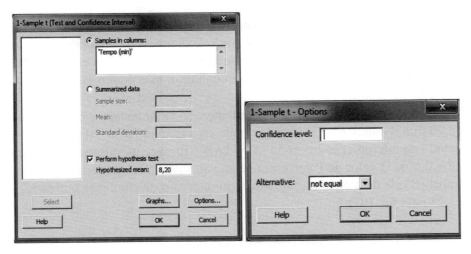

Figura 280 – Inserindo os dados para o cálculo da probabilidade de μ exceder 8,20 min

Clique novamente em OK e serão mostrados, na janela Session, os seguintes dados: o tamanho da amostra (N) de 12, média da amostra (Mean) de 8,0517 min, desvio padrão da amostra (StDev) de 0,1583 min, erro padrão da média (SE Mean) de 0,0457 min e intervalo de confiança para 95% (95% CI) entre 7,9511 min e 8,1522 min, o valor de T = t = - 3,25, que corresponde ao número de erro padrão da média ($S_{\bar{x}}$) em relação ao ponto central da distribuição, ou seja, a média da população (μ) de 8,0517 min e os limites inferior e superior de confiança quando a verdadeira média ultrapassar 8,20 min. O valor de P = 0,008 corresponde à probabilidade α (nível de significância), ou seja, a probabilidade de a média estar fora do intervalo de confiança. Figura 281.

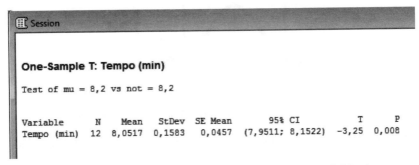

Figura 281 – Cálculo da probabilidade de μ exceder 8,20 min

O valor t=3,25 corresponde ao número de erro padrão da média ($S_{\bar{x}}$) em relação ao ponto central da distribuição, ou seja, a média da população (μ) e o limite inferior de confiança. Esse valor se repete para a distância entre a média da população (μ) e o limite superior de confiança, mas com o valor positivo t = 3,25.

O valor do limite superior de confiança é o valor testado e corresponde a 8,20 min, Gráfico 67. O valor de t pode ser calculado pela Tabela 13, pelo método de interpolação linear. O MINITAB® fornece os valores de t = 3,25 e P = 0,008. O valor de P corresponde ao valor de α. Daí, pode-se calcular a probabilidade de a média estar dentro do intervalo de confiança entre -3,25 e 3,25 pela Eq. (97).

$$NC = 1 - \alpha = 1 - 0,0080 \rightarrow NC = 0,9920$$

Portanto, a probabilidade para os valores da média da população entre 8,0517 min e 8,20 min para t = 3,25 é igual a 0,4960 (metade da curva), que é a mesma probabilidade para t = - 3,25.

No entanto, o que se deseja saber é qual a probabilidade ($\alpha/2$) de a verdadeira média exceder 8,20 min. Pode-se concluir, então, que $\alpha/2$ = 0,0040 é a probabilidade de o tempo médio de preparação do café da população exceder 8,20 min. Esse intervalo de confiança pode ser representado pelo Gráfico 67.

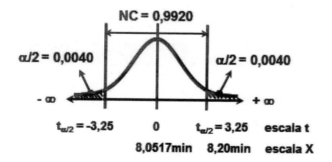

Gráfico 67 – Probabilidade de o tempo médio de preparação do café nas escalas t e X exceder 8,20 min

6.2.6.7 – Qual é a probabilidade de a verdadeira média ser inferior a 7,80 min?

Neste caso, deseja-se conhecer a probabilidade de a média da população (µ) ser menor que 7,80 min, ou seja, saber o valor do nível de significância (α/2) referente ao limite inferior de confiança. Os demais parâmetros são os mesmos do item 6.2.6.1.

Utilize os mesmos comandos para o cálculo do intervalo de confiança: Stat > Basic Statistics > 1-Sample t, Figura 272. Na caixa 1-Sample t (Test and Confidence Interval), conserve os mesmos dados para o campo Samples in columns. Marque o campo Perform hypothesis test (realizar teste de hipóteses) e digite no campo Hypothesized mean (média a ser testada), o valor 7,80. Clique em Options e deixe o campo Confidence level (nível de confiança) em branco. No campo Alternative (hipótese alternativa), escolha not equal (diferente), pois se deseja saber o valor da probabilidade (α), do intervalo de confiança para o processo bilateral, quando a média da população for inferior a 7,80 min, Figura 282. Clique em OK.

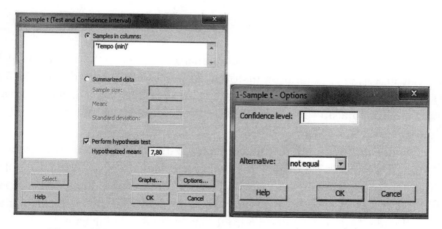

Figura 282 – Inserindo os dados para o cálculo da probabilidade de µ ser inferior a 7,80 min

Clique novamente em OK e serão mostrados, na janela Session, os seguintes dados: o tamanho da amostra (N) de 12, média da amostra (Mean) de 8,0517 min, desvio padrão da amostra (StDev) de 0,1583 min, erro padrão da média (SE Mean) de 0,0457 min e intervalo de confiança para 95% (95% CI) entre 7,9511 min e 8,1522 min, valor de T = t = 5,51, que corresponde ao número de erro padrão da média ($S_{\bar{x}}$) em relação ao ponto central da distribuição, ou seja, a média da população (µ) de 8,0517 min e limites inferior e superior de confiança quando a verdadeira média ultrapassar 8,20 min. O valor de P = 0,000 corresponde à probabilidade α (nível de significância), ou seja, a probabilidade de a média estar fora do intervalo de confiança. Figura 283.

```
Session

One-Sample T: Tempo (min)

Test of mu = 7,8 vs not = 7,8


Variable      N    Mean   StDev  SE Mean      95% CI            T       P
Tempo (min)  12  8,0517  0,1583   0,0457  (7,9511; 8,1522)    5,51   0,000
```

Figura 283 – Cálculo da probabilidade de µ ser inferior a 7,80 min

O valor t = - 5,51 corresponde ao número de erro padrão da média ($S_{\bar{x}}$) em relação ao ponto central da distribuição, ou seja, a média da população (µ) e o limite superior de confiança. Esse valor se repete para a distância entre a média da população (µ) e o limite inferior de confiança, mas com o valor negativo t = - 5,51.

O valor do limite inferior de confiança é o valor testado e corresponde a 7,80 min, Gráfico 67. O valor de t pode ser calculado pela Tabela 13, pelo método de interpolação linear. O MINITAB® fornece os valores de t = 5,51 e P = 0,000. O valor de P corresponde ao valor de α. Daí, pode-se calcular a probabilidade de a média estar dentro do intervalo de confiança entre -5,51 e 5,51 pela Eq. (97).

NC = 1 – α = 1 – 0,0000 → NC = 1,0000

Assim, a probabilidade para os valores da média da população entre 7,80 min e 8,0517 min para t = - 5,51 é igual a 0,5000 (metade da curva), que é a mesma probabilidade para t = 5,51.

No entanto, o que se deseja saber é qual a probabilidade ($\alpha/2$) de a verdadeira média ser inferior a 7,80 min. Então, pode-se concluir que $\alpha/2 = 0,0000$ é a probabilidade de o tempo médio de preparação de café da população ser inferior a 7,80 min. Esse intervalo de confiança pode ser representado pelo Gráfico 68.

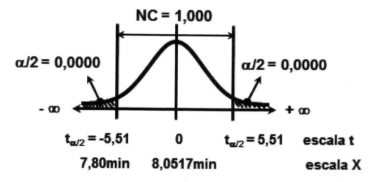

Gráfico 68 – Probabilidade de o tempo médio de preparação do café nas escalas t e X ser inferior a 7,80 min

6.2.6.8 – Calcule o tamanho da amostra, considerando um erro máximo de 0,10 min para o mesmo nível de confiança, média e desvio padrão do item 6.2.6.1.

Nesta situação, deseja-se conhecer o tamanho da amostra, considerando os dados de NC, α, σ do item 6.2.6.1 e estima-se uma margem de erro (erro máximo) de 0,10 min. A partir dos comandos Stat > Power and Sample Size > Sample Size for Estimation, Figura 284, abre-se a caixa Sample Size for Estimation (tamanho da amostra para a estimação), Figura 285. No campo Parameter (parâmetro), escolha Mean (Normal) (média com distribuição normal). Em Planning Value (valor de planejamento), no campo Standard Deviation (desvio padrão), digite o valor de 0,1583 e, em seguida, faça a escolha para Estimate sample sizes (estimar os tamanhos da amostra). No campo Margins of error for confidence intervals (margens de erro para o intervalo de confiança), digite 0,10 e clique em Options (opções).

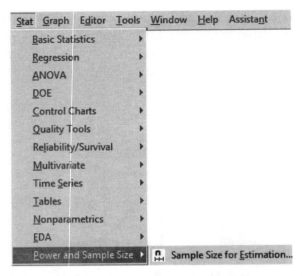

Figura 284 – Selecionando o cálculo do tamanho da amostra para a estimação com distribuição t

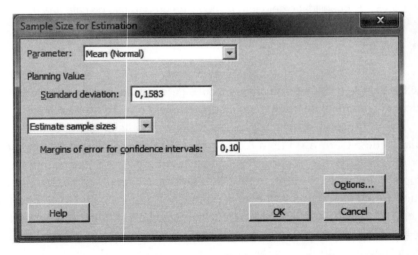

Figura 285 – Inserindo os dados para o cálculo do tamanho da amostra para e = 0,10 min

Será exibida a caixa Sample Size for Estimation – Options (tamanho da amostra para estimação – opções). No campo Confidence level (nível de confiança) entre com 90% e em Confidence interval (intervalo de confiança), escolha Two-sided (bilateral). Não marque Assume population standard deviation is known (assumir que o desvio padrão da população é conhecido), pois o desvio padrão da população é desconhecido, Figura 286, e clique em OK.

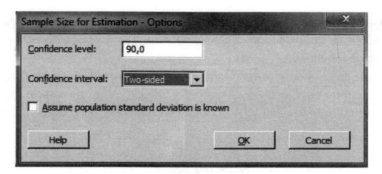

Figura 286 – Concluindo a inserção dos dados para o cálculo do tamanho da amostra para e = 0,10min

Clique novamente em OK e serão mostrados, na janela Session, os dados referentes ao tamanho da amostra, Figura 287.

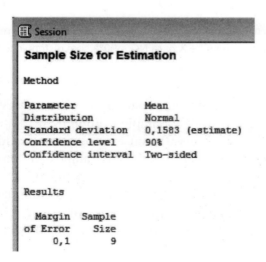

Figura 287 – Cálculo do tamanho da amostra para e = 0,10 min

Desta forma, para que se faça uma estimativa do tempo médio de preparação do café, com nível de confiança de 90% e uma margem de erro de 0,10 min, a amostra deve ser composta de nove cafeteiras.

6.2.6.9 – Estabeleça o limite superior de confiança para a estimação da verdadeira média da população para o mesmo nível de confiança do item 6.2.6.1 e compare os resultados.

Neste caso, deseja-se saber apenas o valor do limite superior de confiança da média da população. Refere-se, assim, a uma estimação de parâmetro unilateral à direita (unicaudal à direita), como representado no Gráfico 69.

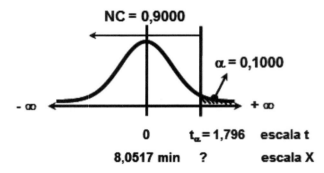

Gráfico 69 – Estimação unilateral à direita do tempo médio de preparação do café nas escalas t e X para NC = 90% com distribuição t

Utilize os mesmos comandos para o cálculo do intervalo de confiança: Stat > Basic Statistics > 1-Sample t, Figura 288. Na caixa 1-Sample t (Test and Confidence Interval), conserve os mesmos dados para o campo Samples in columns. Deixe os demais campos em branco. Clique em Options e digite no campo Confidence level (nível de confiança), 90,0 e no campo Alternative (hipótese alternativa), escolha less than (menor que), pois se deseja saber o valor da probabilidade (α), do intervalo de confiança para o processo unilateral à direita, quando se tem um nível de confiança de 90%, Figura 288. Clique em OK.

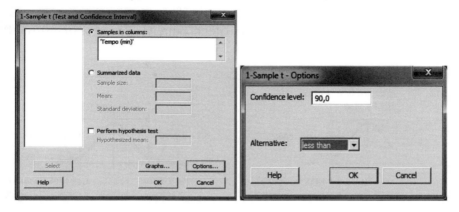

Figura 288 – Inserindo os dados para o cálculo do limite superior de confiança para NC = 90%

Clique novamente em OK e serão apresentados, na janela Session, os seguintes dados: o tamanho da amostra (N) de 12, média da amostra (Mean) de 8,0517 min, desvio padrão da amostra (StDev) de 0,1583 min, erro padrão da média (SE Mean) de 0,0457 min e limite superior de confiança para um nível de confiança para 90% (90% Upper Bound) de 8,1140 min, Figura 289.

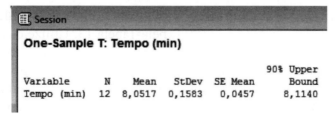

Figura 289 – Cálculo do limite superior de confiança para NC = 90%

Comparando os valores dos limites superiores de confiança de $\mu - e = 8,1140$ min para uma estimação unilateral, e $\mu + e = 8,1337$min para uma estimação bilateral, percebe-se que o limite é menor para uma estimação unilateral.

Isso ocorre em razão de o nível de significância (α), para um nível de confiança de 90% para a estimação unilateral à direita, ser maior (α = 0,1000) que para a estimação bilateral (α/2 = 0,0500), Gráfico 70.

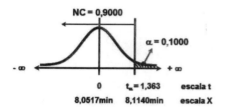 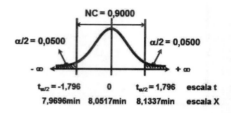

Gráfico 70 – Comparando a estimação de parâmetro unilateral à direita com a bilateral – t Student

6.2.6.10 – Determine o intervalo de confiança para a estimação do tempo médio de preparação do café, considerando os mesmos dados do item 6.2.6.1, mas com um tamanho de amostra igual a 25 e compare os resultados.

Este problema é semelhante ao do item 6.2.6.1. A diferença está no valor do tamanho da amostra, que é de 25. Siga as instruções do item 6.2.6.1 e calcule o intervalo de confiança. O nível de significância pode ser calculado pela Eq. (97) e corresponde a α = 10% ou α = 0,1000. Como o tamanho da amostra é de 25, então, o grau de liberdade é GL = 24, calculado pela Eq. (103), o que leva a t = ± 1,711, pela Tabela 13. Utilize os comandos e preencha os dados, conforme o item 6.2.6.1. No entanto, quando se abrir a caixa 1-Sample t (Test and Confidence Interval) (para uma amostra t – Teste e intervalo de confiança), Figura 290, marque o campo Summarized data (dados resumidos) e preencha os campos Sample size (tamanho da amostra) com 25, Mean (média) com 8,0517, Standard deviation (desvio padrão) com 0,1583 e deixe os demais campos em branco. Em Options (opções), deixe como no item 6.2.6.1. O resultado é apresentado na janela Session, Figura 291.

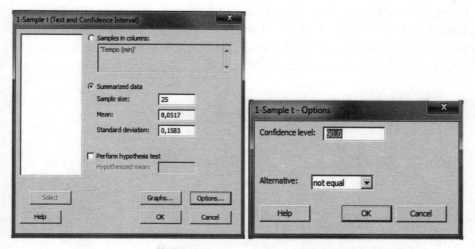

Figura 290 – Inserindo os dados para o cálculo do intervalo de confiança para NC = 90% e n = 25

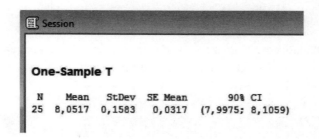

Figura 291 – Cálculo do intervalo de confiança do tempo médio de preparação do café para NC = 0% e n = 25

Serão apresentados, na janela Session, os seguintes dados: o tamanho da amostra (N) de 25, média da amostra (Mean) de 8,0517 min, desvio padrão da amostra (StDev) de 0,1583 min, erro padrão da média (SE Mean) de 0,0317 min e intervalo de confiança para 90% (90% CI) entre 7,9975 min e 8,1059 min, Figura 291.

Calcula-se o erro máximo da estimação pelos comandos Stat > Power and Sample Size > Sample Size for Estimation, Figura 292. Abre-se a caixa Sample Size for Estimation (tamanho da amostra para a estimação), Figura 293. No campo Parameter (parâmetro), escolha Mean (Normal) (média com distribuição normal). Em Planning Value (valor de planejamento), no campo Standard Deviation (desvio padrão), digite o valor de 0,1583 e, em seguida, faça a escolha para Estimate margins of error (estimar as margens de erro). No campo Sample sizes (tamanhos da amostra), digite 25 e clique em Options (opções).

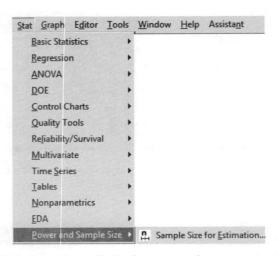

Figura 292 – Selecionando o cálculo da margem de erro para uma amostra de tamanho 25 com distribuição t

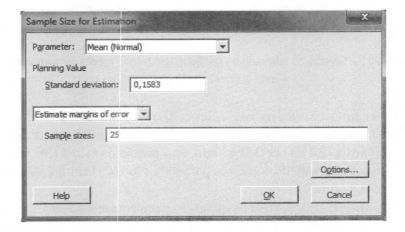

Figura 293 – Inserindo os dados para o cálculo da margem de erro para uma amostra de tamanho 25 com distribuição t

Será aberta a caixa Sample Size for Estimation – Options (tamanho da amostra para estimação – opções). Nos campos Confidence level (nível de confiança), entre com 90% e em Confidence interval (intervalo de confiança), escolha Two-sided (bilateral). Não marque Assume population standard deviation is known (assumir que o desvio padrão da população é conhecido), pois o desvio padrão da população é desconhecido, Figura 294. Clique em OK.

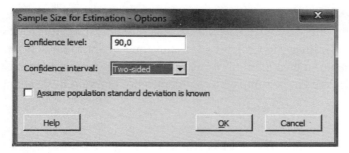

Figura 294 – Concluindo a inserção dos dados para o cálculo da margem de erro para uma amostra de tamanho 25 com distribuição t

Em seguida, clique em OK e serão mostrados, na janela Session, os dados referentes ao tamanho da amostra, Figura 295.

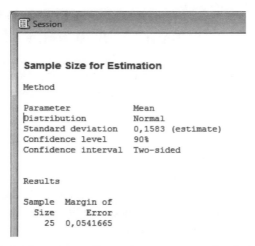

Figura 295 – Cálculo da margem de erro para uma amostra de tamanho 25 com distribuição t

Conclui-se que o tempo médio de preparação de café da população está dentro do intervalo de confiança de 7,9975 min ≤ μ ≤ 8,1059 min, com uma certeza de 90%, Figura 291.

Comparando com os dados do item 6.2.6.1, percebe-se que o erro padrão da média (SE Mean) reduz de 0,0457 min para 0,0317 min, o intervalo de confiança reduz de 7,9696 min ≤ μ ≤ 8,1337 min para 7,9975 min ≤ μ ≤ 8,1059 min e o mesmo ocorre com o erro máximo da estimativa, que reduz de 0,0821 min para 0,0541665 min.

O intervalo de confiança para os dois tamanhos de amostra está representado no Gráfico 71. Conclui-se, assim, que quanto maior o tamanho da amostra, menor o erro máximo da estimativa para uma mesma certeza de que a verdadeira média da população está dentro do intervalo de confiança.

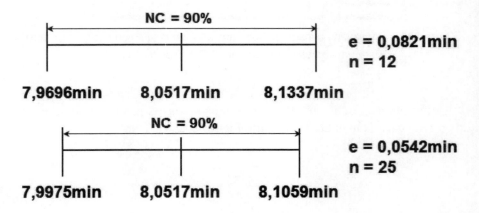

Gráfico 71 – Estimativa intervalar do tempo médio de preparação do café para NC = 90% e um tamanho da amostra variável

6.3 – Teste de Hipóteses

No item anterior, descreveu-se como estabelecer uma estimativa de intervalos de confiança da média populacional a partir de dados amostrais. No entanto, em muitas situações, necessita-se decidir entre rejeitar ou não rejeitar uma determinada afirmação sobre um determinado parâmetro populacional. Essa afirmação é denominada hipótese e o procedimento de tomada de decisão sobre a hipótese é denominado teste de hipótese.

Hipóteses são conjecturas, suposições ou previsões acerca de uma população. Desta forma, uma hipótese estatística pode ser definida como uma afirmação sobre os parâmetros de uma ou mais populações.

A estimação de parâmetros com teste de hipóteses e com intervalo de confiança são métodos fundamentais, usados durante a análise de dados de um experimento, para comparar a média de uma população com um valor especificado.

O objetivo do teste de hipóteses é avaliar as afirmações feitas sobre os parâmetros populacionais – se verdadeiros ou falsos – decidindo-se em presença de variabilidade, onde existe uma probabilidade e um risco. Assim, o teste de hipóteses constitui-se num dos pontos mais importantes da estatística inferencial.

A questão é avaliar se a diferença entre o valor de um parâmetro populacional (μ) e o valor de uma estatística ($\overline{X}$) pode ser atribuída à variabilidade amostral (diferença dos valores) ou se a variabilidade é muito grande para ser não rejeitada. Então, para testar esse parâmetro populacional, deve-se:
- formular uma hipótese que atribua ao acaso a variabilidade amostral;
- formular outra hipótese, alternativa à primeira, que não atribua ao acaso a variabilidade amostral.

Neste livro, aborda-se apenas o teste de hipótese para uma única amostra.

6.3.1 – Definições Importantes para o Teste de Hipóteses

6.3.1.1 – Hipóteses
São afirmações (respostas) que podem ser rejeitadas ou não.

6.3.1.2 – Hipótese de nulidade (H_0)
É a hipótese a ser testada e estabelece se a afirmação sobre o parâmetro populacional é verdadeira ou não. A rejeição da hipótese de nulidade ou hipótese nula leva uma decisão em favor da hipótese alternativa.

A hipótese de nulidade corresponde à verdade do fornecedor ou de quem faz a afirmação (μ_1) sobre uma determinada situação. H_0 é sempre formulada em termos de igualdade, Eq. (106).

$$H_0 : \mu = \mu_1 \tag{106}$$

$\mu \rightarrow$ média populacional ou verdadeira média da população;
$\mu_1 \rightarrow$ média a ser testada.

6.3.1.3 – Hipótese alternativa (Ha)

É a hipótese que se contrapõe à hipótese de nulidade, ou seja, é aceita quando rejeitar H_0. O aceitar de Ha deve ser entendido que não há evidência suficiente para não rejeitar H_0.

A hipótese alternativa corresponde à verdade do comprador ou de quem faz a contestação sobre uma determinada afirmação. É sempre formulada em termos de desigualdade, ou seja, o valor afirmado é menor, maior ou diferente, conforme as Eqs. (107), (108) e (109).

Ha : $\mu < \mu_1$ (107)
Ha : $\mu > \mu_1$ (108)
Ha : $\mu \neq \mu_1$ (109)

Usa-se o termo diferente quando nenhuma direção da questão em estudo está definida.

6.3.1.4 – Nível de significância (α)

Corresponde à probabilidade de H_0 ser rejeitada, quando, de fato, ela é verdadeira. Portanto, é a probabilidade de se cometer um erro, Gráfico 72. O nível de significância relata que a variabilidade da estimação não é apenas devido ao acaso. Então, é significante rejeitar a hipótese da nulidade.

O nível de significância corresponde à probabilidade do valor da estatística teste estar dentro da região de rejeição da hipótese de nulidade (RH_0).

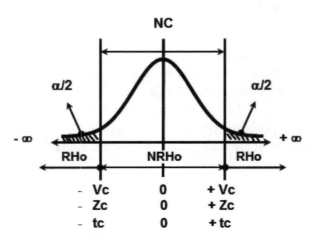

Gráfico 72 – Nível de significância

6.3.1.5 – Valor crítico (Vc)

O valor crítico, Vc, corresponde ao valor esperado da estatística e refere-se ao ponto que separa a região de rejeição (RH_0) da região de não rejeição (NRH_0) da hipótese de nulidade, Gráfico 73.

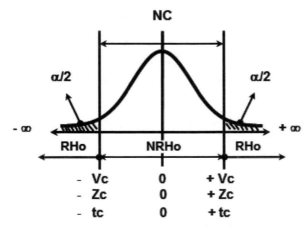

Gráfico 73 – Valor crítico da estatística

O valor crítico esperado está relacionado com o nível de confiança (NC) e depende do tipo de distribuição normal padronizada Z ou t de Student que a distribuição amostral segue, Gráfico 73. Então, Vc corresponde a Zc ou a tc, e pode ser estabelecido pelas Tabelas 10 e 13. O valor crítico Zc pode também ser obtido pela Tabela 15, que resume os valores mais comuns do nível de significância.

Tabela 15 - Resumo dos valores críticos de Zc

Teste bilateral - α	0,2000	0,1000	0,0500	0,0200	0,0100	0,0050
Teste unilateral - α	0,1000	0,0500	0,0250	0,0100	0,0050	0,0025
Valor crítico - Zc	1,28	1,65	1,96	2,33	2,58	2,81

6.3.1.6 – Estatística teste

A estatística teste é obtida pela conversão da estatística amostral em um escore, uma vez que a distribuição amostral segue uma distribuição normal padronizada Z ou t de Student. A distribuição amostral é "particionada" em duas regiões – região de rejeição e região de não rejeição – conforme os Gráficos 72 e 73.

A estatística teste corresponde a um valor, denominado Z_{teste} ou t_{teste}, calculado a partir dos dados amostrais, Eqs. (110) e (111), e permite tomar a decisão sobre a rejeição ou não da hipótese de nulidade.

O cálculo da estatística teste por Z_{teste}, Eq. (110), é realizado quando o desvio padrão populacional (σ) é conhecido e a distribuição amostral é normal ou o tamanho da amostra é $n \geq 30$ elementos.

$$Z_{teste} = \frac{(\bar{X}-\mu) \cdot \sqrt{n}}{\sigma} \qquad (110)$$

O cálculo da estatística teste por t_{teste}, Eq. (111), é realizado quando o desvio padrão populacional (σ) é desconhecido, o tamanho da amostra é $n < 30$ elementos e a distribuição amostral aproxima-se da normal.

$$t_{teste} = \frac{(\bar{X}-\mu) \cdot \sqrt{n}}{S} \qquad (111)$$

6.3.1.7 – Decisões possíveis
- Não rejeitar H_0 (NRH_0) – quando a variabilidade é devido ao acaso;
- Rejeitar H_0 (RH_0) – quando a variabilidade é muito grande para ser atribuída ao acaso.

É importante lembrar que a rejeição da hipótese de nulidade ou hipótese nula leva a uma decisão em favor da hipótese alternativa e que hipóteses são afirmações sobre a população ou a distribuição em estudo, e não afirmações sobre a amostra.

6.3.2 – Tipos de Testes de Hipóteses

A hipótese alternativa (Ha) indica qual o aspecto da variação não aleatória interessa estudar. Há três casos. Considere $H_0 : \mu = \mu_1$.

6.3.2.1 – Teste de hipótese alternativa bilateral

Este teste se aplica quando nenhuma direção é demonstrada ou se é feita uma alegação não igual a. Então, uma alternativa bilateral deve ser usada.

O teste bilateral concentra-se nos desvios em ambas as direções, portanto, Ha : $\mu \neq \mu_1$, Gráfico 74.

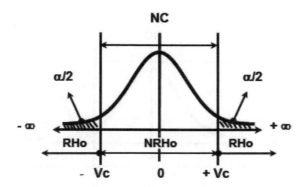

Gráfico 74 – Teste de hipótese alternativa bilateral

6.3.2.2 – Teste de hipótese alternativa unilateral à esquerda

Este teste se aplica quando uma alegação envolve afirmações, tais como, menor que, inferior a ou no máximo. Portanto, uma alternativa unilateral à esquerda ou unicaudal à esquerda deve ser usada.

O teste unilateral à esquerda concentra-se nos desvios abaixo do valor crítico esperado, portanto, Ha : $\mu < \mu_1$, Gráfico 75.

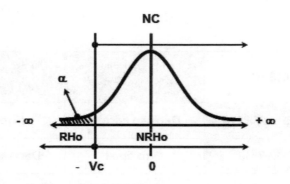

Gráfico 75 – Teste de hipótese alternativa unilateral à esquerda

6.3.2.3 – Teste de hipótese alternativa unilateral à direita

Este teste se aplica quando uma alegação envolve afirmações, tais como, maior que, superior a ou no mínimo. Portanto, uma alternativa unilateral à direita ou unicaudal à direita deve ser usada.

O teste unilateral à direita concentra-se nos desvios acima do valor crítico esperado, portanto, Ha : $\mu > \mu_1$, Gráfico 76.

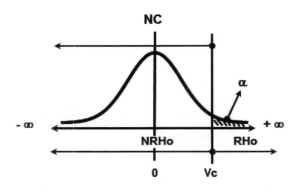

Gráfico 76 – Teste de hipótese alternativa unilateral à direita

6.3.3 – Tipos de Erros nos Testes de Hipóteses

A decisão de rejeitar ou não a hipótese da nulidade H_0 pode conduzir a dois tipos de erros, uma vez que a decisão tomada é baseada em uma amostra, e não na população.

O Quadro 2 apresenta os resultados possíveis quando da decisão em um teste de hipóteses.

DECISÃO	SE Ho FOR VERDADEIRA	SE Ho FOR FALSA
NÃO REJEITAR Ho	Decisão correta	Erro tipo II
REJEITAR Ho	Erro tipo I	Decisão correta

Quadro 2 – Erro na decisão de um teste de hipótese

A decisão de rejeitar a hipótese de nulidade H_0 quando ela é verdadeira leva à probabilidade de se cometer o erro tipo I. Essa probabilidade de erro é também chamada de nível de significância (α) e muitas vezes relacionada com o risco de o fornecedor rejeitar itens bons como itens defeituosos.

A decisão de não rejeitar a hipótese de nulidade H_0 quando ela é falsa leva à probabilidade de se cometer o erro tipo II. Essa probabilidade de erro é também chamada de erro β e muitas vezes relacionada com o risco de o consumidor aceitar itens defeituosos como itens bons.

Neste livro, aborda-se apenas o teste de hipóteses quando se comete o erro tipo I.

6.3.3.1 – Erro tipo I

O erro tipo I ou nível de significância, também denominado erro α ou tamanho do teste, pode ser assim alterado:

- quanto maior o tamanho da amostra n ou o tamanho do nível de confiança NC, menor o valor de α;
- quanto menor o desvio padrão da população σ ou o número de desvio padrão Z, menor o valor de α.

6.3.3.1.1 – Valor P (P value) para a estatística teste Z_{teste}

Em um teste de hipótese, a decisão de rejeição ou não, tomada a partir do nível de significância α, não permite saber se o valor calculado da estatística teste está próximo ou muito longe da região de rejeição de H_0 (R H_0).

Para evitar esse problema, faz-se a tomada de decisão por meio do valor P (P value).

O valor P corresponde à probabilidade de que a estatística teste assumirá um valor que é, no mínimo, tão extremo quanto o valor observado da estatística se H_0 for verdadeira.

O valor P corresponde ao menor nível de significância, que leva à rejeição de H_0 e pode ser calculado pelas Eqs. (112) a (114).

Valor $P = 2\,[\,0{,}5000 - p\,(\,|Z_{teste}|\,)\,] \rightarrow$ teste de hipótese bilateral (112)

Valor $P = 0{,}5000 - p\,(Z_{teste}) \rightarrow$ teste de hipótese unilateral à direita (113)

Valor $P = 0{,}5000 + p\,(Z_{teste}) \rightarrow$ teste de hipótese unilateral à esquerda (114)

Z → número de desvio padrão, escore Z. Pela Tabela 10, tem-se o valor da probabilidade de cada lado da distribuição;
p → probabilidade definida pelo valor de Z_{teste}, pela Tabela 10;
0,5000 → corresponde à probabilidade total de um lado da distribuição.

Para exemplificar o cálculo do valor P para as equações descritas acima, considere que o valor de Z_{teste} = 1,96 para o teste bilateral, Z_{teste} = -2,20 para o teste unilateral lateral à direita e Z_{teste} = 2,20 para o teste unilateral lateral à esquerda. Da Tabela 10, tem-se que:

- Z_{teste} = 1,96 → p = 0,4750
- Z_{teste} = -2,24 → p = –0,4875
- Z_{teste} = 2,24 → p = 0,4875

Para o teste bilateral, a probabilidade p é dada em módulo, assim:

- Valor P = 2[0,5000 – p ($|Z_{teste}|$)] = 2[0,5000 – 0,4750)] → Valor P = 0,0500

Para o teste unilateral lateral à direita, a probabilidade p segue o sinal de Z_{teste}, assim:

- Valor P = 0,5000 – p (Z_{teste}) = 0,5000 – (–0,4875) → Valor P = 0,9875

Para o teste unilateral lateral à esquerda, a probabilidade p segue o sinal de Z_{teste}, assim:

- Valor P = 0,5000 + p (Z_{teste}) = 0,5000 – (0,4875) → Valor P = 0,0125

O valor P do teste é o valor α associado à região crítica, ou seja, à região de rejeição de H_0, pois qualquer valor menor que α reduz essa região. O valor P é mais informativo que α.

A rejeição de H_0 com o erro α será muito significativa se o valor da estatística teste estiver muito longe da região de não rejeição de H_0, Gráfico 77.

CAPÍTULO 6 - INFERÊNCIA ESTATÍSTICA / **309**

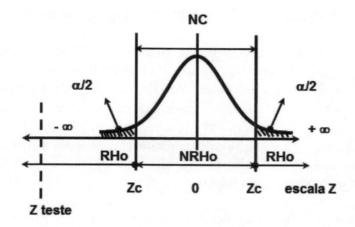

Gráfico 77 – Estatística teste muito longe da região de NRH$_0$

Esta situação resultará em um valor P pequeno, pois com a estatística teste (Z_{teste}) grande, tem-se uma probabilidade alta na região de rejeição de H_0. Assim, esse valor pequeno de P conduz a uma rejeição de H_0. No entanto, esse pequeno valor de P poderá ter pouca ou nenhuma significância, principalmente se o tamanho da amostra n for grande. Neste caso, H_0 não deveria ser rejeitada, uma vez que a média da amostra ($\overline{X}$) está muito próxima da média da população (μ). Portanto, é importante ter muito cuidado ao tomar uma decisão quando o tamanho da amostra n é muito grande, pois qualquer pequeno desvio do valor de H_0 será detectado, mesmo se a diferença não tiver nenhuma significância.

Quando H_0 é rejeitada, diz-se que a estatística teste é significante e pode-se dizer que o valor P é o menor valor α em que os dados são significantes.

Assim, quanto menor o valor de P, maior a evidência para a rejeição de H_0.

6.3.3.1.2 – Valor P (P value) para a estatística teste t_{teste}

O valor P para o teste t de Student refere-se ao menor nível de significância (α) no qual H_0 deve ser rejeitada e pode ser calculado pelas Eqs. (115) a (117).

Valor P = 0,5000 – p ($|t_{teste}|$) → teste de hipótese bilateral   (115)
Valor P = 0,5000 – p (t_{teste}) → teste de hipótese unilateral à direita   (116)

Valor P = 0,5000 + p (t_{teste}) → teste de hipótese unilateral à esquerda   (117)

t   → número de desvio padrão, escore t. Pela Tabela 13, tem-se o valor da probabilidade de cada lado da distribuição;
p   → probabilidade definida pelo valor de tteste, pela Tabela 13;
0,5000 → corresponde à probabilidade total de um lado da distribuição.

Para um teste bilateral, o valor P corresponde duas vezes à área da extremidade que está além do valor da estatística teste t_{teste}, mas como a Tabela 13 apresenta o valor de α para uma distribuição bilateral, a Eq. (115) não é multiplicada por 2.

Para um teste unilateral, o valor P corresponde à área da extremidade que está além do valor da estatística teste t_{teste}.

Utilizando a Tabela 13, pode-se definir apenas o intervalo em que o valor P está situado, pois os valores dessa tabela correspondem aos valores críticos de t (tc) para os limites superior e inferior (unilateral ou bilateral).

Para exemplificar o cálculo do valor P para as equações descritas acima, considere que o tamanho da amostra é n = 12 medidas e, consequentemente, um grau de liberdade GL = 11, valor de t_{teste} = −1,86 para o teste bilateral, t_{teste} = −1,86 para o teste unilateral à direita e t_{teste} = −1,86 para o teste unilateral à esquerda. Da Tabela 13, Figura 296, têm-se os dados apresentados na Tabela 16.

GL	unicaudal (α)	0,2000	0,1500	0,1000	0,0500	0,0250	0,0200	0,0150	0,0100	0,0050	0,0025
	bicaudal (α)	0,4000	0,3000	0,2000	0,1000	0,0500	0,0400	0,0300	0,0200	0,0100	0,0050
1		1,376	1,963	3,078	6,314	12,706	15,894	21,205	31,821	63,656	127,321
2		1,061	1,386	1,886	2,920	4,303	4,849	5,643	6,965	9,925	14,089
3		0,978	1,250	1,638	2,353	3,182	3,482	3,896	4,541	5,841	7,453
10		0,879	1,093	1,372	1,812	2,228	2,359	2,527	2,764	3,169	3,581
11		0,876	1,088	1,363	1,796	2,201	2,328	2,491	2,718	3,106	3,497
12		0,873	1,083	1,356	1,782	2,179	2,303	2,461	2,681	3,055	3,428
13		0,870	1,079	1,350	1,771	2,160	2,282	2,436	2,650	3,012	3,372

Figura 296 – Obtendo o intervalo no qual o valor de P encontra-se na Tabela 13

Tabela 16 – Intervalo dos valores P para a estatística teste t_{teste}

Tipo de teste de hipóteses	t_{teste}	Intervalo de t_{teste} na Tabela 13	Intervalo do valor P
Bilateral: Valor P = 0,5000 – p ($\vert t_{teste} \vert$)	– 1,86	1,796 ≤ t_{teste} ≤ 2,201	0,0500 ≤ P ≤ 0,1000
Unilateral à direita: Valor P = 0,5000 – p (t_{teste})	– 1,86	1,796 ≤ t_{teste} ≤ 2,201	0,9500 ≤ P ≤ 0,9750
Unilateral à esquerda: Valor P = 0,5000 + p (t_{teste})	– 1,86	1,796 ≤ t_{teste} ≤ 2,201	0,0250 ≤ P ≤ 0,0500

Utilizando as Eqs. (115) a (117) para explicar o cálculo do intervalo do valor P, tem-se que a Tabela 13 apresenta os valores de α para a distribuição bilateral (bicaudal) e unilateral (unicaudal). Então, a probabilidade (p) definida pelo valor de t_{teste} pode ser obtida pela Eq. (118).

$$p = 0,5000 - \alpha \qquad (118)$$

Para o teste bilateral, a probabilidade p é dada em módulo. Da Tabela 13, tem-se que o valor de α está no intervalo de 0,0500 a 0,1000, assim:
- p = 0,5000 – α = 0,5000 – 0,1000 → p = 0,4000;
- p = 0,5000 – α = 0,5000 – 0,0500 → p = 0,4500;
- Valor P = 0,5000 – p($\vert t_{teste} \vert$) = 0,5000 – 0,4000 → Valor P = 0,1000;
- Valor P = 0,5000 – p($\vert t_{teste} \vert$) = 0,5000 – 0,4500 → Valor P = 0,0500.

Para o teste unilateral à direita, a probabilidade p segue o sinal de t_{teste}. Da Tabela 13, tem-se que o valor de α está no intervalo de 0,0250 a 0,0500, assim:
- p = 0,5000 – α = 0,5000 – 0,0500 → p = 0,4500, mas o sinal de t_{teste} é negativo. Portanto, p = – 0,4500;
- p = 0,5000 – α = 0,5000 – 0,0250 → p = 0,4750, mas o sinal de t_{teste} é negativo. Portanto, p = – 0,4750;
- Valor P = 0,5000 – p (t_{teste}) = 0,5000 – (–0,4500) → Valor P = 0,9500;
- Valor P = 0,5000 – p (t_{teste}) = 0,5000 – (–0,4750) → Valor P = 0,9750.

Para o teste unilateral à esquerda, a probabilidade p segue o sinal de t_{teste}. Da Tabela 13, tem-se que o valor de α está no intervalo de 0,0250 a 0,0500, assim:

- $p = 0{,}5000 - \alpha = 0{,}5000 - 0{,}0500 \rightarrow p = 0{,}4500$, mas o sinal de t_{teste} é negativo. Portanto, $p = -0{,}4500$;
- $p = 0{,}5000 - \alpha = 0{,}5000 - 0{,}0250 \rightarrow p = 0{,}4750$, mas o sinal de t_{teste} é negativo. Portanto, $p = -0{,}4750$;
- Valor $P = 0{,}5000 + p\ (t_{teste}) = 0{,}5000 + (-0{,}4500) \rightarrow$ Valor $P = 0{,}0500$;
- Valor $P = 0{,}5000 + p\ (t_{teste}) = 0{,}5000 + (-0{,}4750) \rightarrow$ Valor $P = 0{,}0250$.

Portanto, não se pode precisar o valor P por meio da Tabela 13. Para conhecer o valor exato, devem-se usar programas de estatística como o MINITAB®, entre outros.

6.3.3.1.3 – Decisão baseada no valor P

A decisão quanto à rejeição ou não de H_0, baseada no valor P, segue o Quadro 3.

DECISÃO	SE P
NÃO REJEITAR Ho	$> \alpha$
REJEITAR Ho	$\leq \alpha$

Quadro 3 – Tomada de decisão baseada no valor P

6.3.4 – Passos para a Realização do Teste de Hipóteses

A sequência de passos abaixo permite desenvolver o teste de hipóteses para muitos problemas práticos.

1. Faça uma análise criteriosa do contexto do problema, identificando o parâmetro a ser estudado.
2. Estabeleça as hipóteses de nulidade (H_0) e alternativa (Ha).
3. Identifique a distribuição amostral do problema (Z ou t).
4. Determine se o teste de hipótese é bilateral ou unilateral.

5. Estabeleça o nível de significância (α).
6. Determine o valor crítico esperado da estatística.
7. Faça a partição da distribuição amostral em regiões de rejeição e não rejeição.
8. Calcule a estatística teste (Z_{teste} ou t_{teste}) considerando o tamanho da amostra, a distribuição amostral e se o desvio padrão da população é conhecido ou não.
9. Verifique em qual região está localizado o valor da estatística teste.
10. Estabeleça o valor P para a estatística teste (Z_{teste} ou t_{teste}).
11. Tome a decisão de rejeitar ou não a hipótese de nulidade (H_0).
12. Calcule o valor da verdadeira média populacional.
13. Interprete as informações e faça a conclusão sobre o parâmetro estudado.

6.3.5 – Exemplo 15

Um fabricante de ferro fundido nodular, em fundição de areia sintética, produz peças nesse material segundo a norma brasileira NBR 6916:1981, que apresenta como características do ferro fundido nodular FE50007 um limite mínimo de resistência à tração de 500 MPa, alongamento de, no mínimo, 7%, com uma microestrutura ferrítica-perlítica e uma dureza Brinell dentro de uma faixa de 170 a 240 HB. O fabricante enviou um conjunto de 800 peças desse ferro fundido para seu cliente, garantindo uma dureza média de 176 HB e um desvio padrão de 19,3 HB. O cliente realizou testes em 33 peças e encontrou uma dureza média de 166 HB. Admite-se que a variável aleatória dureza apresenta uma distribuição normal.

6.3.5.1 – A que conclusão se pode chegar sobre a dureza Brinell no nível de significância de 5%?

Com o MINITAB® aberto, selecione e copie os dados referentes ao enunciado do exemplo 15 e cole na janela Session. Salve para obter o arquivo Exemplo 15, Figura 297, como explicado no item 3.2.1.1.1.

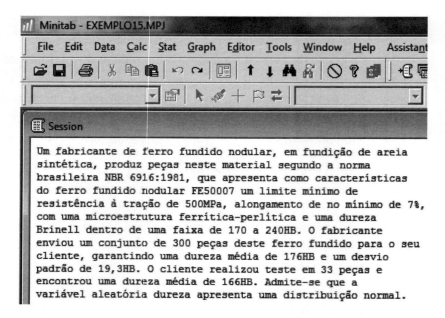

Figura 297 – Exemplo 15

6.3.5.1.1 – Faça uma análise criteriosa do contexto do problema, identificando o parâmetro a ser estudado.

Analisando os elementos do enunciado do problema, verifica-se que se trata de um teste de hipóteses, pois se deseja saber se as peças enviadas pelo fornecedor, que afirma ter dureza média (μ) de 176 HB, estão realmente dentro da faixa permitida pela norma brasileira, apesar de o cliente ter encontrado um valor de dureza fora da faixa permitida ($\overline{X}$ = 166 HB). A variável aleatória – dureza – apresenta uma distribuição aproximadamente normal. Além disso, o tamanho da amostra é maior que 30 elementos e o desvio padrão populacional (σ) é conhecido, caracterizando uma distribuição que segue um comportamento normal padronizado Z.

Com os dados do problema identificados, pode-se iniciar o teste de hipóteses, seguindo os passos estabelecidos no item 6.3.4.

Deseja-se saber se o fornecedor está correto na sua afirmação sobre a dureza do ferro fundido nodular, como caracterizado acima.

6.3.5.1.2 – Estabeleça as hipóteses de nulidade (H₀) e alternativa (Ha).

A hipótese de nulidade é definida em termos de igualdade e refere-se à afirmação do fornecedor.

$H_0 : \mu = 176HB$

A hipótese alternativa é definida em termos de desigualdade e refere-se à contestação do cliente. Mas, como nenhuma direção foi definida e, além disso, a especificação da norma está declarada em uma faixa, deve-se definir a hipótese alternativa com o termo diferente.

$Ha : \mu \neq 176HB$

6.3.5.1.3 – Identifique a distribuição amostral do problema.

O enunciado do problema admite que a variável aleatória dureza é normalmente distribuída e, além disso, o tamanho da amostra é maior que 30 elementos (n = 33 peças). Assim, tem-se uma distribuição amostral normal padronizada Z.

6.3.5.1.4 – Determine se o teste de hipótese é bilateral ou unilateral.

Como nenhuma direção foi declarada, tem-se, então, um teste de hipótese bilateral.

6.3.5.1.5 – Estabeleça o nível de significância (α).

O valor do nível de significância foi definido como α = 5%, que é o mesmo que uma probabilidade de erro de α = 0,0500.

6.3.5.1.6 – Determine o valor crítico esperado da estatística.

Com um nível de significância de α = 0,0500, a partir da Tabela 15, tem-se um valor crítico esperado de Vc = Zc = 1,96 para um teste bilateral.

6.3.5.1.7 – Faça a partição da distribuição amostral em regiões de rejeição e não rejeição.

A partição da distribuição amostral normal padronizada Z, bilateral, está representada no Gráfico 78 para um nível de significância de 0,0500. Pela Eq. (97), tem-se um nível de confiança de 0,9500.

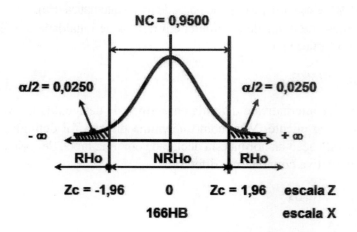

Gráfico 78 – Partição da distribuição amostral bilateral para $\bar{X}$ = 166HB e α = 5%

6.3.5.1.8 – Calcule a estatística teste.

O desvio padrão da população é conhecido, a variável aleatória dureza tem distribuição normal e o tamanho da amostra é de 33 elementos, ou seja, superior a 30 elementos. Desta forma, a estatística teste a ser calculada é Z_{teste}, conforme a Eq. (110), onde o valor da média da população é de 176 HB, o valor da média amostral obtida pelo cliente é de $\bar{X}$ = 166 HB, o desvio padrão populacional é de σ = 19,3 HB e o tamanho da amostra é de 33 peças. Assim:

$$Z_{teste} = \frac{(166 - 176) \cdot \sqrt{33}}{19,3} \rightarrow Z_{teste} = -2,98$$

6.3.5.1.9 – Verifique em qual região está localizado o valor da estatística teste.

O valor da estatística teste Z_{teste} = - 2,98 está localizado na região de rejeição de H_0, Gráfico 79.

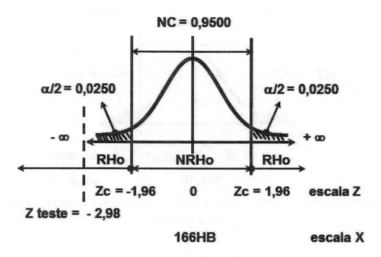

Gráfico 79 – Localização de Z_{teste} para a distribuição amostral bilateral para $\bar{X}$ = 166HB e α = 5%

6.3.5.1.10 – Estabeleça o valor P.

Como a distribuição amostral normal padronizada Z é bilateral e o valor de Z_{teste} = -2,98, tem-se por meio da Tabela 10 que a probabilidade p = -0,4986. Então, a partir da Eq. (112):

- Valor P = 2[0,5000 – p ($|Z_{teste}|$)] = 2 [0,5000 – 0,4986)] → Valor P = 0,0028.

Assim, o valor P = 0,0028 é inferior ao valor de α = 0,0500.

6.3.5.1.11 – Decida se rejeita ou não a hipótese de nulidade (H_0).

Deve-se rejeitar a hipótese da nulidade H_0, pois com um nível de significância α = 0,0500 e o valor de P = 0,0028, pode-se afirmar que há evidências de que a dureza das peças seja inferior a 176 HB.

6.3.5.1.12 – Calcule o valor da verdadeira média populacional.

Como a distribuição amostral normal padronizada Z é bilateral, pode-se determinar a verdadeira média populacional pela estimação intervalar de parâmetros. O Gráfico 80 faz a representação gráfica da estimativa intervalar bilateral dessa distribuição.

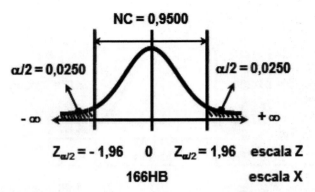

Gráfico 80 – Estimativa intervalar da distribuição amostral da dureza para $\bar{X}$ = 166 HB e α = 5%

Com o auxílio da Eq. (98), apresentada no item 6.2 - Estimação de Parâmetros, pode-se calcular a verdadeira média da população (μ), estabelecer o intervalo de confiança e verificar se μ encontra-se dentro desse intervalo.

$$\mu = \bar{X} \pm \frac{Z \cdot \sigma}{\sqrt{n}} = 166 \pm \frac{1,96 \cdot 19,3}{\sqrt{33}} \Rightarrow \mu = 166 \pm 6,59 \text{ HB}$$

Desta forma, a verdadeira média populacional (μ) da dureza da peça pode encontrar-se dentro do intervalo de confiança de 159,41 HB ≤ dureza ≤ 172,59 HB, com um nível de significância de 5%, Gráfico 81.

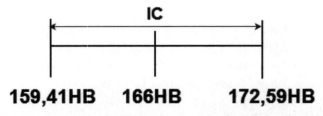

Gráfico 81 – Estimativa intervalar da verdadeira média populacional para $\bar{X}$ = 166 HB e α = 5%

6.3.5.1.13 – Interprete as informações e faça a conclusão sobre o parâmetro estudado.

Como a média populacional μ = 176 HB está fora do intervalo de confiança (IC), então, H_0 : μ = 176 HB deve ser rejeitada sob o risco de se cometer um erro tipo II (β) de 5%.

6.3.5.2 – Faça o teste de hipóteses utilizando os recursos do MINITAB®.

Com os dados identificados, realize o teste de hipóteses no MINITAB® utilizando os comandos Stat > Basic Statistics > 1-Sample Z, conforme o item 6.2.5.1, em Estimação de Parâmetros, na Figura 247. Será aberta a caixa 1-Sample Z (Test and Confidence Interval) (para uma amostra Z – Teste e intervalo de confiança), Figura 298. Marque o campo Summarized data (dados resumidos) e preencha os campos Sample size (tamanho da amostra) com 33, Mean (média amostral) com 166, Standard deviation (desvio padrão) com 19,3. Marque o campo Perform hypothesis test (realizar teste de hipóteses) e digite no campo Hypothesized mean (média populacional a ser testada), o valor 176. Clique em Options e digite 95,0 no campo Confidence level (nível de confiança). No campo Alternative (hipótese alternativa), escolha not equal (diferente) para um teste de hipótese alternativa bilateral, Figura 298. Clique em OK.

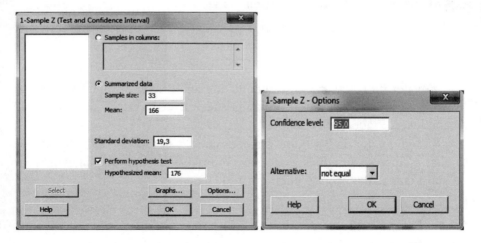

Figura 298 – Inserindo os dados para o teste de hipótese de μ ≠ 176 HB

Clique novamente em OK e serão mostrados, na janela Session, os valores do tamanho da amostra (N) de 33 elementos, da média (Mean) de 166 HB e do erro padrão da média (SE Mean) de 3,36 HB. Será mostrado também que o valor do intervalo de confiança para 95% (95% CI) está entre 159,42 HB e 172,58 HB, que o valor de Z = - 2,98 (valor do Z_{teste}), Figura 299. Portanto, a média populacional a ser testada μ = 176 HB está fora do intervalo de confiança (IC), então, H_0 : μ = 176 HB deve ser rejeitada sob o risco de se cometer um erro tipo II (β) de 5%.

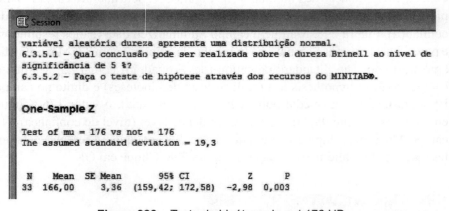

Figura 299 – Teste de hipótese de $\mu \neq 176$ HB

O valor de P = 0,003 corresponde ao menor nível de significância que leva à rejeição de H_0, ou seja, a probabilidade de a média estar fora do intervalo de confiança. Figura 299.

Como o valor de P = 0,003 é menor que o valor de α = 0,0500, deve-se rejeitar a hipótese da nulidade Ho, pois é possível afirmar que há evidências de que a dureza das peças é inferior a 176 HB.

6.3.6 – Exemplo 16

As informações de um produto declaradas em sua etiqueta é sempre alvo de questionamento por parte de consumidores. No Brasil, o Instituto Nacional de Metrologia, Qualidade e Tecnologia (INMETRO) é o órgão responsável pela normalização, inspeção, certificação e fiscalização das características metrológicas, materiais e funcionais dos bens manufaturados, tanto os produzidos no País quanto os importados. Um fabricante de iogurte afirma que o peso da embalagem é inferior a 42g para uma quantidade de iogurte de 900g. Os consumidores reclamam, dizendo que a embalagem é mais pesada e a quantidade de iogurte é menor. Sabe-se que a variável peso da embalagem tem distribuição próxima da normal. Para resolver essa questão, o INMETRO realizou testes na primeira quinzena de julho. Foram selecionadas 16 embalagens obtidas da produção de dois turnos de trabalho denominados de A e B. Os dados obtidos da produção de cada turno são apresentados na Tabela 17.

Tabela 17 – Peso da embalagem em gramas – Turmas A e B

TURMA A		TURMA B	
1	41	1	43
2	41	2	44
3	42	3	41
4	43	4	39
5	45	5	41
6	39	6	43
7	44	7	41
8	42	8	41

6.3.6.1 – Existe evidência suficiente de que o peso da embalagem é inferior a 42g? Considere um nível de significância de 10%.

Com o MINITAB® aberto, selecione e copie os dados referentes ao enunciado do exemplo 16 e cole na janela Session. Salve para obter o arquivo Exemplo 16, Figura 300, como explicado no item 3.2.1.1.1.

Selecione e copie os campos que contêm os dados do peso da embalagem de cada turma e cole na planilha Worksheet 1. Em seguida, nomeie as colunas C1 a C3 como TURMA A, TURMA B e TURMAS AB, respectivamente, Figura 301.

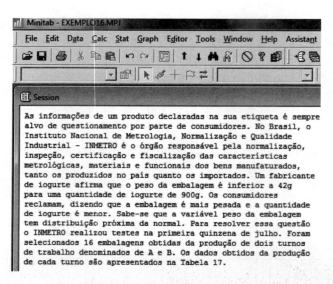

Figura 300 – Exemplo 16

	C1	C2	C3
	TURMA A	TURMA B	TURMAS AB
1	41	43	
2	41	44	
3	42	41	
4	43	39	
5	45	41	
6	39	43	
7	44	41	
8	42	41	

Figura 301 – Dados do peso das embalagens de cada turma

Uma vez que a média amostral ($\overline{X}$) e o desvio padrão amostral (S) não foram calculados, mas apenas os dados do peso de cada embalagem foram fornecidos, faz-se necessário calcular estas estatísticas. Para calculá-las, devem-se empilhar os dados das duas turmas em uma única coluna (coluna C3). Utilize os comandos Data > Stack > Columns, como explicado no item 3.2.1.1.2, Figura 302.

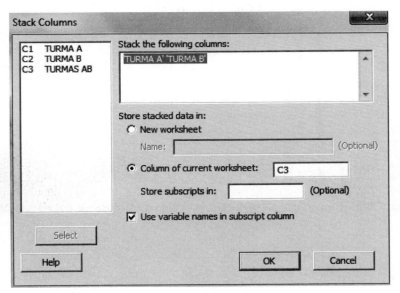

Figura 302 – Organizando os dados do peso das embalagens

Serão apresentados, na planilha Worksheet 1, os dados empilhados na coluna C3, TURMAS AB, Figura 303.

	C1	C2	C3
	TURMA A	TURMA B	TURMAS AB
1	41	43	41
2	41	44	41
3	42	41	42
4	43	39	43
5	45	41	45
6	39	43	39
7	44	41	44
8	42	41	42
9			43
10			44
11			41
12			39
13			41
14			43
15			41
16			41

Figura 303 – Preparando-se para calcular a média amostral e o desvio padrão do peso das embalagens

Para o cálculo das estatísticas, siga como descrito no item 3.4.1.5.1, observando as Figuras 98 a 100. Na janela Session, são mostrados os dados das estatísticas, sendo Mean a média amostral $\overline{X} = 41{,}875$ g e StDev, o desvio padrão amostral S = 1,708 g, Figura 304.

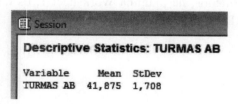

Figura 304 – Cálculo da média amostral e do desvio padrão do peso das embalagens

6.3.6.1.1 – Faça uma análise criteriosa do contexto do problema, identificando o parâmetro a ser estudado.

Analisando os elementos do enunciado do problema, verifica-se que se trata de um teste de hipóteses, pois se deseja saber se o peso da embalagem do iogurte é inferior a 42 g (μ), como afirma o fabricante, ou se é superior, como reclamam os consumidores. A variável aleatória – peso – apresenta uma distribuição próxima da normal, o tamanho da amostra é menor que 30 elementos e o desvio padrão populacional (σ) é desconhecido, caracterizando uma distribuição que segue um comportamento normal padronizado t de Student.

Com os dados do problema identificados, pode-se iniciar o teste de hipóteses, seguindo os passos estabelecidos no item 6.3.4.

Deseja-se esclarecer se o fabricante está correto na sua afirmação sobre o peso da embalagem, como caracterizado acima.

6.3.6.1.2 – Estabeleça as hipóteses de nulidade (H_0) e alternativa (Ha).

A hipótese de nulidade é definida em termos de igualdade e refere-se à afirmação do fornecedor.

$H_0 : \mu = 42g$

A hipótese alternativa é definida em termos de desigualdade e refere-se à contestação do cliente. Como se deseja contestar a afirmação do fabricante de que o peso da embalagem é inferior a 42 g, deve-se definir a hipótese alternativa como superior a 42 g.

$Ha : \mu > 42\ g$

6.3.6.1.3 – Identifique a distribuição amostral do problema.

O enunciado do problema admite que a variável aleatória peso da embalagem tem distribuição próxima da normal, o tamanho da amostra é menor que 30 elementos (n = 16 embalagens) e o desvio padrão populacional é desconhecido. Assim, tem-se uma distribuição amostral normal padronizada t de Student.

6.3.6.1.4 – Determine se o teste de hipótese é bilateral ou unilateral.

Como se deseja contestar a afirmação do fabricante de que o peso da embalagem é inferior a 42 g, deve-se definir a hipótese alternativa como superior a 42 g. Assim, tem-se um teste de hipótese unilateral à direita.

6.3.6.1.5 – Estabeleça o nível de significância (α).

O valor do nível de significância foi definido como $\alpha = 10\%$, que é o mesmo que uma probabilidade de erro de $\alpha = 0,1000$.

6.3.6.1.6 – Determine o valor crítico esperado da estatística.

Com um nível de significância de $\alpha = 0,1000$, um grau de liberdade GL = 15 e um teste de hipótese unilateral (unicaudal), a partir da Tabela 13, tem-se um valor crítico esperado de Vc = tc = 1,341.

6.3.6.1.7 – Faça a partição da distribuição amostral em regiões de rejeição e não rejeição.

A partição da distribuição amostral normal padronizada t de Student, unilateral à direita, está representada no Gráfico 82 para um nível de significância de 0,1000. Pela Eq. (97), tem-se um nível de confiança de 0,9000.

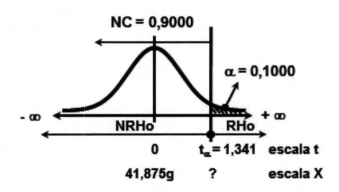

Gráfico 82 – Partição da distribuição amostral unilateral à direita para
$\bar{X} = 41,875$ g e $\alpha = 10\%$

6.3.6.1.8 – Calcule a estatística teste.

O desvio padrão da população é desconhecido, a variável aleatória peso tem uma distribuição próxima da normal e o tamanho da amostra é de 16 elementos, ou seja, inferior a 30 elementos. Desta forma, a estatística teste a ser calculada é t_{teste}, conforme a Eq. (111), onde o valor da média da população é de 42 g, o valor da média amostral obtida pelas medidas realizadas pelo INMETRO é de $\bar{X} = 41,875$ g, com um desvio padrão amostral de $S = 1,708$g, e o tamanho da amostra é de 16 embalagens. Assim:

$$t_{teste} = \frac{(41,875 - 42) \cdot \sqrt{16}}{1,708} \Rightarrow t_{teste} = -0,293$$

6.3.6.1.9 – Verifique em qual região está localizado o valor da estatística teste.

O valor da estatística teste $t_{teste} = -0,293$ está localizado na região de não rejeição de H_0, Gráfico 83.

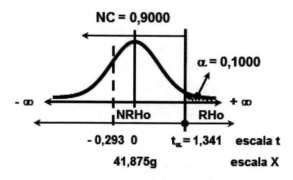

Gráfico 83 – Localização de t_{teste} para a distribuição amostral unilateral à direita para $\bar{X} = 41,875$ g e $\alpha = 10\%$

6.3.5.1.10 – Estabeleça o valor P.

Com uma distribuição amostral normal padronizada t unilateral à direita, o valor de $t_{teste} = -0,293$ e o GL = 15, então, a probabilidade p definida pelo valor de t_{teste} pode ser obtida pela Eq. (118) e por meio da Tabela 13, tem-se que o valor de α está no intervalo de 0,4000 a 0,3500, assim:
- p = 0,5000 – α = 0,5000 – 0,4000 → p = 0,1000, mas o sinal de t_{teste} é negativo. Portanto, p = – 0,1000;

- $p = 0{,}5000 - \alpha = 0{,}5000 - 0{,}3500 \rightarrow p = 0{,}1500$, mas o sinal de t_{teste} é negativo. Portanto, $p = -0{,}1500$.

O valor P pode ser calculado pela Eq. (116):
- Valor $P = 0{,}5000 - p\ (t_{teste}) = 0{,}5000 - (-0{,}1000) \rightarrow$ Valor $P = 0{,}6000$;
- Valor $P = 0{,}5000 - p\ (t_{teste}) = 0{,}5000 - (-0{,}1500) \rightarrow$ Valor $P = 0{,}6500$.

Assim, como o valor P está dentro do intervalo de 0,6000 a 0,6500, ele é superior ao valor de $\alpha = 0{,}1000$.

6.3.6.1.11 – Tome a decisão de rejeitar ou não a hipótese de nulidade (H_0).

Não se deve rejeitar a hipótese da nulidade H_0, pois com um nível de significância $\alpha = 0{,}1000$ e o valor de P dentro do intervalo de 0,6000 a 0,6500, há evidências de que o peso das embalagens é inferior a 42 g.

6.3.6.1.12 – Calcule o valor da verdadeira média populacional.

Como a distribuição amostral normal padronizada t utilizada no teste de hipóteses é unilateral à direita, para determinar a verdadeira média populacional pela estimação de parâmetros, faz-se necessário estabelecer o valor crítico esperado de tc para $\alpha = 0{,}1000$ e GL = 15 para uma estimação bilateral (bicaudal). Então, da Tabela 13, tem-se tc = 1,753. O Gráfico 84 faz a representação gráfica da estimativa intervalar bilateral dessa distribuição.

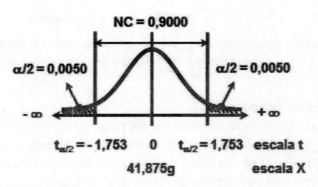

Gráfico 84 – Estimativa intervalar da distribuição amostral para $\bar{X} = 41{,}875$ g e $\alpha = 10\%$

Com o auxílio da Eq. (101), apresentada no item 6.2 - Estimação de Parâmetros, pode-se calcular a verdadeira média da população (µ), estabelecer o intervalo de confiança e verificar se µ encontra-se dentro desse intervalo.

$$\mu = \bar{X} \pm \frac{t.S}{\sqrt{n}} = 41,875 \pm \frac{1,753 \cdot 1,708}{\sqrt{16}} \Rightarrow \mu = 41,875 \pm 0,749 \text{ g}$$

Assim, a verdadeira média populacional (µ) peso da embalagem pode-se encontrar dentro do intervalo de confiança de 41,126 g ≤ peso ≤ 42,624 g, com um nível de significância de 10%, Gráfico 85.

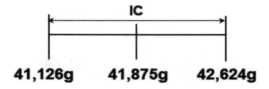

Gráfico 85 – Estimativa intervalar da verdadeira média populacional para $\bar{X}$ = 41,875 g e α = 10%

6.3.6.1.13 – Calcule o limite superior de confiança para a verdadeira média populacional.

Como a distribuição amostral normal padronizada t utilizada no teste de hipóteses é unilateral à direita, pode-se determinar o limite superior de confiança para a verdadeira média populacional pela estimação de parâmetros. O valor crítico esperado de tc foi determinado em 6.3.6.1.6 como tc = 1,341. O Gráfico 86 faz a representação gráfica da estimativa unilateral à direita desta distribuição.

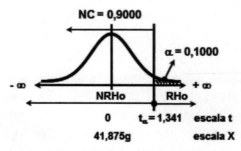

Gráfico 86 – Estimativa unilateral à direita da distribuição amostral para $\bar{X}$ = 41,875 g e α = 10%

Ajustando a Eq. (101), obtém-se a Eq. (119), apresentada no item 6.2 - Estimação de Parâmetros, e pode-se calcular o limite superior de confiança para a verdadeira média populacional e verificar se µ encontra-se dentro deste intervalo.

$$\mu = \bar{X} + \frac{t.S}{\sqrt{n}} = 41,875 + \frac{1,341 . 1,708}{\sqrt{16}} \Rightarrow \mu = 41,875 + 0,573g \quad (119)$$

Assim, a verdadeira média populacional (µ) peso da embalagem encontra-se abaixo do limite superior de confiança da verdadeira média populacional, com um peso ≤ 42,448 g para um nível de significância de 10%, Gráfico 87.

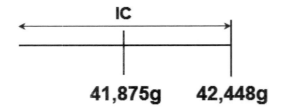

Gráfico 87 – Estimativa do limite superior de confiança da verdadeira média populacional para $\bar{X}$ = 41,875 g e α = 10%

6.3.6.1.14 – Interprete as informações e faça a conclusão sobre o parâmetro estudado.

Como a média populacional µ = 42 g está dentro do intervalo de confiança (IC), bem como abaixo do limite superior de confiança para a estimativa unilateral, então H_0 : µ = 42 g não deve ser rejeitada. Comete-se um erro tipo I rejeitando H_0 quando ela é verdadeira. A probabilidade de cometer esse erro é igual ao erro α, ou seja, o nível de significância de 10%.

6.3.6.2 – Faça o teste de hipóteses utilizando os recursos do MINITAB®.

Com os dados identificados, realize o teste de hipóteses no MINITAB®, utilizando os comandos Stat > Basic Statistics > 1-Sample t, conforme o item 6.2.5.1, em Estimação de Parâmetros, na Figura 271. Abre-se a caixa 1-Sample t (Test and Confidence Interval) (para uma amostra t – Teste e intervalo de confiança), Figura 305. Marque o campo Samples in columns (amostra nas colunas) e selecione a coluna C3. Marque o campo Perform hypothesis test (realizar teste de hipóteses) e digite no campo Hypothesized mean (média populacional a ser testada), o valor 42 g. Clique em Options e digite 90,0 no campo Confidence level (nível de confiança), e no campo Alternative (hipótese alternativa), escolha greater than (maior que) para um teste de hipótese alternativa unilateral à direita, Figura 305. Clique em OK.

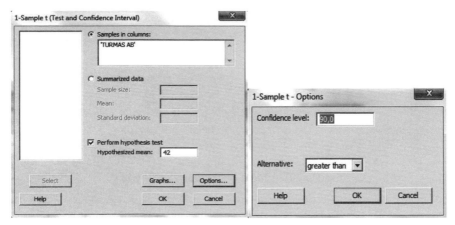

Figura 305 – Inserindo os dados para o teste de hipótese de μ > 42 g

Ao retornar para a caixa 1-Sample t (Test and Confidence Interval) (para uma amostra t – Teste e intervalo de confiança), Figura 304, clique em Graphs (gráficos). Aparece a caixa 1-Sample t – Graphs (para uma amostra t – gráficos), Figura 306, e marque Histogram of data (histograma dos dados). Clique em OK.

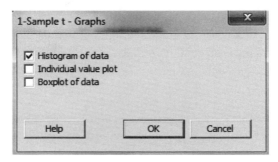

Figura 306 – Solicitando a construção do histograma para o teste de hipótese de μ > 42 g

Clique novamente em OK e serão mostrados, na janela Session, os seguintes dados: o tamanho da amostra (N) de 16 elementos, média da amostra (Mean) de 41,875 g, desvio padrão (StDev) de 1,708 g, erro padrão da média (SE Mean) de 0,427 g, limite inferior de confiança para 90% (90% Lower Bound) de 41,303 e valor de t = - 0,29 (valor do t_{teste}), Figura 307.

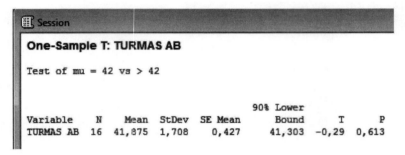

Figura 307 – Teste de hipótese de µ > 42 g

O valor de P = 0,613 corresponde ao menor nível de significância que leva à rejeição de Ho, ou seja, a probabilidade de a média estar fora do intervalo de confiança, Figura 307.

Como o valor de P = 0,613 é maior que o valor de α = 0,1000, não se deve rejeitar a hipótese da nulidade H_0, pois há evidências de que o peso da embalagem é inferior a 42 g. Comete-se um erro tipo I rejeitando H_0 quando ela é verdadeira. A probabilidade de cometer esse erro é igual ao erro α, ou seja, o nível de significância de 10%.

Surge também o histograma dos dados das turmas AB, Gráfico 88, confirmando que H_0 não deve ser rejeitada, pois a mesma encontra-se dentro do intervalo de confiança, ou seja, na região de não rejeição de H_0.

CAPÍTULO 6 - INFERÊNCIA ESTATÍSTICA / **333**

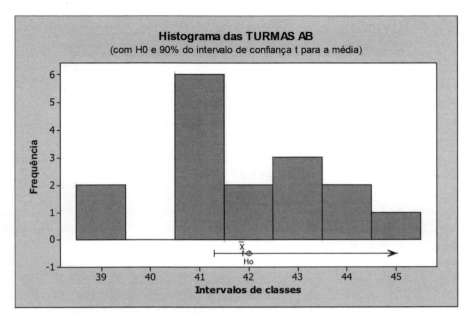

Gráfico 88 – Histograma dos dados das turmas AB para o teste de hipótese de µ > 42 g

6.3.6.2.1 – Estabeleça o intervalo de confiança utilizando os recursos do MINITAB®.

Para determinar os limites inferior e superior do intervalo de confiança para o teste de hipóteses unilateral à direita, utilizam-se os comandos Stat > Basic Statistics > 1-Sample t, conforme o item 6.2.5.1, em Estimação de Parâmetros, na Figura 271. Abre-se a caixa 1-Sample t (Test and Confidence Interval) (para uma amostra t – Teste e intervalo de confiança), Figura 305. Marque o campo Samples in columns (amostras nas colunas) e selecione a coluna C3. Marque o campo Perform hypothesis test (realizar teste de hipóteses) e deixe o campo Hypothesized mean (média populacional a ser testada) desmarcado. Clique em Options e digite 90,0 no campo Confidence level (nível de confiança), e no campo Alternative (hipótese alternativa), escolha not equal (diferente) para obter o intervalo de confiança bilateral, Figura 308. Clique em OK.

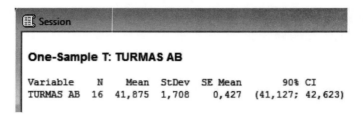

Figura 308 – Determinando o valor do intervalo de confiança bilateral para μ > 42 g

Repita os mesmos comandos, mas no campo Alternative (hipótese alternativa), escolha less than (menor que) para obter somente o limite superior de confiança, Figura 309.

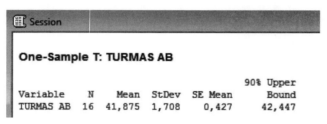

Figura 309 – Determinando o valor do limite superior de confiança para μ > 42 g

Portanto, a média populacional a ser testada, μ = 42 g, está dentro do intervalo de confiança (IC), bem como abaixo do limite superior de confiança para a estimativa unilateral, então, H_0 : μ = 42 g não deve ser rejeitada com um nível de significância de 10%, pois há evidências de que o peso da embalagem é inferior a 42 g. Comete-se um erro tipo I rejeitando H_0 quando ela é verdadeira. A probabilidade de cometer esse erro é igual ao erro α, ou seja, o nível de significância de 10%.

CAPÍTULO 7

ANÁLISES DE CORRELAÇÃO E REGRESSÃO LINEARES SIMPLES

Neste capítulo, aborda-se as análises de correlação e regressão linear simples para duas variáveis.

As análises de correlação e regressão linear simples referem-se à estimação de uma relação entre variáveis, por exemplo, X e Y.

A correlação e a regressão são duas técnicas que envolvem uma forma de estimação para os dados apresentados em pares ordenados (X, Y), emparelhados ou pareados. Enquanto a estimação de parâmetros estima um único parâmetro populacional, a correlação e a regressão permitem a estimação de uma relação que pode existir na população.

A análise de correlação estabelece o grau de relacionamento entre duas variáveis, enquanto a análise de regressão descreve a natureza do relacionamento por meio de uma equação matemática. É importante que se tenha uma coleta de dados significativa. Portanto, o número de pares de XY deve ser maior ou igual a 30.

7.1 – Análise de Correlação Linear Simples

A correlação pode ser definida como uma relação entre duas variáveis cujos dados podem ser representados por pares ordenados ou emparelhados denominados X e Y. A variável X é nominada variável independente ou explanatória e a variável Y é nominada variável dependente ou resposta. Assim, a correlação linear estabelece o grau ou a força de relacionamento entre duas variáveis, ou seja, a intensidade dessa correlação.

As variáveis podem ser quantitativa discreta ou contínua e aleatória ou determinística. No entanto, tem-se como premissa, neste estudo, que a distribuição de frequência conjunta de X e Y é normal.

Para estabelecer se existe uma correlação linear entre duas variáveis, utiliza-se o diagrama de dispersão.

O diagrama de dispersão é construído por meio de um plano cartesiano XY, com a variável independente X colocada no eixo horizontal e a variável dependente Y disposta no eixo vertical. Então, com o diagrama de dispersão construído, pode-se visualizar se a forma ou a distribuição dos dados aproxima-se de uma reta, demonstrando ou não sua linearidade, Gráfico 89.

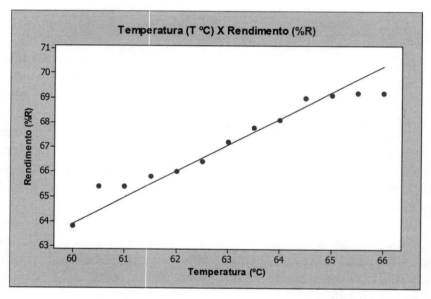

Gráfico 89 – Diagrama de dispersão para Temperatura X Rendimento

Os diagramas de dispersão podem apresentar diferentes tipos de correlação e serão estudados a seguir.

7.1.1 – Cálculo do Coeficiente de Correlação Linear Simples

O coeficiente de correlação linear simples r_{xy} ou coeficiente de Pearson (estatístico inglês Karl Pearson) determina o grau ou a força de uma correlação linear entre duas variáveis, eliminando a subjetividade na análise do diagrama de dispersão.

A força da correlação linear tem uma amplitude que vai de $-1 \leq r_{xy} \leq +1$.
A Tabela 18 apresenta uma regra prática que permite julgar o grau da correlação linear simples.

Tabela 18 – Grau da correlação linear simples em função do valor de r_{xy}

r_{xy}	Grau da correlação linear simples
= 1,00	positiva perfeita (todos os pontos estão sobre a reta)
$0,75 \leq r_{xy} < 1,00$	positiva forte
$0,50 \leq r_{xy} < 0,75$	positiva média
$0,25 \leq r_{xy} < 0,50$	positiva fraca
$0,00 < r_{xy} < 0,25$	positiva muito fraca
= 0,00	inexistente (nuvem de pontos)
$-0,25 \leq r_{xy} < 0,00$	negativa muito fraca
$-0,50 \leq r_{xy} < -0,25$	negativa fraca
$-0,75 \leq r_{xy} < -0,50$	negativa média
$-1,00 < r_{xy} < -0,75$	negativa forte
= -1,00	negativa perfeita (todos os pontos estão sobre a reta)

Quando o valor de r_{xy} é positivo, a reta que passa pelos pontos plotados no diagrama de dispersão é ascendente, quando é negativo, a reta é descendente, Figura 310.

O cálculo do coeficiente de correlação linear simples r_{xy} ou coeficiente de Pearson pode ser efetuado pela Eq. (120).

$$r_{xy} = \frac{(n.\Sigma XY)-(\Sigma X.\Sigma Y)}{\sqrt{\left[(n.\Sigma X^2)-(\Sigma X)^2\right].\left[(n.\Sigma Y^2)-(\Sigma Y)^2\right]}}$$

(120)

$r_{xy} \rightarrow$ coeficiente de correlação linear simples;
n $\rightarrow$ número de pares (X, Y);
X $\rightarrow$ variável independente;
Y $\rightarrow$ variável dependente.

O cálculo do coeficiente de correlação linear simples exige que algumas premissas sejam satisfeitas:

- a coleta de dados deve ser feita ao acaso e ser representativa da população;
- para cada dado da variável independente X, deve haver um dado correspondente da variável dependente Y;
- cada variável X e Y deve ser medida independentemente, ou seja, a variável Y não pode ser calculada por uma fórmula que inclua a variável X.

As Figuras 310 e 311 exemplificam alguns modelos de correlação pelo diagrama de dispersão. O gráfico X1Y1 apresenta uma correlação linear positiva forte com reta ascendente. O gráfico X2Y2 apresenta uma correlação linear negativa perfeita com reta descendente. O gráfico X3Y3 apresenta uma correlação linear positiva muito fraca.

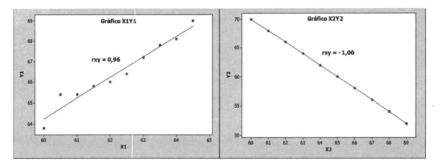

Figura 310 – Exemplos de graus de correlação – Gráficos X1Y1 e X2Y2

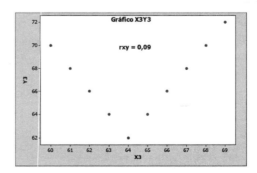

Figura 311 – Exemplos de grau de correlação – Gráfico X3Y3

No cálculo do coeficiente de correlação linear simples, pode-se avaliar se o valor obtido dentro do intervalo $-1 \leq r_{xy} \leq +1$ é significativo ou não. Isso pode ser feito pelo cálculo do valor de P usando o teste de hipóteses. Vários programas de estatística realizam esse cálculo. O MINITAB® estabelece as hipóteses para o coeficiente da correlação populacional (ρ) da seguinte maneira:

- hipótese da nulidade $\rightarrow H_0 : \rho = 0$, quando o coeficiente da correlação linear não é significativo, ou seja, não há relação alguma entre as variáveis na população;
- hipótese alternativa $\rightarrow Ha : \rho \neq 0$, quando o coeficiente da correlação linear é significativo, ou seja, há relação entre as variáveis na população.

Para avaliar o valor de P, adota-se, neste livro, o valor do nível de significância (α) de 5%, ou seja, $\alpha = 0{,}0500$. Assim, quando se obtém um valor de P menor que o valor de α, deve-se rejeitar a hipótese da nulidade H_0 e considerar que as variáveis em estudo têm correlação significativa.

7.1.2 – Cálculo do Coeficiente de Determinação

É importante destacar que o grau de correlação entre duas variáveis não significa, obrigatoriamente, uma relação de causa e efeito entre elas, apenas que as variáveis X e Y apresentam correlação entre si.

O coeficiente de determinação r^2_{xy} ou coeficiente de explicação indica quanto da variação da variável dependente Y pode ser explicada pela variação da variável independente X. Esse cálculo pode ser realizado pela Eq. (121).

$$r^2_{xy} = r_{xy} \cdot r_{xy} = (r_{xy})^2 \tag{121}$$

O coeficiente de determinação apresenta uma amplitude de $0 \leq r^2_{xy} \leq 1$. Na aplicação prática da análise de correlação linear simples, sugere-se que o valor do coeficiente de determinação seja $r^2_{xy} \geq 0{,}60$. Assim, a variação da variável dependente Y pode ser explicada por 60% ou mais pela variação da variável independente X e 40% ou menos das variações em Y podem ser explicadas por outras variáveis.

Quando se tem um valor de $r^2_{xy} = 1$, a variação da variável dependente Y é 100% explicada pela variação da variável independente X.

Na análise da correlação, deve-se avaliar se o modelo linear é adequado para o estudo de regressão. Caso contrário, deve-se buscar um modelo não linear.

7.2 – Análise de Regressão Linear Simples

A análise de regressão linear simples permite descrever, por meio de um modelo matemático, a relação entre duas variáveis, realizando-se n medições das variáveis independente X e dependente Y, buscando satisfazer as premissas estabelecidas para a correlação linear simples.

A análise da regressão linear simples avalia como as variáveis X e Y estão vinculadas e como obter um dado desconhecido Y a partir de seu par conhecido X, com aproximação, ou seja, quanto de Y pode ser afetado pela variação de X.

Esse modelo matemático linear de análise de regressão permite avaliar a influência da temperatura na umidade, a porcentagem de carbono na dureza de um ferro fundido ou aço, bem como promover a otimização de um determinado processo.

7.2.1 – Equação da Regressão Linear Simples

A regressão é o fenômeno de retorno à média, como explicado pelo estatístico inglês Francis Galton.

A equação de regressão ou equação da reta ajustada é linear devido à disposição dos pontos permitir o ajuste a uma reta.

A equação de regressão linear é simples porque só estão correlacionadas duas variáveis, onde apenas a variável independente X é controlada.

Ajustar a disposição dos pontos a uma reta é encontrar a reta que passa o mais próximo possível dos pontos dos pares XY pelo método dos mínimos quadrados (MMQ), desenvolvido pelo matemático francês Pierre Simon Laplace.

O método dos mínimos quadrados (MMQ) define que:
- a soma dos desvios (resíduos) verticais dos pontos dos pares de XY em relação à reta ajustada $X\hat{Y}$ é zero e pode ser determinada pela Eq. (122);

$$e = \Sigma (Y_i - \hat{Y}_i) \qquad (122)$$

e $\rightarrow$ desvio ou resíduo em relação à reta ajustada;
Σ $\rightarrow$ somatório;
Y_i $\rightarrow$ ponto referente ao valor da variável dependente coletada Y;
$\hat{Y}_i$ $\rightarrow$ ponto referente ao valor da variável dependente estimada $\hat{Y}$.

- a soma dos quadrados desses desvios é mínima e pode ser determinada pela Eq. (123);

$$\Sigma (Y_i - \bar{Y}_i)^2 = \Sigma (\hat{Y}_i - \bar{Y}_i)^2 + \Sigma (Y_i - \hat{Y}_i)^2 \qquad (123)$$

- $\bar{Y}_i \rightarrow$ ponto referente ao valor médio da variável dependente coletada Y.

O primeiro termo da equação corresponde à soma total dos quadrados, ou seja, à variação total. O segundo termo corresponde à variação explicada pela equação da reta ajustada, ou seja, à variação na regressão linear. O terceiro e último termo da equação corresponde à variação não explicada devido aos resíduos, ou seja, à variação do acaso.

A equação da reta ajustada ou equação da regressão linear simples pode ser representada pela Eq. (124).

$$\hat{Y} = a + bX \qquad (124)$$

$\hat{Y} \rightarrow$ variável dependente estimada. Corresponde ao valor predito (calculado);
a $\rightarrow$ coeficiente linear. Corresponde ao intercepto da variável Y;
b $\rightarrow$ coeficiente angular. Corresponde à inclinação da reta;
X $\rightarrow$ variável independente. Corresponde ao valor do preditor (regressor).

O cálculo do coeficiente linear (a) pode ser obtido pela Eq. (125).

$$a = \frac{\Sigma Y - (b \cdot \Sigma X)}{n} \qquad (125)$$

O cálculo do coeficiente angular (b) pode ser obtido pela Eq. (126).

$$b = \frac{(n \cdot \Sigma XY) - (\Sigma X \cdot \Sigma Y)}{(n \cdot \Sigma X^2) - (\Sigma X)^2} \qquad (126)$$

O Gráfico 90 exemplifica uma análise de regressão de um conjunto de pares XY. Apresentam-se o coeficiente linear (a), coeficiente angular (b), coeficiente de determinação (r^2_{xy}), equação da reta ajustada, desvio positivo (e +) e desvio negativo (e –).

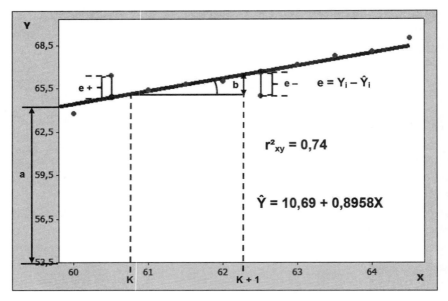

Gráfico 90 – Exemplo de um diagrama de dispersão com a equação da reta ajustada e seus elementos

Os pontos em vermelho, Gráfico 90, referem-se aos pontos XY coletados para a construção do diagrama de dispersão. Qualquer ponto calculado pela equação de regressão encontra-se sobre a reta ajustada e pode ser representado por $X_i \hat{Y}_i$. O valor do ponto $\hat{Y}_i$ (ponto estimado ou calculado) pode ser diferente do ponto Y coletado. Esse desvio é denominado resíduo e pode ser calculado pela Eq. (122).

Quando o intercepto de Y, o coeficiente linear (a), é zero e a variável independente também é zero, a reta ajustada passa pela origem. Quando a inclinação da reta (b) é zero, a reta ajustada é horizontal.

7.3 – Exemplo 17

Numa pesquisa realizada com o objetivo de avaliar as propriedades mecânicas do adesivo à base de policloropreno, utilizado em solados de calçados, fez-se um estudo sobre a relação entre o alongamento na ruptura e a resistência à tração para a composição de elastômero de policloropreno com 20 phr (per hundred resin) de negro de fumo e os seguintes dados foram obtidos, Tabela 19.

CAPÍTULO 7 - ANÁLISES DE CORRELAÇÃO E REGRESSÃO LINEARES SIMPLES / **343**

Tabela 19 – Dados sobre o alongamento e a resistência à tração de elastômero

Alongamento (%)	Resistência (MPa)	Alongamento (%)	Resistência (MPa)
50	0,82	300	5,96
100	1,58	350	8,10
150	2,03	400	10,80
200	2,76	450	13,65
250	4,00	500	14,84

O exemplo 17 apresenta somente 10 pares de XY apenas para simplificar. No entanto, reforça-se que para as análises de correlação e regressão, devem-se usar, no mínimo, 30 pares de XY.

7.3.1 – Construa o diagrama de dispersão.

Com o MINITAB® aberto, selecione e copie os dados referentes ao enunciado do exemplo 17 e cole na janela Session. Salve para obter o arquivo Exemplo 17, Figura 312, como explicado no item 3.2.1.1.1.

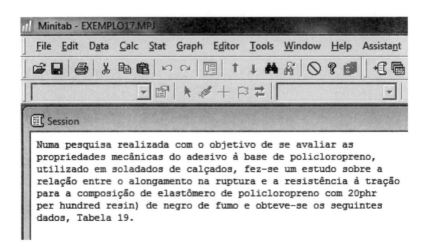

Figura 312 – Exemplo 17

Selecione e copie os campos que contêm os dados do alongamento e da resistência à tração, e cole na planilha Worksheet 1. Em seguida, nomeie as colunas C1 a C2 como Alongamento (%) e Resistência (MPa), respectivamente, Figura 313.

Worksheet 1 ***	
C1 Alongamento (%)	C2 Resistência (MPa)
50	0,82
100	1,58
150	2,03
200	2,76
250	4,00
300	5,96
350	8,10
400	10,80
450	13,65
500	14,84

Figura 313 – Dados do alongamento e da resistência à tração do adesivo

Para construir o diagrama de dispersão, clique na planilha Worksheet 1 e utilize os comandos Graph > Scartterplot. Aberta a caixa Scartterplots (diagrama de dispersão), escolha With Regression (com regressão) e clique em OK, Figura 314.

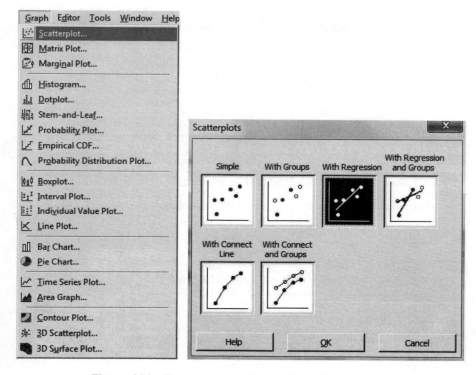

Figura 314 – Preparando a construção do diagrama de dispersão do adesivo

É exibida a caixa Scatterplot – With Regression (diagrama de dispersão - com regressão), Figura 315. Selecione C2 (Resistência) como Y variables (variáveis Y) e C1 (Alongamento) como X variables (variáveis X) com um duplo clique na caixa Select (seleção). Em seguida, clique em Labels (rótulos) e será aberta a caixa Scatterplot – Labels (diagrama de dispersão – rótulos). Preencha o campo Title: (título) com ALONGAMENTO X RESISTÊNCIA À TRAÇÃO. Clique em OK, Figura 315. Deixe as demais opções no default do MINITAB® e clique novamente em OK. Será apresentado o Gráfico 91 do diagrama de dispersão. Faça os ajustes no gráfico seguindo as orientações dos itens 3.3.5.4.4 e 3.3.5.4.6.

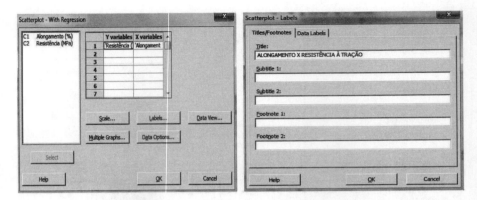

Figura 315 – Construindo o diagrama de dispersão para o alongamento X resistência à tração do adesivo

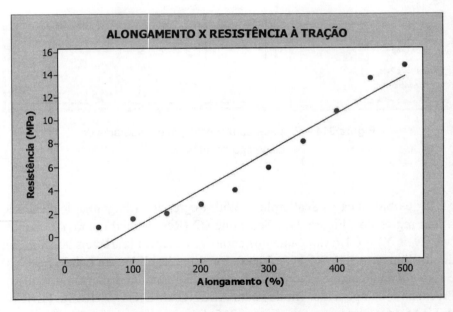

Gráfico 91 – Diagrama de dispersão para o alongamento X resistência à tração do adesivo

7.3.2 – Verifique se existe uma correlação linear retilínea.

Pode-se verificar pelo diagrama de dispersão, Gráfico 91, construído para o alongamento e a resistência à tração, que existe uma correlação linear retilínea.

7.3.3 – Em caso afirmativo, calcule o coeficiente de correlação linear.

Para o cálculo do coeficiente de correlação linear (r_{xy}) ou coeficiente de Pearson, considere um nível de significância de 5%, ou seja, $\alpha = 0,0500$, conforme estudado no Capítulo 6 deste livro. Avalie se a correlação das variáveis é significativa ou não por meio de P-value (valor de P).

Selecione os comandos Stat > Basic Statistics > Correlation e será aberta a caixa Correlation (correlação). Dê um duplo clique em C1 e C2 no campo Select (seleção), marque o campo Display p-values (mostrar os valores de P) e, em seguida, clique em OK, Figura 316.

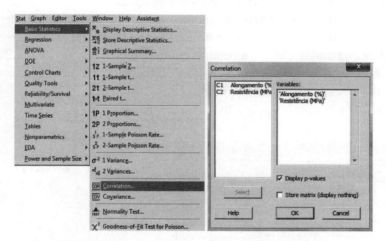

Figura 316 – Preparando o cálculo do coeficiente de correlação linear para o alongamento X resistência à tração do adesivo

Serão mostrados, na janela Session, o valor do coeficiente de correlação linear (r_{xy}), coeficiente de Pearson, de 0,971, e o P-Value de 0,000, Figura 317.

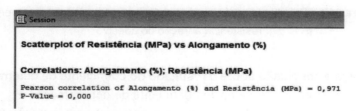

Figura 317 – Cálculo do coeficiente de correlação linear para o alongamento X resistência à tração do adesivo

7.3.4 – Registre sua conclusão sobre a relação entre as variáveis.

O coeficiente de correlação linear (r_{xy}) deve ser $-1 \leq r_{xy} \leq +1$. Como o valor de $r_{xy} = 0{,}971$ e comparando-o com a Tabela 18, pode-se afirmar que há uma correlação linear positiva forte, ou seja, a resistência à tração aumenta com o aumento do alongamento.

Além disso, como o valor de P é zero, ou seja, menor que $\alpha = 0{,}0500$, pode-se afirmar que o coeficiente de correlação linear (r_{xy}) é significativo, ou seja, há correlação entre as variáveis.

7.3.5 – Calcule o coeficiente de determinação.

Como o MINITAB® não contempla o cálculo do coeficiente de determinação separadamente, deve-se usar a função calculadora do MINITAB®, clicando nos comandos Cal > Calculator, como demonstrado no item 3.2.2.1.3. Antes, nomeie a coluna C3 como r^2_{xy}. O valor calculado é mostrado na planilha Worksheet 1, na coluna C3, Figura 318, $r^2_{xy} = 0{,}943$.

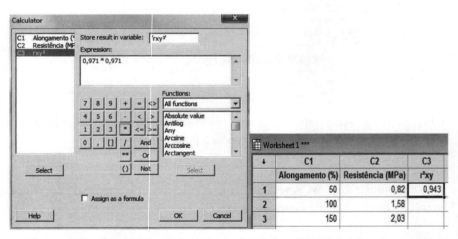

Figura 318 – Cálculo do coeficiente de determinação para o alongamento X resistência à tração do adesivo

7.3.6 – Faça a conclusão sobre o resultado do coeficiente de determinação.

Com a obtenção do valor do coeficiente de determinação $r^2_{xy} = 0{,}943$, pode-se afirmar que 94,3% das variações na resistência à tração (variável dependente Y) podem ser explicadas pelas variações no alongamento (variável independente X). O restante das variações, que equivale a 5,7%, pode ser explicado por outras variáveis. Assim, pode-se aceitar este modelo matemático linear.

7.3.7 – Estabeleça a equação de regressão (equação da reta ajustada).

Selecione os comandos Stat > Regression > Fitted Line Plot e será aberta a caixa Fitted Line Plot (equação da reta ajustada). Dê um duplo clique em C2 para Response (Y) (resposta) e C1 para Predictor (X) (preditor) no campo Select (seleção), Figura 319. Em Type of Regression Model (modelo do tipo de regressão), marque o campo Linear.

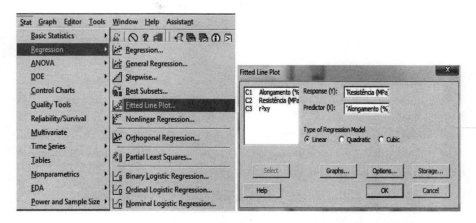

Figura 319 – Estabelecendo o gráfico da equação da reta ajustada para o alongamento X resistência à tração do adesivo

Clique em Graphs (gráficos) e será aberta a caixa Fitted Line Plot – Graphs. Mantenha o default do MINITAB®, Figura 320. O campo Residuals for Plots, marcado em Regular, Figura 320, estabelece que os resíduos são regulares, ou seja, os resíduos para a plotagem do gráfico são obtidos a partir da diferença entre o valor medido da variável Y e o valor estimado, da mesma variável, por meio da reta ajustada.

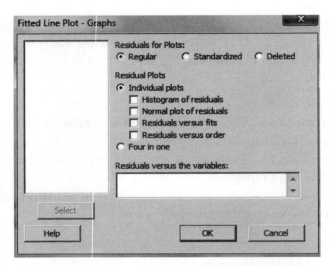

Figura 320 – Calculando a equação da reta ajustada para o alongamento X resistência à tração do adesivo, mantendo o default do MINITAB®

Clique em Options (opções) e preencha o campo Title (título) com INFLUÊNCIA DO ALONGAMENTO NA RESISTÊNCIA À TRAÇÃO DO ADESIVO. Clique em OK, Figura 321. Em seguida, clique em Storage (armazenar) e marque o campo Residuals (resíduos ou desvios) para obter o cálculo de cada resíduo dos pontos dos pares XY.

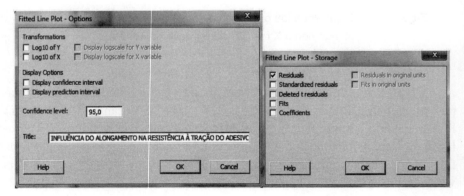

Figura 321 – Finalizando o gráfico e o cálculo da equação da reta ajustada para o alongamento X resistência à tração do adesivo

Clique novamente em OK. São mostrados, na janela Session, os dados da equação da reta ajustada, Figura 322. Na planilha Worksheet 1, são apresentados os dados dos resíduos (desvios) na coluna C4, Figura 322, e no Gráfico 92, o diagrama de dispersão com a reta ajustada.

Session

Regression Analysis: Resistência (MPa) versus Alongamento (%)

```
The regression equation is
Resistência (MPa) = - 2,629 + 0,03303 Alongamento (%)

S = 1,30704   R-Sq = 94,3%   R-Sq(adj) = 93,6%

Analysis of Variance

Source      DF       SS       MS       F       P
Regression   1  225,019  225,019  131,72  0,000
Error        8   13,667    1,708
Total        9  238,686
```

Worksheet 1 ***

↓	C1	C2	C3	C4
	Alongamento (%)	Resistência (MPa)	r²xy	RESI1
1	50	0,82	0,943	1,79782
2	100	1,58		0,90630
3	150	2,03		-0,29521
4	200	2,76		-1,21673
5	250	4,00		-1,62824
6	300	5,96		-1,31976
7	350	8,10		-0,83127
8	400	10,80		0,21721
9	450	13,65		1,41570
10	500	14,84		0,95418

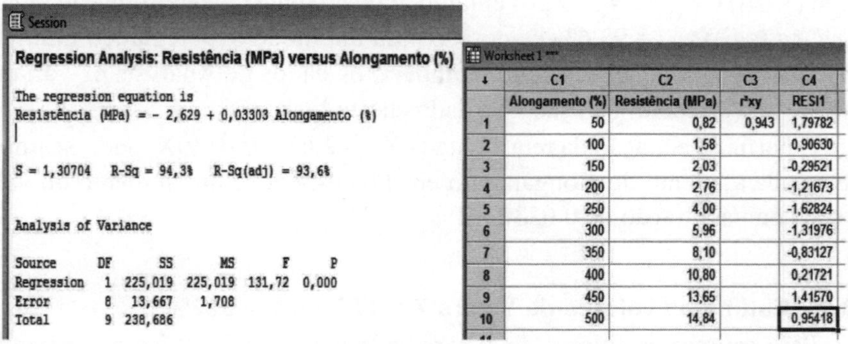

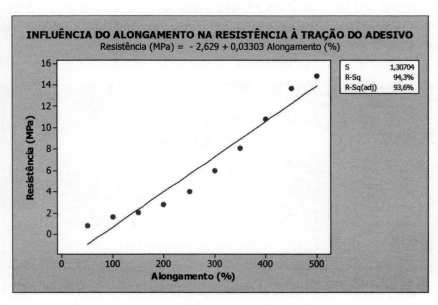

Figura 322 – Dados da equação da reta ajustada para o alongamento X resistência à tração do adesivo

Gráfico 92 – Equação da reta ajustada e o diagrama de dispersão para o alongamento X resistência à tração do adesivo

7.3.8 – Faça a interpretação da equação da reta ajustada.

A equação da reta ajustada é $\hat{Y} = -2{,}63 + 0{,}0330X$, que é o mesmo que escrever Resistência à tração (MPa) = $-2{,}63 + 0{,}0330$ Alongamento (%). Assim, a constante coeficiente linear (intercepto de Y) é a = $-2{,}63$ e a constante coeficiente angular (inclinação da reta) é b = $0{,}0330$. O coeficiente de determinação (R-sq) é $r^2_{xy} = 94{,}3\%$. No entanto, o coeficiente de determinação ajustado (R-sq (adj)) $r^2_{xy} = 93{,}6\%$ é adotado para um modelo matemático múltiplo, o que não se aplica neste estudo. Também, os dados de Analysis of Variance (análise de variância) não são abordados neste livro.

A partir da equação da reta ajustada $\hat{Y} = -2{,}63 + 0{,}0330X$, pode-se inferir que a cada aumento do alongamento em 1%, espera-se um aumento do valor da resistência à tração de $0{,}0330$ MPa.

7.3.9 – Estime os valores de Y para X = 175% e X = 332%.

Para estimar os valores de Y para cada valor de X, utilize os comandos Cal > Calculator, como demonstrado no item 3.2.2.1.3, Figura 323. Antes, nomeie as colunas C5 e C6 como X = 175 e X = 332, respectivamente. O valor calculado é mostrado na planilha Worksheet 1, nas colunas C5 e C6, Figura 324. Para X = 175% → $\hat{Y} = 3{,}15$ MPa e para X = 332% → $\hat{Y} = 8{,}33$ MPa.

A estimação dos valores de Y deve ocorrer entre o menor e o maior valor das variáveis XY coletadas.

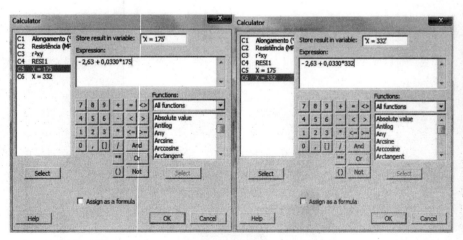

Figura 323 – Estimando os valores de Y pela equação da reta ajustada para o alongamento X resistência à tração do adesivo

CAPÍTULO 7 - ANÁLISES DE CORRELAÇÃO E REGRESSÃO LINEARES SIMPLES / **353**

	C1	C2	C3	C4	C5	C6
	Alongamento (%)	Resistência (MPa)	r²xy	RESI1	X = 175	X = 332
1	50	0,82	0,943	1,79782	3,15	8,33
2	100	1,58		0,90630		
3	150	2,03		-0,29521		
4	200	2,76		-1,21673		
5	250	4,00		1,62824		

Figura 324 – Valores de Y estimados pela equação da reta ajustada para o alongamento X resistência à tração do adesivo

CAPÍTULO 8

AVALIANDO A NORMALIDADE DOS DADOS

No estudo estatístico, na maioria das situações, busca-se trabalhar com dados que apresentam distribuição normal, tanto que o modelo de probabilidade mais utilizado na prática é o da distribuição contínua de probabilidade normal. No Capítulo 6, Inferência Estatística, esse modelo é reforçado com a explicação do teorema central do limite. Além disso, a impossibilidade de, na maioria dos casos, estudar toda a população reforça a necessidade do uso de uma amostra representativa dessa população e que tenha um comportamento normal. Sabe-se, então, que em um experimento aleatório, repetido por um número grande de vezes, a variável aleatória tende para uma distribuição normal e sua média tende para a média da população. Assim, com esse modelo de distribuição de probabilidade, podem-se estudar diversos processos da área industrial ou não.

Portanto, quando se trabalha com amostra, com um número de elementos igual ou superior a 30, supõe-se que os dados apresentam um comportamento normal.

No entanto, em muitos casos, é necessário verificar se os dados da amostra em estudo têm essa normalidade. Para essa verificação, pode-se fazer o teste de normalidade pelo método da Associação Brasileira de Normas Técnicas (ABNT) NBR 10538:1988 - Interpretação estatística de dados - Teste de normalidade - Procedimento ou com o auxílio de programas estatísticos como o MINITAB®.

8.1 – Construção do Gráfico de Probabilidade

O histograma pode sugerir que a distribuição dos dados segue um comportamento normal ou não. No entanto, ele pode conduzir a uma interpretação errônea da forma de distribuição dos dados, principalmente quando se tem uma amostra de tamanho pequeno. Portanto, um meio mais seguro de avaliar a normalidade dos dados é por meio da construção do gráfico de probabilidade. Esse gráfico pode ser construído manualmente ou com o auxílio de programas computacionais.

Para a construção manual do gráfico de probabilidade, devem-se ordenar, de forma crescente, os dados coletados da variável aleatória que se deseja avaliar e, em papel milimetrado, estabelecer no eixo X (eixo horizontal) os valores da variável e no eixo Y (eixo vertical), os valores das porcentagens de frequências acumuladas obtidos pela Eq. (127).

$$Pi = \frac{100(i-0,5)}{n} \qquad (127)$$

Pi → percentil do i-ésimo dado ordenado;
i → posição de cada dado ordenado;
n → número de elementos da amostra.

Com o auxílio de um programa computacional, pode-se obter rapidamente o gráfico de probabilidade, bastando inserir os dados necessários.

Para exemplificar essa construção, serão utilizados os dados fornecidos no exemplo 17, na Tabela 19, referente à pesquisa para avaliar as propriedades mecânicas do adesivo à base de policloropreno. Extraindo apenas os dados relativos ao alongamento, têm-se, na Tabela 20, os valores de Pi calculados pela Eq. (127).

Tabela 20 – Dados para a construção do gráfico de probabilidade

Alongamento (%)	i	Pi
50	1	5
100	2	15
150	3	25
200	4	35
250	5	45
300	6	55
350	7	65
400	8	75
450	9	85
500	10	95

Com o lançamento dos dados em papel milimetrado, tem-se um gráfico de probabilidade, como mostra o Gráfico 93. A linha reta é traçada subjetivamente, mas sendo induzida a passar pelos pontos do meio do gráfico.

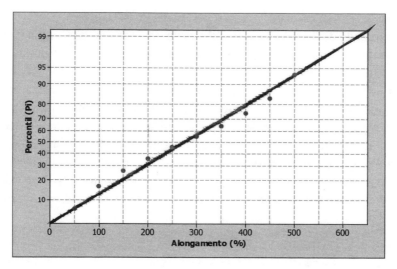

Gráfico 93 – Gráfico de probabilidade para o alongamento do adesivo

Para avaliar se a distribuição dos dados da variável aleatória alongamento apresenta um comportamento normal, imagine um lápis sobre a reta traçada. Caso todos os pontos sejam cobertos pelo lápis, pode-se estimar que a variável apresenta um comportamento normal. Caso contrário, o modelo normal não é apropriado.

É importante reforçar que, mesmo quando a população dos dados da amostra tem uma distribuição normal, os pontos do gráfico de probabilidade não estarão exatamente sobre a reta traçada. Esses desvios ficam mais evidentes quando o tamanho da amostra é inferior a 30 elementos.

8.2 – Teste de Normalidade

Outra forma de avaliar se a variável em estudo apresenta uma distribuição normal é pelo teste de normalidade, que pode ser realizado por três diferentes estatísticas de teste. São testes de hipóteses denominados teste de normalidade ou teste de aderência.

O teste de hipótese de uma variável aleatória X, com tamanho de amostra n, é estabelecido da seguinte forma:
- H_0 : X tem distribuição aproximadamente normal;
- Ha : X não tem distribuição normal.

A tomada de decisão é realizada a partir da definição de P value (valor de P). O valor de P está relacionado com o nível de significância (α), que usualmente é de 5%, ou seja, $\alpha = 0{,}0500$. Então, se:
- P value $< \alpha$, deve-se rejeitar a hipótese da nulidade, pois há evidência de que os dados não seguem uma distribuição normal;
- P value $\geq \alpha$, não se deve rejeitar a hipótese da nulidade, pois há evidência de que os dados seguem uma distribuição normal.

A rejeição da hipótese da nulidade conduz à realização de testes não paramétricos, que permitem definir qual o modelo de distribuição mais adequado. Os testes não paramétricos, no entanto, não estão no escopo deste livro.

8.2.1 – Teste de Anderson-Darling

Este é o teste padrão do MINITAB® e é baseado na função de distribuição cumulativa empírica. É mais adequado para uma amostra de tamanho superior a 50 elementos.

8.2.2 – Teste de Ryan-Joiner

O teste é baseado em correlação e é similar ao teste Shapiro-Wilk. É mais adequado para uma amostra de tamanho inferior a 50 elementos.

8.2.3 – Teste de Kolmogorov-Smirnov

O teste é baseado na função de distribuição cumulativa empírica. É mais adequado para uma amostra de tamanho superior a 100 elementos.

8.3 – Exemplo 18

Numa pesquisa realizada com o objetivo de avaliar as propriedades mecânicas do adesivo à base de policloropreno utilizado em solados de calçados, fez-se um estudo sobre a relação entre o alongamento na ruptura e a resistência à tração para a composição do elastômero de policloropreno com 20 phr (per hundred resin) de negro de fumo. Como o estudo de correlação e regressão leva em consideração a distribuição normal da variável aleatória, realize o teste de normalidade a partir dos dados da Tabela 21 para as três estatísticas de teste disponibilizadas pelo MINITAB® (Anderson-Darling, Ryan-Joiner e Kolmogorov-Smirnov).

Tabela 21 – Dados para o teste de normalidade

Alongamento (%)
50
100
150
200
250
300
350
400
450
500

Com o MINITAB® aberto, selecione e copie os dados referentes ao enunciado do exemplo 18 e cole na janela Session. Salve para obter o arquivo Exemplo 18, Figura 325, como explicado no item 3.2.1.1.1.

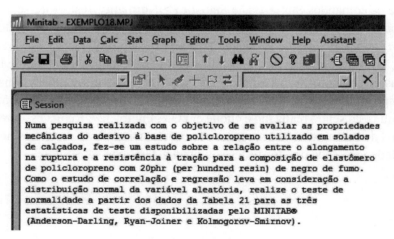

Figura 325 – Exemplo 18

Selecione e copie o campo que contém os dados do alongamento e cole na planilha Worksheet 1. Em seguida, nomeie a coluna C1 como Alongamento (%), Figura 326.

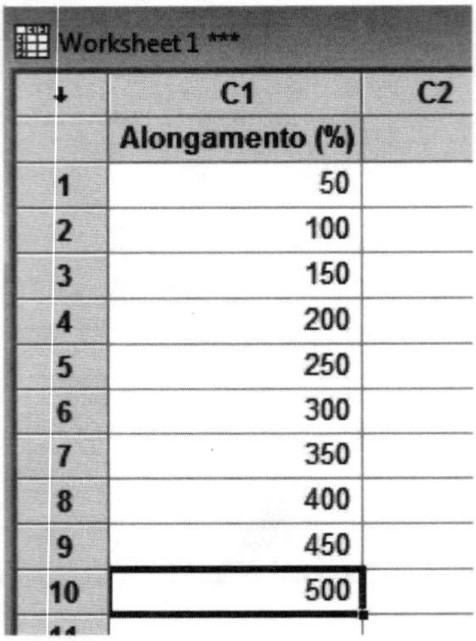

	C1	C2
	Alongamento (%)	
1	50	
2	100	
3	150	
4	200	
5	250	
6	300	
7	350	
8	400	
9	450	
10	500	

Figura 326 – Dados do alongamento do adesivo

Para realizar o teste de normalidade, clique na planilha Worksheet 1 e utilize os comandos Stat > Basic Statistics > Normality Test. Abre-se a caixa Normality Test (teste de normalidade), Figura 327. Selecione C1 (Alongamento) como Y variable (variável Y) com um duplo clique na caixa Select (seleção). Em seguida, marque o campo None (nenhum) em Percentile Lines (linhas de percentil). Em Test for Normality (teste para normalidade), marque o campo Anderson-Darling. Preencha o campo Title (título) com o nome do teste que está sendo realizado e clique em OK, Figura 327. Repita esses passos para os demais testes. São apresentados, então, os gráficos dos testes de normalidade para cada um dos testes solicitados, Gráficos 94, 95 e 96.

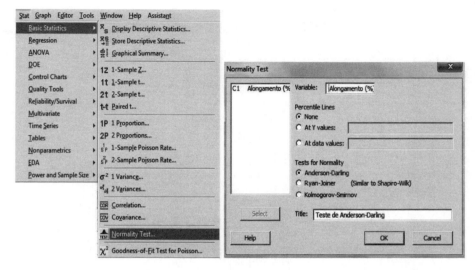

Figura 327 – Estabelecendo o teste de normalidade para o alongamento X resistência à tração do adesivo

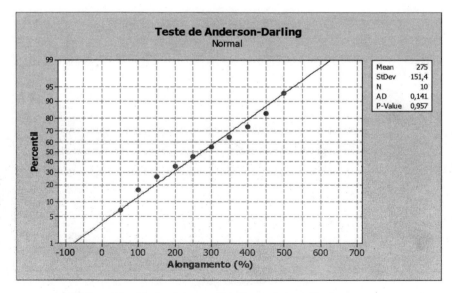

Gráfico 94 – Teste de normalidade Anderson-Darling para o alongamento do adesivo

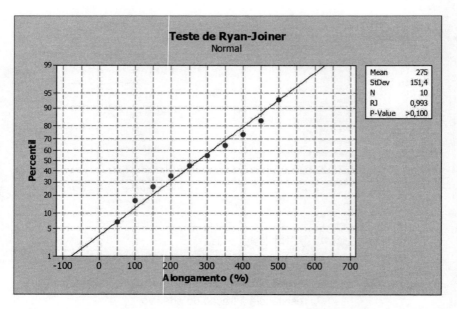

Gráfico 95 – Teste de normalidade Ryan-Joiner para o alongamento do adesivo

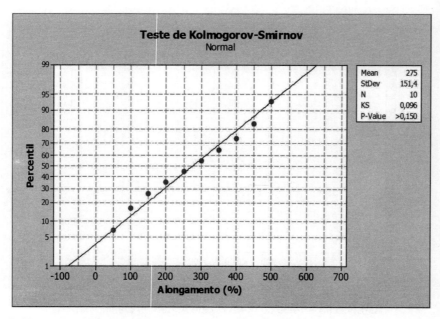

Gráfico 96 – Teste de normalidade Kolmogorov-Smirnov para o alongamento do adesivo

Pela Tabela 22, pode-se verificar que os três testes de aderência apresentam P Value (valor de P) maior que o valor do nível de significância α = 0,0500 e que o P Value do teste de Anderson-Darling foi o maior. Conclui-se, portanto, que não se deve rejeitar a hipótese da nulidade, pois há evidência de que a variável aleatória alongamento tem distribuição próxima da normal, uma vez que P Value é maior que o valor de α.

Tabela 22 – Valores de P Value conforme os testes de normalidade

Teste de normalidade	P Value
Anderson-Darling	0,957
Ryan-Joiner	> 0,100
Kolmogorov-Smirnov	> 0,150

BIBLIOGRAFIA

BARBETTA, P. A.; REIS, Marcelo M.; BORNIA, Antônio Cezar. *Estatística para Cursos de Engenharia e Informática*. São Paulo: Editora Atlas, 2004.

CASELA, George; BERGER, Roger L. *Inferência Estatística*. 2ª ed. São Paulo: Cengage Learning, 2010.

COSTA, Giovanni G. de Oliveira. *Curso de estatística inferencial e probabilidade: teoria e prática*. São Paulo: Editora Atlas, 2012.

COSTA, Sérgio F. *Introdução ilustrada à estatística*. 3ª ed. São Paulo: Editora Harbra, 1998.

DEVORE, Jay L. *Probabilidade e Estatística para Engenharia e Ciências*. 6ª ed. São Paulo: Pioneira Thomson Learning, 2006.

FARIAS, Alfredo A.; SOARES, J. F.; CÉSAR, Cibele C. *Introdução à Estatística*. 2ª ed. Rio de Janeiro: LTC – Livros Técnicos e Científicos Editora S.A., 2003.

FREUND, John E.; SIMON, Gary A. *Estatística Aplicada: economia, administração e contabilidade*. 9ª ed. Porto Alegre: Bookman, 2000.

IBGE. Centro de Documentação e Disseminação de Informações. Normas de apresentação tabular / Fundação Instituto Brasileiro de Geografia e Estatística, Centro de Documentação e Disseminação de Informações. 3. Ed. Rio de Janeiro: IBGE, 1993. 62p

KAZMIER, Leonard J. *Estatística aplicada à economia e administração*. São Paulo: Schaum McGraw-Hill, 1982.

JAMES, Barry R. *Probabilidade: um curso em nível intermediário*. 3ª ed. Rio de Janeiro: IMPA – Instituto Nacional de Matemática Pura e Aplicada, 2008

LARSON, Ron; FARBER, Betsy. *Estatística aplicada*. 4ª ed. São Paulo: Pearson Prentice Hall, 2010.

LEVINE, David M. *et alii*. *Estatística: teoria e aplicações usando o Microsoft Excel em português*. 3ª ed. Rio de Janeiro: LTC – Livros Técnicos e Científicos Editora S.A., 2005.

MAGALHÃES, Marcos N. *Probabilidade e Variáveis Aleatórias*. 2ª ed. São Paulo: Edusp, 2006.

MAGALHÃES, Marcos N.; LIMA, Antônio C. Pedroso de. *Noções de Probabilidade e Estatística*. 6ª ed. São Paulo: Edusp, 2007.

MEYER, Paul L. *Probabilidade: Aplicações à Estatística*. 2ª ed. Rio de Janeiro: LTC – Livros Técnicos e Científicos Editora S.A., 2003.

MINITAB INC. Minitab® 16.1.1. Statistical Software. USA: 2010.

MONTGOMERY, Douglas C. *Introdução ao Controle Estatístico da Qualidade*. 4ª ed. Rio de Janeiro: LTC – Livros Técnicos e Científicos Editora S.A., 2004.

MONTGOMERY, Douglas C.; Runger, George C. *Estatística Aplicada e Probabilidade para Engenheiros*. 4ª ed. Rio de Janeiro: LTC – Livros Técnicos e Científicos Editora S.A., 2009.

OLIVEIRA, Geraldo Nilton. *Estatística*. Itaúna, 2005. (Apostila)

TRIOLA, Mario F. *Introdução à Estatística*. 9ª ed. Rio de Janeiro: LTC – Livros Técnicos e Científicos Editora S.A., 2005.

VIEIRA, Sonia. *Introdução à Bioestatística*. 4ª ed. Rio de Janeiro: Elsevier, 2008.

WALPOLE, Ronald E. *et alii*. *Probabilidade & Estatística para engenharia e ciências*. 8ª ed. São Paulo: Pearson Prentice Hall, 2009.

Estatística Aplicada à Informática e às suas Novas Tecnologias
Volumes 1 e 2

Autor: Giovani Glaucio de Oliveira Costa
1ª edição - 2014
Formato: 16 x 23
Vol. 1 - ISBN: 978-85-399-0556-0
Vol. 2 - ISBN: 978-85-399-0629-1

"Estatística Aplicada à Informática e às suas Novas Tecnologias" não pressupõe conhecimentos anteriores do assunto, pois foi escrito para quem se inicia no aprendizado dessa matéria.

O livro enfatiza a relação das técnicas estatísticas com a Informática e suas novas tecnologias, o que o diferencia dos livros-texto de Estatística, que tem foco em formalismos matemáticos da pesquisa quantitativa. Decorre que é uma obra fácil de ler e explora o uso efetivo de técnicas estatísticas nas áreas de sistemas de informação, ciência da computação e engenharia da computação, incluindo solução de problemas que envolvem hoje novas tecnologias, como, internet, redes sociais, chats de bate papo e smartphones, usando exemplos do cotidiano do profissional de Informática e do internauta.

O texto, de leitura moderna e agradável, é repleto de exemplos e exercícios, extraídos da vida real, da pesquisa acadêmica e de negócios. Para facilitar a fixação de conceitos, logo após a explicação teórica é apresentado, pois, um ou mais exemplos. O livro propõe todos os exercícios na área de Informática resolvidos. São apresentados também, textos com projetos e/ou pesquisas em "cases" na área de Informática.

À venda nas melhores livrarias.

Impressão e acabamento
Gráfica da Editora Ciência Moderna Ltda.
Tel: (21) 2201-6662